Gottfried Stelzer

Gesunde Zierpflanzen im Garten

Krankheiten erkennen und behandeln

Erarbeitung der Diagnosetafeln
Angelika Throll-Keller

FALKEN

INHALT

Zur Einführung

Jüngsten Statistiken zufolge gibt es in der Bundesrepublik zirka 13 Millionen Haus- und Kleingärten mit einer Gesamtfläche von über 6 000 km^2. Gesunde Pflanzen dienen deshalb nicht nur der Freude des einzelnen Gärtners, sondern wesentlich auch dem Schutz unserer Umwelt.

Heute sind die Gärten meist keine Nutzflächen für den Obst- und Gemüseanbau mehr, sondern vielmehr ein Platz, wo sich der Mensch sein Stückchen Natur zu schaffen versucht. Mit Rasen, Rosen, Blumenrabatten und Ziergehölzen möchte man eine grüne Oase für seine Erholung gestalten. Mit der Bepflanzung fangen die Probleme jedoch schon oft an. Man kann nicht Beliebiges in den Garten pflanzen und einfach wachsen lassen, wie es will. Oft sind es gerade unsere schönsten und beliebtesten Pflanzen, die sich nicht durchsetzen können. Der Garten ist als ökologisches System denselben Eigenschaften und Zwängen unterworfen wie eine natürliche Pflanzengemeinschaft. Jede Kulturmaßnahme ist demnach ein Eingriff in das Gefüge der Organismen und kann negative Auswirkungen auf die Gartenpflanzen haben: Pflanzen, die sich nicht wohl fühlen, verändern ihr Aussehen, zeigen deutliche Schad- und Krankheitssymptome.

Frau Throll-Keller hat die häufigsten und bekanntesten Schäden, Schädlinge und Krankheiten unserer Zierpflanzen in ein bewährtes Diagnosesystem eingearbeitet. Da aber dieselbe Schadursache bei verschiedenen Pflanzen ein unterschiedliches Erscheinungsbild haben kann, werden die vielen Abbildungen bei der Entscheidungsfindung helfen. Der die Bilder beschreibende Text muß aber dennoch genau mitgelesen werden.

Ist der Schaden, der Schädling oder die Krankheit gefunden, kann man sich in einem umfangreichen Kapitel über Aussehen, Lebensweise sowie gezielte Gegenmaßnahmen informieren. Der Leser kann bei der Suche nach der Ursache von Pflanzenschäden jedoch auch von der Kulturpflanze ausgehen: Rasen, Rosen, Stauden, Einjahresblumen und Gehölze sind die Elemente des Ziergartens. In den entsprechenden Kapiteln sind die bei ihnen üblicherweise vorkommenden Krankheiten und Schädlinge aufgeführt. Ist der Schaderreger bestimmt und seine Lebensweise bekannt, kann man Schritte zur Heilung einleiten. „Integrierter Pflanzenschutz" ist eine Forderung unserer Zeit und bedeutet, zuerst den Kulturansprüchen der Pflanzen gerecht zu werden und die Pflegemaßnahmen zu verbessern und dann erst – wenn das nicht genützt hat – direkte Pflanzenschutzmaßnahmen zu ergreifen. Da die Anwendung chemischer Mittel im Garten recht problematisch ist, sollte man sie so sparsam wie möglich einsetzen. Die Pflanzenschutzempfehlungen dieses Buches basieren auf dem neuen Pflanzenschutzgesetz (1986) der Bundesrepublik. Die für die Gesundheit der Bürger verantwortlichen Wissenschaftler des Bundesgesundheitsamtes und des Umweltbundesamtes entscheiden mit den Fachleuten der Biologischen Bundesanstalt und des Amtlichen Pflanzenschutzdienstes, ob und unter welchen Bedingungen ein Pflanzenschutzmittel zugelassen wird.

Die Gefahreneinschätzung der Präparate ist in der ebenfalls 1986 erlassenen Gefahrstoffverordnung für die Staaten der EG einheitlich geregelt. Beim Gefährdungsgrad der in diesem Buch empfohlenen Präparate zum Einsatz in Kleingärten sind die gesetzlichen Regelungen in den deutschsprachigen Ländern annähernd gleich. Dem Bemühen, den Hobbygärtner in Sachen chemischer Pflanzenschutz zu informieren, sind natürlich Grenzen gesetzt. Das Glossar (siehe Seite 204) erklärt die Fachausdrücke und hilft bei der Lektüre weiterführender Literatur.

In speziellen Fällen werden die Angaben in diesem Buch nicht ausreichen, um bestimmte Pflanzenkrankheiten oder Schädlinge zu erkennen – vor allem, wenn deren Auftreten nicht häufig oder mehr zufällig ist. Im Anhang sind die Anschriften der Amtlichen Pflanzenschutzberatung in der Bundesrepublik, Österreich und der Schweiz aufgeführt, wo auch der Laie von Fachleuten kostenlos und fachgerecht Rat und Auskunft erhält.

Prof. Dr. Gottfried Stelzer

Auch der Laie sieht einer Pflanze an, wenn sie nicht gesund ist. Doch meist sind die Ursachen dafür nicht bekannt.
Damit der Leser schnell und sicher die Gründe herausfinden kann, sind die Diagnosetafeln nach dem Auftreten der Schadsymptome geordnet. Denn jeder Schädling und jede Krankheit besitzt charakteristische Merkmale.

Ohrwurm

DIE DIAGNOSE-TAFELN

Symptome kranker Pflanzen

Daß Pflanzen krank sind, erkennt man – stark vereinfacht gesagt – an den Symptomen Welke, Verfärbung, Mißwuchs und Verletzung, auch wenn man den Schädiger selbst nicht finden und erkennen kann. Diese vier nachfolgend aufgeführten und beschriebenen Erscheinungsbilder sollen dem Pflanzenfreund ein Leitfaden für die Bestimmung der Ursache kranker Zierpflanzen sein.

Welke

Eine Pflanze wächst und gedeiht dank des Saftstromes, der alle erforderlichen Stoffe von den Wurzeln bis in die letzten Triebspitzen transportiert. Jede Beeinträchtigung dieses Stromes führt zwangsläufig zu Mangel- oder Ausfallserscheinungen, die sich verständlicherweise zunächst an den von den Wurzeln am weitesten entfernten Pflanzenteilen in Form langsam fortschreitender oder aber plötzlicher Welke bemerkbar machen. Welke bedeutet, daß Blätter und Triebteile schlaff werden und an der Pflanze „herabhängen".

Die häufigste Ursache für Welkeerscheinungen ist die Zerstörung des Wurzelwerkes, mit dem die Pflanze Nährstoffe und Wasser aus dem Boden aufnimmt. Daher muß man bei diesem Symptom zuerst den Wurzelballen beziehungsweise die einzelnen Wurzeln untersuchen.

Welke

Verfärbung

Verfärbung

Verfärbung

Der Begriff „Verfärbung" wurde bewußt gewählt. Verfärbung bedeutet, daß Blätter oder Blüten der betreffenden Pflanze nicht ihre normale Färbung aufweisen.

Solche Veränderungen wird der Leser aber nur erkennen, wenn er die Pflanzen vorher oft und möglichst regelmäßig angeschaut hat. Dann wird er sehen, daß saftiges Grün fahl wurde oder ein einheitlich grünes Blatt irgendwie anders gefärbte Stellen aufweist, die kürzlich noch nicht vorhanden waren. Natürlich muß das Auge ein wenig geübt sein, damit es die „irgendwie" krankhaften Veränderungen erkennen kann.

So vielfarbig und -gestaltig eine Verfärbung sein kann, so viele Ursachen gibt es auch dafür. Die Kenntnis dieser Ursachen ist deshalb so wichtig, weil Verfärbungen immer die ersten Anzeichen weiterreichender Schädigungen sind. In vielen Fällen kann der Pflanzenfreund in diesem Stadium noch heilend eingreifen.

Mißwuchs

Mißwuchs hat sehr unterschiedliche Schadbilder. Entweder sieht man Verkrümmungen oder Verkrüppelungen der Pflanzenteile, oder es erscheinen warzen- beziehungsweise unförmige Auswüchse.

Verletzungen

Am einfachsten ist die Bestimmung einer Verletzung immer dann, wenn der Verursacher noch an dem von ihm hervorgerufenen Schaden sitzt. Dann gehört nur ein wenig Formenkenntnis dazu, den Schädiger zu erkennen und entsprechend zu bekämpfen.

Mißwuchs

Mißwuchs

Verletzung

Ob sich die Suche nach dem Schädling überhaupt noch lohnt, erkennt man daran, ob die Ränder einer Verletzung noch frisch oder bereits vertrocknet beziehungsweise abgestorben sind. Das ist besonders bei Schadorganismen wichtig, die das Licht beziehungsweise die Wärme meiden und nur nachts oder bei erhöhter Luftfeuchte zur Nahrungsaufnahme aus ihren Verstecken kommen und deshalb nicht immer sofort als Verursacher identifiziert werden können.

Wie benützt man die Diagnosetafeln?

Mit Hilfe der folgenden acht Diagnosetafeln werden Sie die häufigsten und bekanntesten Schäden, Schädlinge und Krankheiten Ihrer Zierpflanzen bestimmen können.
Zuerst müssen Sie sich den „Patienten" ganz genau anschauen und herausfinden, wo genau die Veränderung zu erkennen ist. Am besten nimmt man eine Lupe - damit man die oft sehr kleinen Eier, Larven oder auch winzigen erwachsenen Schädlinge erkennen kann - und sieht sich Stamm, Zweig, Blätter und - wenn vorhanden - Blüten an.
Dann wählen Sie zwischen den aufgelisteten Schadstellen und schlagen die entsprechende Diagnosetafel auf. Die dort gestellten Fragen müssen Sie jeweils mit „Ja" oder „Nein" beantworten; so stoßen Sie zum gesuchten Schaden, Schädling oder zur Krankheit vor. Im darauffolgenden Kapitel finden Sie nähere Angaben zum Aussehen und zur Biologie der einzelnen Gruppen der Schaderreger. In den Diagnosetafeln, bei der speziellen Beschreibung der Schädlinge und bei den einzelnen Pflanzenportraits sind charakteristische Schadsymptome abgebildet. Aber auch das beste Bild kann nur stellvertretend für die Schädigung stehen; an Ihrer Pflanze kann sie - abhängig zum Beispiel vom Standort oder der Art - auch etwas anders aussehen. Deshalb sollten Sie den beistehenden Text sehr genau mitlesen.
Geben Sie bitte nicht schon beim ersten Versuch auf - das Herausfinden der Schadursache ist das Schwierigste am ganzen Pflanzenschutz! Trotzdem werden Sie bald sehen, daß sich der Einsatz gelohnt hat und Sie bei der nächsten Bestimmung schon viel schneller und sicherer zum Ziel kommen.
Finden Sie das Schadbild in den Diagnosetafeln nicht, so schauen Sie bitte bei der betreffenden Pflanze im Zierpflanzenbrevier nach. Dort werden oft vorkommende Schäden ebenso beschrieben wie seltene, nur an einer oder wenigen Pflanzenarten auftretende Schadbilder.

Wählen Sie:	Seite
1 Sieht man eine Veränderung der ganzen Pflanze oder großer Pflanzenteile?	10
2 Sieht man eine Veränderung an Stengeln, Trieben, Zweigen, Ästen oder am Stamm?	18
3 Sieht man eine Veränderung auf Blüten, Blütenstielen und/oder Blütenknospen?	30
4 Sieht man Verletzungen der Blätter?	36
5 Sieht man Wucherungen oder Mißwuchs an beziehungsweise Gebilde auf den Blättern?	42
6 Sieht man einen Belag auf den Blättern?	48
7 Sieht man Verfärbungen an Blättern und/oder Blatteilen, die nicht abwischbar sind? (Abwischbare Verfärbungen siehe Diagnosetafel 6)	54
8 Sieht man tierische Lebewesen auf der Pflanze, im Boden, unter Steinen, Brettern und ähnlichem?	62

DIAGNOSETAFEL 1

Sieht man eine Veränderung der ganzen Pflanze oder großer Pflanzenteile?

Ja ↓

Welkt die Pflanze?

Ja → Ist der Wurzelballen trocken? Sind die Wurzeln vermorscht?

Ja → Wassermangel (siehe S. 74)

Nein ↓

Ist der Wurzelballen naß und muffig oder stinkend-faul?

Ja → Staunässe (siehe S. 74)

Nein ↓

Ist der Wurzel-, Knollen- oder Stielgrund faul? „Kippen" die Pflanzen um?

Ja →

Nein ↓

Ist der Stengelquerschnitt der welken Teile braun verfärbt?

Ja →

Welke durch Verticillium; Stengelquerschnitt (siehe S. 86–87)

Nein ↓

Sieht man knotige, kugelige oder unregelmäßig geformte Wurzelverdickungen?

Ja →

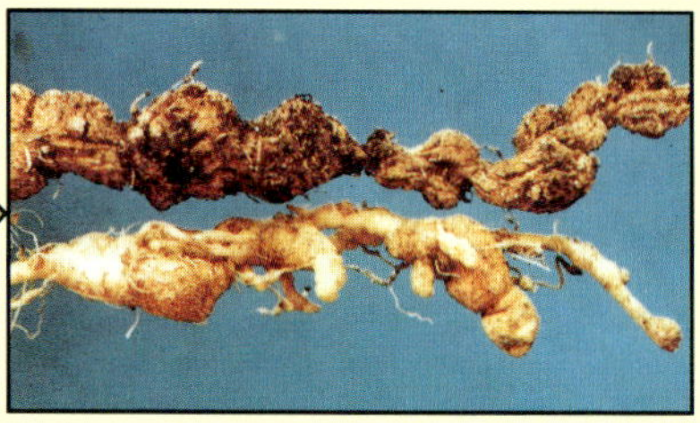

Gallenbildende Wurzelnematoden (siehe S. 93-94)

Nein ↓

Sieht man krebs-, kropf- oder blumenkohlartige Wucherungen an unterirdischen Pflanzenteilen, am Wurzelhals bzw. Stengelgrund? Sie sind an krautigen Pflanzen fleischig, an Holzgewächsen verholzt.

Ja →

Nein ↓

Fortsetzung S. 12 **

Welkt die Pflanze? **Nein** ↓

Fortsetzung S. 12 *

Bodenpilze (siehe S. 85-86); Beispiel 1

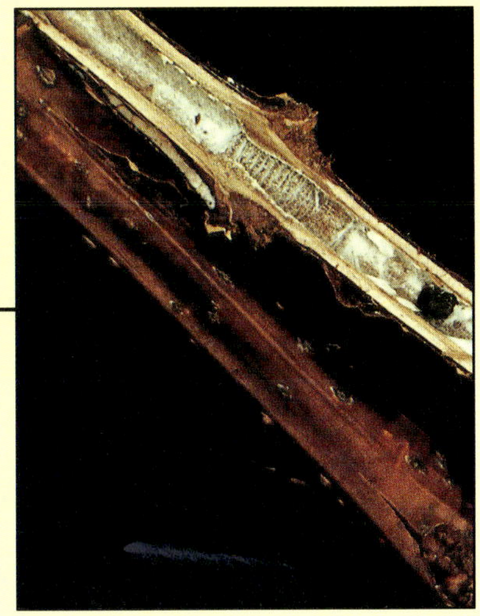

Beispiel 2

Welke durch Verticillium

Bakterienkrebs (siehe S. 83–84); Beispiel 1

Beispiel 2

DIAGNOSETAFEL 1

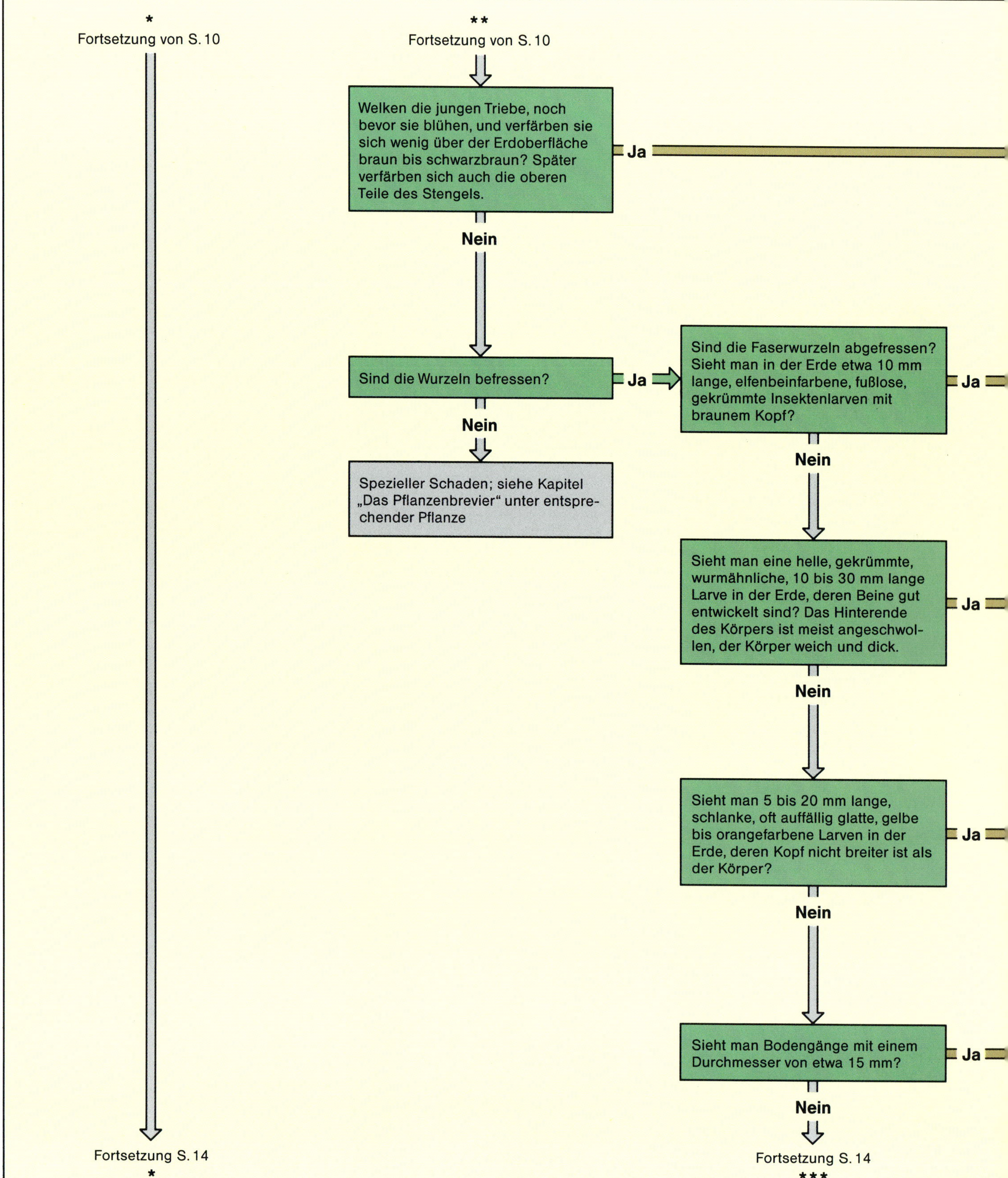

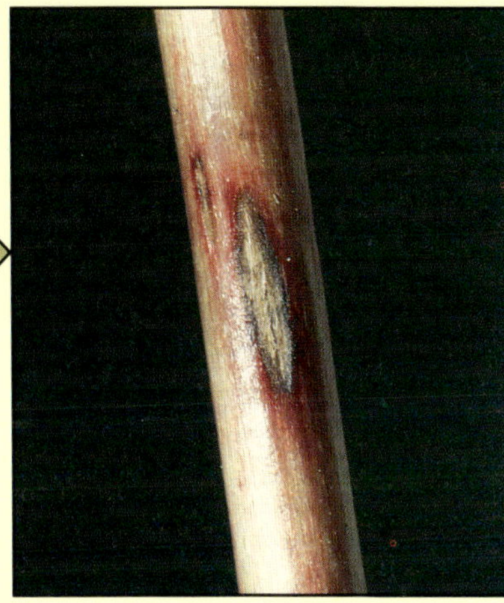

Grauschimmel an Paeonia;
Anfangsstadium (siehe S. 88)

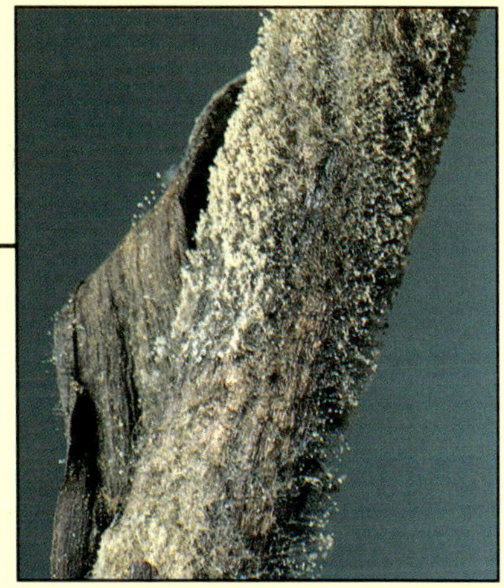

Fortgeschrittenes Stadium

Dickmaulrüßlerlarven (siehe S. 106)

Engerlinge (siehe S. 105)

Drahtwurm (siehe S. 105)

Maulwurfsgrille

DIAGNOSETAFEL 1

*
Fortsetzung von S. 12

Erscheint die Pflanze oder große Teile dürr bzw. vertrocknet?

Ja → Sieht man den vollständigen Wasserverlust eines bestimmten Pflanzenorgans oder der ganzen Pflanze?

Ja →

Kälteschaden (siehe S. 74)

Nein → Bleiben die wie verbrannt wirkenden Blätter an den verdorrten Zweigen oder Ästen hängen?

Ja → Verdorren einzelne Triebe oder ganze Zweige? Sind die Endtriebe spazierstockförmig umgebogen? **Ja**

Nein → Verdorren Jungtriebe und sterben ab? Meist werden Zierpflaume, Zierkirsche und Mandelbäumchen befallen. **Ja**

Nein → Spezieller Schaden; siehe Kapitel „Das Pflanzenbrevier" unter entsprechender Pflanze

Nein →

Fortsetzung S. 16
**

Nein → Spezieller Schaden; siehe Kapitel „Das Pflanzenbrevier" unter entsprechender Pflanze

***
Fortsetzung von S. 12

Sind Wurzeln und/oder Stengel befressen? **Ja**

Nein → Spezieller Schaden; siehe Kapitel „Das Pflanzenbrevier" unter entsprechender Pflanze

Sieht man runde Bodengänge mit einem Durchmesser von 30 mm?

Ja →

Schaden durch Feldmäuse
(siehe S. 108–109)

Feldmaus

Nein ↓

Sieht man hochovale Bodengänge mit einem Durchmesser von 50 mm?

Ja →

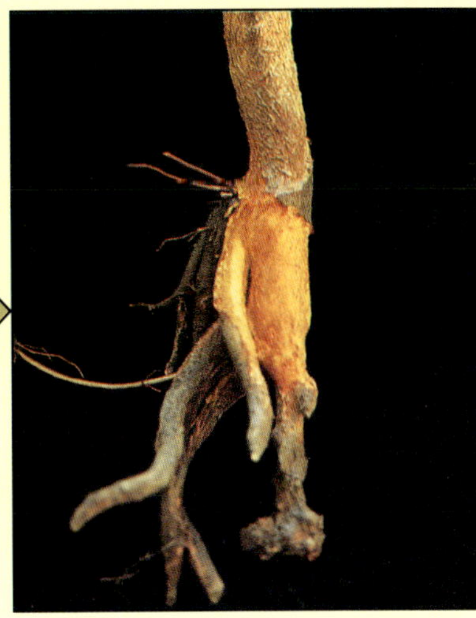

Schaden durch Wühlmäuse
(siehe S. 108–109)

Wühlmaus

Nein ↓

Spezieller Schaden; siehe Kapitel „Das Pflanzenbrevier" unter entsprechender Pflanze

Feuerbrand (siehe S. 83–84)

Spazierstockförmig gebogener Endtrieb

Spitzendürre

**
Fortsetzung von S. 14

Verdorren und welken Zweige, Äste oder die ganze Pflanze? Ist der Stengelquerschnitt braun verfärbt?

Ja →

Verticillium (Bodenpilz, siehe S. 86–87)

Nein ↓

Sieht man Triebe oder Zweige, die verdorren? Sieht man dort auf den Blättern dichte, gelbe oder silbrige, später eintrocknend braune, nadelstichartige Sprenkel?

Ja →

Sitzen meist blattunterseits 0,5 mm große, bräunliche oder rötliche Spinnen, und sieht man mitunter zwischen den Blattachseln ein hauchdünnes Gespinst?

Ja →

Nein ↓

Sieht man zwischen den Sprenkeln schwarze, lackartige Punkte? Sitzen meist blattunterseits 1 bis 2 mm lange, gelblichweiße oder schwärzliche Insekten, teilweise mit auf dem Rücken zusammengeschlagenen Flügeln?

Ja →

Nein ↓

Spezieller Schaden; siehe Kapitel „Das Pflanzenbrevier“ unter entsprechender Pflanze

(zum ersten „Nein“ der zweiten Frage:)

Nein ↓

Spezieller Schaden; siehe Kapitel „Das Pflanzenbrevier“ unter entsprechender Pflanze

Stengelquerschnitt

Blattschaden durch Spinnmilben

Gespinst mit Spinnmilben
(siehe S. 95–97)

Blattschaden durch Blasenfüße

Blasenfuß, zirka 26fach vergrößert
(siehe S. 99–100)

Larve des Blasenfußes, zirka 16fach vergrößert

DIAGNOSETAFEL 2

Sieht man eine Veränderung an Stengeln, Trieben, Zweigen, Ästen oder am Stamm?
(Welken der gesamten Pflanze siehe Diagnosetafel 1)

Ja

Welken einzelne Triebe, Zweige oder Äste?

Ja → Ist der Wurzel-, Knollen- und/oder Stielgrund braunschwarz verfärbt und naß- bzw. trockenfaul?

Ja →

Bodenpilze (siehe S. 85–86); Beispiel 1

Nein

Welken junge Triebe, noch bevor sie blühen, und verfärben sie sich wenig über der Erdoberfläche braun bis schwarzbraun? Später verfärben sich auch die oberen Teile des Stengels. Die Blütenknospen öffnen sich nicht, faulen oder vertrocknen und zeigen einen mausgrauen Belag.

Ja

Nein

Ist der Stengelquerschnitt braun verfärbt?

Ja →

Welke durch Verticillium (siehe S. 86–87)

Nein

Spezieller Schaden; siehe Kapitel „Das Pflanzenbrevier" unter entsprechender Pflanze

Nein (Welken einzelne Triebe, Zweige oder Äste?)

Sieht man einen speichelartigen Belag an den Blattansatzstellen oder in den Blattachseln? Darin entdeckt man ein grünliches oder gelbes, zarthäutiges Insekt.

Ja →

Nest der Schaumzikade (siehe S. 101)

Nein

Sieht man zwischen den Trieben, Zweigen und/oder Ästen ein mehr oder weniger dichtes bzw. hauchdünnes Gespinst?

Ja → Befinden sich im Gespinst etwa 10 mm große Räuppchen, die im Extremfall alle Blätter fressen?

Ja

Nein

Fortsetzung S. 20
**

Nein

Fortsetzung S. 20
*

Beispiel 2

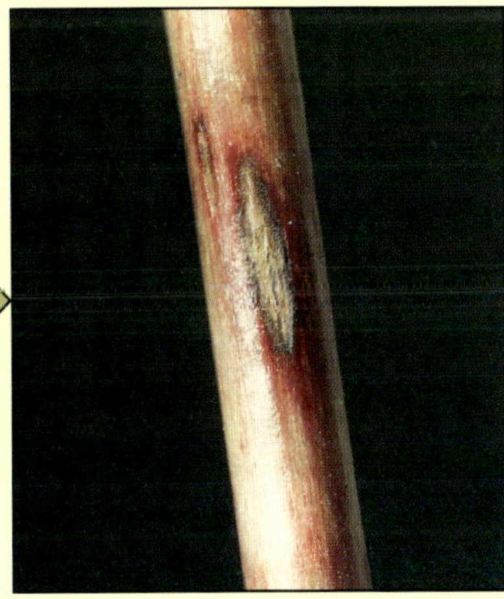

Grauschimmel; Anfangsstadium
(siehe S. 88)

Fortgeschrittenes Stadium

Stengelquerschnitt

Larve der Schaumzikade

Gespinstmottenraupen
(siehe S. 107–108)

DIAGNOSETAFEL 2

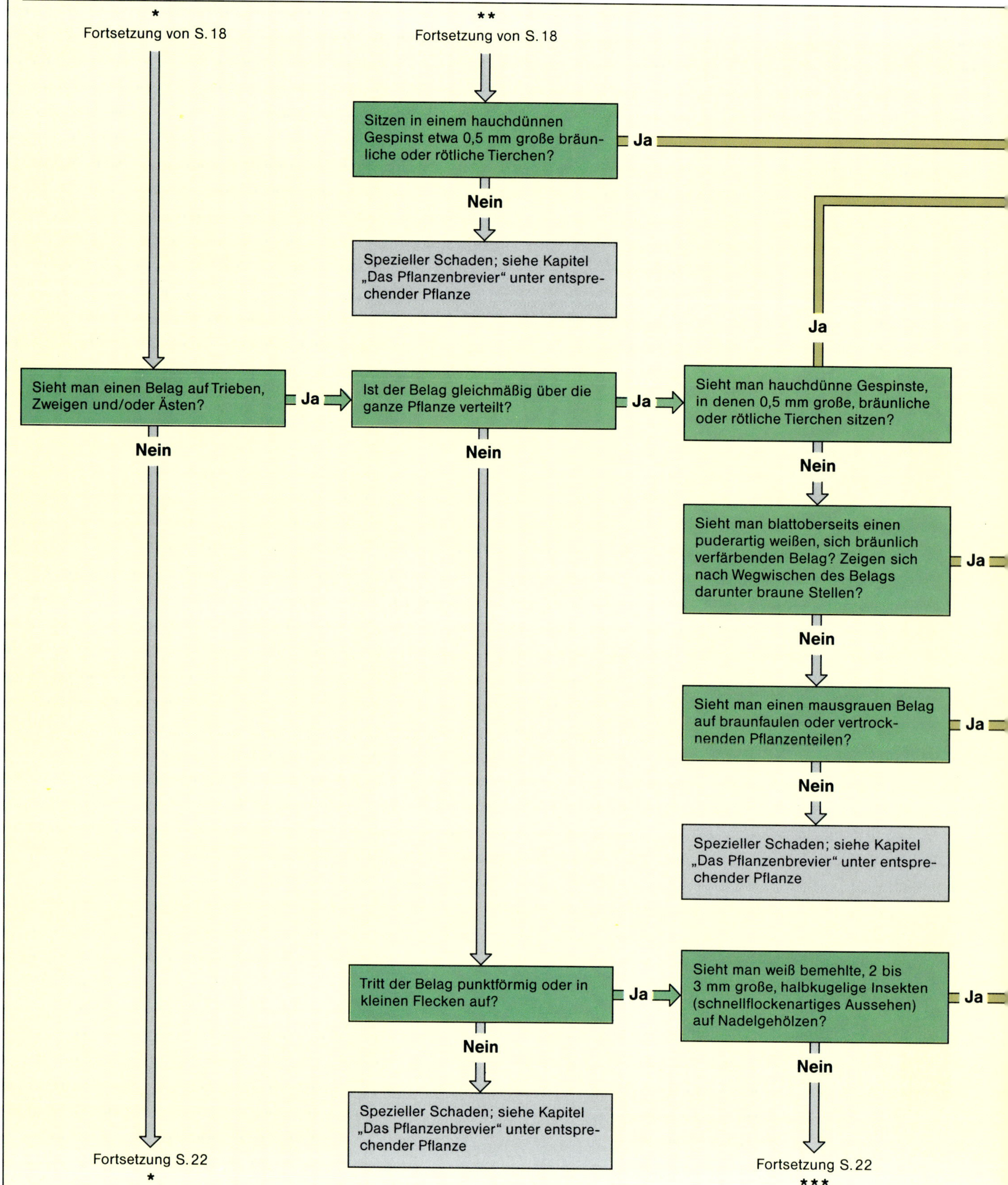

Gespinst mit Spinnmilben
(siehe S. 95–97)

Spinnmilben, zirka 54fach vergrößert

Echter Mehltau (siehe S. 89–90)

Grauschimmel (siehe S. 88)

Wolläuse, ungefähr natürliche Größe
(siehe S. 102–103)

DIAGNOSETAFEL 2

*
Fortsetzung von S. 20

***
Fortsetzung von S. 20

Sieht man bräunliche, uhrglasförmige, langovale oder halbkugelige, scheinbare Auswüchse mit einem Durchmesser von 1 bis 2 mm? Sind sie mit der Nadel abhebbar? — **Ja** →

Nein ↓

Sieht man zahlreiche leuchtendrote, stecknadelgroße Pusteln? — **Ja** →

Nein ↓

Spezieller Schaden; siehe Kapitel „Das Pflanzenbrevier“ unter entsprechender Pflanze

Verdorren einzelne Triebe, ganze Zweige oder Büsche? — **Ja** →

Bleiben die wie verbrannt wirkenden Blätter hängen, und sind die Endtriebe oft spazierstockförmig umgebogen? — **Ja** →

Nein ↓

Sind größtenteils die Jungtriebe betroffen? Bleiben die Blätter am verdorrten Pflanzenteil hängen? Meist werden Zierpflaume, Zierkirsche und Mandelbäumchen befallen. — **Ja** →

Spitzendürre

Nein ↓

Spezieller Schaden; siehe Kapitel „Das Pflanzenbrevier“ unter entsprechender Pflanze

Nein ↓

Verfärben sich Triebe, Zweige oder Äste bzw. nur Teile davon? — **Ja** →

Verfärben sich Blätter oder Nadeln in Bodennähe braun? — **Ja** →

Nein ↓

Fortsetzung S. 24
**

Nein ↓

Fortsetzung S. 24
*

Schildläuse, zirka 6fach vergrößert (siehe S. 104)

Rotpustelkrankheit (siehe S. 87–88)

Feuerbrand (siehe S. 83–84)

Spazierstockförmig gebogener Endtrieb

Kälteschaden (siehe S. 74)

DIAGNOSETAFEL 2

*
Fortsetzung von S. 22

**
Fortsetzung von S. 22

Verfärben sich die jungen Triebe kurz über der Erdoberfläche braun oder schwarz? Später werden auch die oberen Stengelteile dunkel. Die Blütenknospen öffnen sich nich, faulen oder vertrocknen und zeigen einen mausgrauen Belag. **Ja**

Nein

Sieht man einen mausgrauen Belag auf braunfaulen oder vertrocknenden Pflanzenteilen? **Ja** →

Grauschimmel (siehe S. 88)

Nein

Ist der Wurzel-, Knollen- und/oder Stielgrund braunschwarz verfärbt und naß- bzw. trockenfaul? „Kippen" die Pflanzen um? **Ja**

Nein

Spezieller Schaden; siehe Kapitel „Das Pflanzenbrevier" unter entsprechender Pflanze

Sind Triebe, Zweige und/oder Äste brettartig verbreitert? Diese deformierten Zweige sind dicht und unnatürlich beblättert. **Ja** →

Verbänderung

Nein

Sind die Triebspitzen verkümmert oder verkrüppelt? **Ja** →

Sind die Blätter gekräuselt und eingerollt, und sitzen darin Insekten? Befallene Pflanzenteile sind oft klebrig. **Ja**

Nein

Fortsetzung S. 26
*

Nein

Fortsetzung S. 26
**

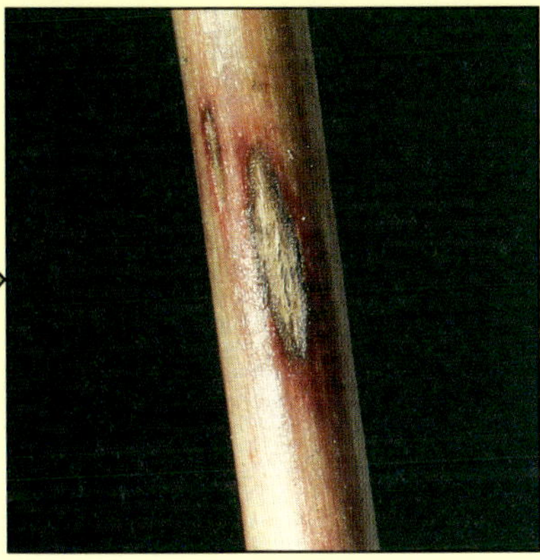

Grauschimmel (siehe S. 88)

Fortgeschrittenes Stadium

Bodenpilze (siehe S. 85–86); Beispiel 1

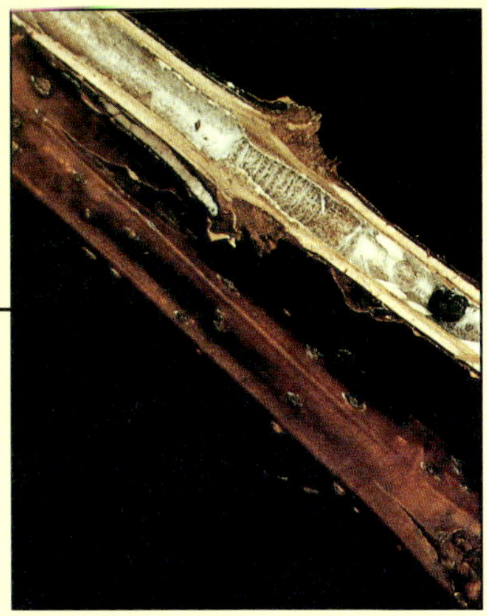

Beispiel 2

Blattläuse (siehe S. 101–102)

DIAGNOSETAFEL 2

*
Fortsetzung von S. 24

**
Fortsetzung von S. 24

Sind die Endtriebe spazierstockförmig umgebogen? Bleiben die wie verbrannt wirkenden Blätter an den verdorrten Trieben, Zweigen oder Büschen hängen?

Ja

Nein

Sind die Stengel verkrüppelt und bleiben im Wachstum zurück? Sieht man auf Blüten und/oder Blättern glasig dunkelgrüne, später graubraune, faulende Flecken?

Ja

Grauschimmel (siehe S. 88)

Nein

Spezieller Schaden; siehe Kapitel „Das Pflanzenbrevier“ unter entsprechender Pflanze

Sieht man Wucherungen, Verdickungen oder Auswüchse?

Ja

Sieht man am Ende oder Grund vor allem von Fichtentrieben eiförmige bis kugelige Gebilde, auf denen sich Nadelreste befinden? Sitzen in den Gallen grüne oder gelbe Läuse?

Ja

Nein

Sieht man vorwiegend am Wurzelhals oder an den Wurzeln krebs-, kropf- oder blumenkohlartige Wucherungen? Sie sind an krautigen Pflanzen fleischig, an Holzgewächsen verholzt.

Ja

Bakterienkrebs (siehe S. 83–84); Beispiel 1

Nein

Nein

Fortsetzung S. 28
*

Fortsetzung S. 28
**

Feuerbrand (siehe S. 83–84)

Spazierstockförmig gebogener Endtrieb

Gallen der Fichtengalläuse (siehe S. 102–103)

Fichtengalläuse, zirka 3,5fach vergrößert

Beispiel 2

DIAGNOSETAFEL 2

*
Fortsetzung von S. 26

**
Fortsetzung von S. 26

Sieht man punktförmige, scheinbare Auswüchse?

Ja → Sieht man weiß bemehlte, 2 bis 3 mm große, oval halbkugelige Insekten (schneeflockenartiges Aussehen)? Ja →

Nein → Sieht man bräunliche, uhrglasförmige, langovale oder halbkugelige Auswüchse mit einem Durchmesser von 1 bis 2 mm? Sind sie mit der Nadel abhebbar? Ja →

Nein → Spezieller Schaden; siehe Kapitel „Das Pflanzenbrevier“ unter entsprechender Pflanze

Nein → Spezieller Schaden; siehe Kapitel „Das Pflanzenbrevier“ unter entsprechender Pflanze

Ist der Stamm teilweise oder ganz abgenagt? Ist der Stengel befressen?

Nein → Spezieller Schaden; siehe Kapitel „Das Pflanzenbrevier“ unter entsprechender Pflanze

Ja → Sind Stengel und Wurzeln befressen und Bodengänge von etwa 30 mm Durchmesser sichtbar? Ja →

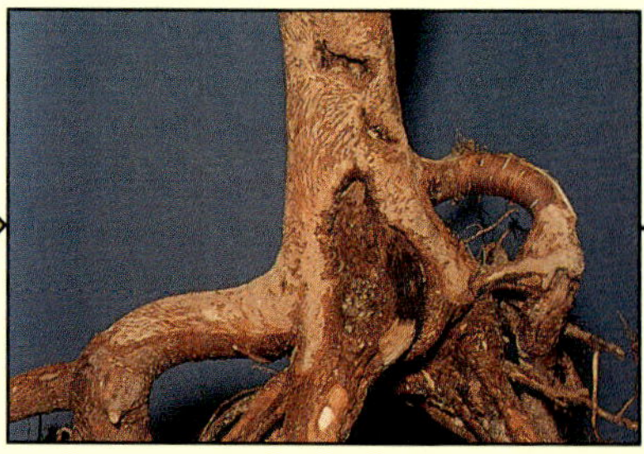

Schaden durch Feldmäuse (siehe S. 108–109)

Nein → Sind Stengel und Wurzeln befressen und Bodengänge von etwa 50 mm Durchmesser sichtbar? Ja →

Nein → Ist der Stamm benagt? Ja →

Schaden durch Kaninchen (s. S. 108)

Nein → Spezieller Schaden; siehe Kapitel „Das Pflanzenbrevier“ unter entsprechender Pflanze

Wolläuse, ungefähr natürliche Größe (siehe S. 102–103)

Schildläuse, zirka 1,5fach vergrößert (siehe S. 104)

Feldmaus

Schaden durch Wühlmäuse (siehe S. 108–109)

Wühlmaus

Kaninchen

DIAGNOSETAFEL 3

Sieht man eine Veränderung auf Blüten, Blütenstielen und/oder Blütenknospen?

Ja

Handelt es sich um einen Belag?

Ja → Sieht man einen puderartig weißen Belag? Zeigen sich nach Wegwischen des Belags darunter braune Flecken? — Ja

Nein

Verfärben sich die Blütenstiele braun und beginnen zu faulen? Öffnen sich die Blütenknospen nicht, faulen oder vertrocknen und zeigen einen mausgrauen Belag? — Ja →

Grauschimmel (siehe S. 88)

Nein

Spezieller Schaden; siehe Kapitel „Das Pflanzenbrevier“ unter entsprechender Pflanze

Nein (Handelt es sich um einen Belag?)

Verfärben sich die Blütenblätter, faulen, welken und/oder fallen sie ab?

Ja → Sieht man glasig dunkelgrüne, später graubraune, faulende Flecken auf Blüten und Blättern? Sterben die Blüten vorzeitig ab? — Ja

Nein

Sieht man auf braunfaulen und/oder vertrocknenden Blüten und/oder sich nicht öffnenden Blütenknospen einen mausgrauen Belag? — Ja →

Grauschimmel (siehe S. 88)

Nein

Schrumpeln die Blütenblätter – meist von außen nach innen? Sie werden später weich und faulen. Haben die Blüten zwar Farbe, aber die Staubgefäße sind schwarz verfärbt? — Ja

Nein

Fortsetzung S. 32 **

Nein (Verfärben sich die Blütenblätter …?)

Fortsetzung S. 32 *

Echter Mehltau (siehe S. 89–90)

Grauschimmel (siehe S. 88)

Kälteschaden (siehe S. 74)

DIAGNOSETAFEL 3

*
Fortsetzung von S. 30

**
Fortsetzung von S. 30

Spezieller Schaden; siehe Kapitel „Das Pflanzenbrevier“ unter entsprechender Pflanze

Sind die Blüten befressen? – Ja → Sind die Blütenblätter und vor allem die Zentren der Blüten zerfressen und die Fraßstellen faserig zerschlissen? – Ja →

Nein (Sind die Blüten befressen?) ↓

Nein ↓

Sind in den Blüten (im Frühjahr) Narbe und vor allem Staubgefäße von 3 bis 6 mm großen Käfern zerfressen? – Ja →

Blatt- und blütenschädigender Grünrüßler (siehe S. 106)

Nein ↓

Sind die Blüten von innen her von 4 bis 8 mm langen, gelblichen bis grünlichen Räupchen ausgefressen? – Ja →

Nein ↓

Spezieller Schaden; siehe Kapitel „Das Pflanzenbrevier“ unter entsprechender Pflanze

Öffnen sich die Knospen nicht, oder sind die Blüten verkrüppelt? – Ja → Sieht man grünliche, gelbliche oder rötliche, 2 bis 3 mm lange Insekten mit oder ohne Flügel und mit deutlichen Hinterleibsröhrchen. Die Tiere fliehen bei Störung nicht. – Ja →

Blattläuse (siehe S. 101-102); Beispiel 1

Nein ↓

Fortsetzung S. 34
*

Nein ↓

Fortsetzung S. 34
**

Schaden durch Ohrwurm (siehe S. 191)

Raupen der Blütenmotte

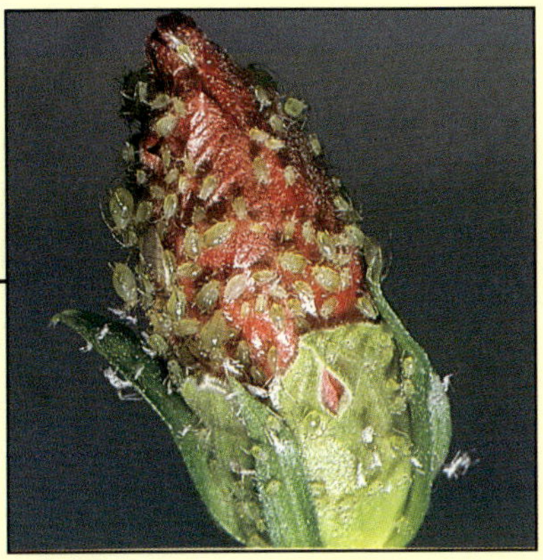

Beispiel 2

DIAGNOSETAFEL 3

*
Fortsetzung von S. 32

**
Fortsetzung von S. 32

Spezieller Schaden; siehe Kapitel „Das Pflanzenbrevier“ unter entsprechender Pflanze

Zeigen die Blüten flammende, streifenförmige oder ganzflächige Verfärbungen?

Ja → Sieht man zirka 1 mm lange, schmale, schwärzliche Insekten mit auf dem Rücken zusammengeschlagenen Flügeln?

Ja →

Blasenfuß, zirka 26fach vergrößert (siehe S. 99–100)

Nein ↓

Sieht man keine Insekten, sondern nur die Verfärbungen? **Ja** →

Nein ↓

Spezieller Schaden; siehe Kapitel „Das Pflanzenbrevier“ unter entsprechender Pflanze

Nein ↓

Entwickeln sich keine Blütenknospen?

Ja → Wurden die Pflanzen, zum Beispiel Hortensien oder Clematis, geschnitten?

Ja → Blütenansatz durch Schnitt zum falschen Zeitpunkt beseitigt

Nein ↓

Erfolgte eine stickstoffbetonte Düngung?

Ja → Starke stickstoffbetonte Düngung kann zur Vergrünung führen

Nein ↓

Spezieller Schaden; siehe Kapitel „Das Pflanzenbrevier“ unter entsprechender Pflanze

Nein ↓

Spezieller Schaden; siehe Kapitel „Das Pflanzenbrevier“ unter entsprechender Pflanze

Viröse Blütenvergrünung
(siehe S. 82-83)

Mosaikkrankheit (siehe S. 82–83)

DIAGNOSETAFEL 4

Sieht man Verletzungen der Blätter?

Ja

Sind ausschließlich die Blattränder befressen?

Ja → Sieht man einen kreis- bzw. halbkreisförmigen und/oder schartigen Kerbfraß?

Ja →

Schadbild durch Fraß des Dickmaulrüßlers

Nein

Sieht man einen mehr oder weniger unregelmäßigen Blattrandfraß? Einige Blätter können auch Löcher aufweisen oder bis auf die Hauptadern skelettartig abgefressen sein.

Ja →

Nein

Spezieller Schaden; siehe Kapitel „Das Pflanzenbrevier" unter entsprechender Pflanze

Nein

Sieht man zumindest teilweise blattober- und/oder -unterseits einen fleckigen Schabefraß, so daß die gegenüberliegende Außenhaut noch pergamentartig erhalten bleibt (Fensterfraß)?

Ja → Sieht man Schleimspuren?

Ja →

Schaden durch Schnecken (siehe S. 94–95)

Nein

Sieht man schwarzglänzende, nacktschneckenähnliche Tiere?

Ja →

Nein

Fortsetzung S. 38 *

Fortsetzung S. 38 **

Dickmaulrüßler (siehe S. 106)

Blattrandfraß durch Raupen (siehe S. 107-108)

Skelettfraß durch Raupen

Schnecke

Schaden durch Blattwespenlarven (siehe Seite 104-105)

Blattwespenlarven

DIAGNOSETAFEL 4

*
Fortsetzung von S. 36

**
Fortsetzung von S. 36

Sieht man einen Fensterfraß? Sieht man kleine Raupen?

Ja →

Schaden durch Jungraupen (siehe S. 107-108)

Nein ↓

Spezieller Schaden; siehe Kapitel „Das Pflanzenbrevier" unter entsprechender Pflanze

Befinden sich Löcher im Blatt, und/oder ist es siebartig oder schrotschußförmig durchlöchert?

Ja →

Sieht man unregelmäßige, ungleichgroße Löcher, die nicht symmetrisch angeordnet sind? Auch die Blattränder können befressen sein.

Ja →

Nein ↓

Sind die Löcher vielfach symmetrisch angeordnet? Junge Blätter sind manchmal mißgestaltet?

Ja →

Schaden durch Blattwanzen (siehe S. 100)

Nein ↓

Sind Blätter schrotschußartig durchlöchert? Teilweise können sie bis auf die Hauptadern skelettartig befressen sein.

Ja →

Nein ↓

Spezieller Schaden; siehe Kapitel „Das Pflanzenbrevier" unter entsprechender Pflanze

Nein ↓

Fortsetzung S. 40
*

Schaden durch Schmetterlingsraupen
(siehe S. 107–108)

Blattwanzen

Schaden durch Blattkäfer
(siehe S. 105–107)

Blattkäfer

Rüsselkäfer (siehe S. 105–107)

DIAGNOSETAFEL 4

*
Fortsetzung von S. 38

Sind die Blätter zumindest teilweise bis auf die Hauptadern skelettartig befressen? Es kann bis zum Kahlfraß kommen.

Nein → Spezieller Schaden; siehe Kapitel „Das Pflanzenbrevier“ unter entsprechender Pflanze

Ja → Sind die Blattreste faserig gesplissen?

Ja →

Schaden durch Ohrwurm (siehe S. 191)

Nein → Sieht man zwischen den Trieben ein mehr oder weniger dichtes Gespinst, in dem sich Räupchen befinden? **Ja** →

Nein → Sind noch nicht total abgefressene Blätter siebartig durchlöchert?

Ja →

Schaden durch Blattkäfer (siehe S. 106)

Nein → Sieht man an noch nicht total abgefressenen Blättern einen unregelmäßigen Blattrandfraß? **Ja** →

Nein → Spezieller Schaden; siehe Kapitel „Das Pflanzenbrevier“ unter entsprechender Pflanze

Ohrwurm

Gespinstmottenraupen (siehe S. 107–109)

Blattkäfer

Schaden durch Raupen
(siehe S. 107–109)

Raupen

DIAGNOSETAFEL 5

Sieht man Wucherungen oder Mißwuchs an bzw. Gebilde auf den Blättern?

Ja

Sieht man blattoberseits ausgebeulte, rote bis braune Stellen, die blattunterseits mit einem gräulichen Haarfilz belegt sind?

Ja

Blattpocken durch Gallmilben; Blattunterseite (siehe S. 95–97)

Nein

Sieht man Blattkräuselungen, -krümmungen, -verkrüppelungen oder -einrollungen?

Ja

Entwickeln sich die Blätter von Anfang an mißgestaltet? Sie rollen sich zusammen und/oder nur eine Blatthälfte wächst. Die Blätter wirken gewellt. Man sieht weder blattober- noch -unterseits Insekten.

Ja

Nein

Sieht man den Mißwuchs fast ausschließlich an den Triebspitzen?

Ja

Sind die Blätter gekräuselt, und sitzen darin Insekten? Befallene Pflanzenteile sind oft klebrig.

Ja

Nein

Spezieller Schaden; siehe Kapitel „Das Pflanzenbrevier“ unter entsprechender Pflanze

Nein

Sind die Blätter irgendwo an der Pflanze zusammengerollt?

Ja

Sind die Blätter längs der Mittelrippe zusammengerollt, und sitzen darin oft 3 bis 8 mm lange, weißliche Insektenlarven?

Ja

Nein

Fortsetzung S. 44
***

Nein

Spezieller Schaden; siehe Kapitel „Das Pflanzenbrevier“ unter entsprechender Pflanze

Nein

Fortsetzung S. 44
*

Kälteschaden (siehe S. 74)

Blattläuse (siehe S. 101-102)

Gerollte Blätter durch Larven der Blattroll-Rosenblattwespe (s. S. 104–105)

Larve der Blattroll-Rosenblattwespe, zirka 6fach vergrößert

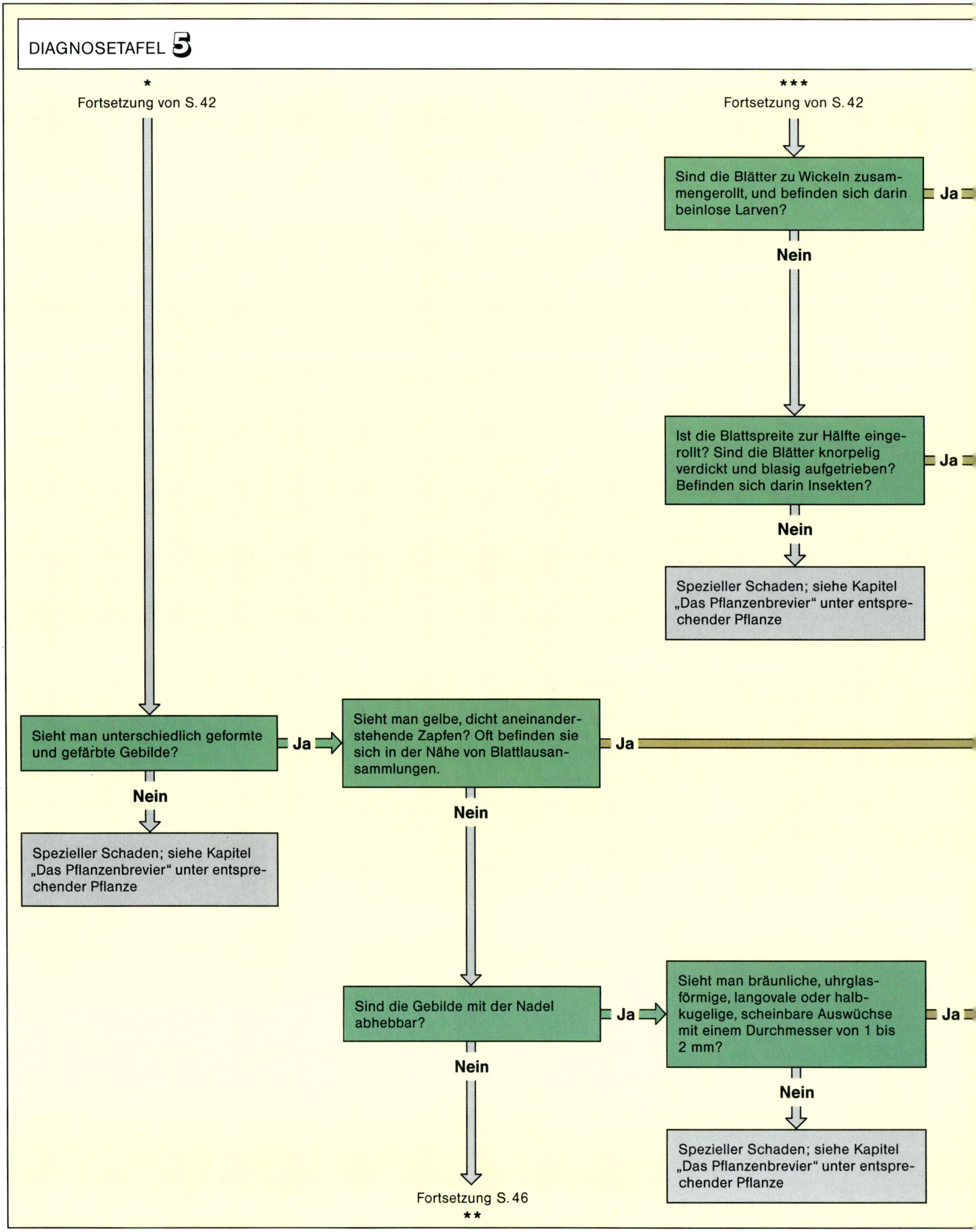
DIAGNOSETAFEL 5
*
Fortsetzung von S. 42
***
Fortsetzung von S. 42
Sind die Blätter zu Wickeln zusammengerollt, und befinden sich darin beinlose Larven?
Ja
Nein
Ist die Blattspreite zur Hälfte eingerollt? Sind die Blätter knorpelig verdickt und blasig aufgetrieben? Befinden sich darin Insekten?
Ja
Nein
Spezieller Schaden; siehe Kapitel „Das Pflanzenbrevier“ unter entsprechender Pflanze
Sieht man unterschiedlich geformte und gefärbte Gebilde?
Ja
Sieht man gelbe, dicht aneinanderstehende Zapfen? Oft befinden sie sich in der Nähe von Blattlausansammlungen.
Ja
Nein
Spezieller Schaden; siehe Kapitel „Das Pflanzenbrevier“ unter entsprechender Pflanze
Nein
Sind die Gebilde mit der Nadel abhebbar?
Ja
Sieht man bräunliche, uhrglasförmige, langovale oder halbkugelige, scheinbare Auswüchse mit einem Durchmesser von 1 bis 2 mm?
Ja
Nein
Spezieller Schaden; siehe Kapitel „Das Pflanzenbrevier“ unter entsprechender Pflanze
Nein
Fortsetzung S. 46
**

Blattwickelnder Rüsselkäfer
(siehe S. 105–107)

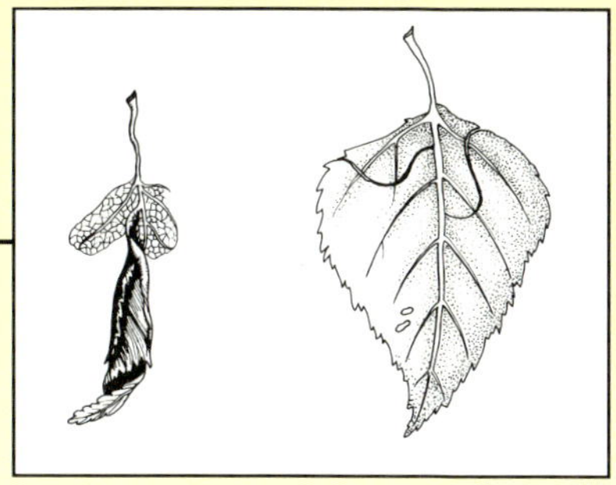

Eingeschnittenes Blatt (rechts);
Blattwickel (links)

Gerollte Blätter durch Galläuse
(siehe S. 102–103)

Eigelege des Marienkäfers
(siehe S. 191)

Schildläuse; zirka 1,5fach vergrößert
(siehe S. 104)

DIAGNOSETAFEL 5

**
Fortsetzung von S. 44

Sind sie aufstechbar?

Ja →

Sieht man blattunterseits gelbe bis braune, kugelförmige oder warzenähnliche Gebilde, die beim Anstechen einen staubförmigen Inhalt entlassen?

Ja

Nein ↓

Spezieller Schaden; siehe Kapitel „Das Pflanzenbrevier“ unter entsprechender Pflanze

Nein ↓

Befinden sich in den Gebilden Insektenlarven oder Milben?

Ja

Nein ↓

Spezieller Schaden; siehe Kapitel „Das Pflanzenbrevier“ unter entsprechender Pflanze

Rostpilze (siehe S. 89); Beispiel 1

Beispiel 2

Linsengallen durch Gallwespen (siehe S. 104–105)

Blattgallen durch Gallmilben (siehe S. 95–97)

DIAGNOSETAFEL 6

Sieht man einen Belag auf den Blättern?

Ja

Ist der Belag gleichmäßig über eine auch mitunter kleine Blattfläche bzw. über das ganze Blatt verteilt?

Ja → Ist er klebrig?

Ja → Ist er farblos?

Ja

Nein

Nein

Ist er schwarz?

Ja

Nein

Sieht man blattoberseits einen puderartig weißen, sich bräunlich verfärbenden Belag?

Ja →

Echter Mehltau (siehe S. 89-90)

Nein

Sieht man blattunterseits einen grauweißen Belag und an diesen Stellen oberseits fleckenartige Aufhellungen?

Ja

Nein

Sieht man einen mausgrauen Belag auf braunfaulen oder vertrocknenden Blatteilen?

Ja →

Grauschimmel (siehe S. 88)

Nein

Sieht man hauchdünne Gespinste und meist blattunterseits 0,5 mm große, bräunliche oder rötliche Tierchen?

Ja

Nein

Fortsetzung S. 50
*

Fortsetzung S. 50
**

Sind die Blätter gekräuselt und/oder eingerollt und sitzen darin Insekten?

Ja →

Blattläuse (siehe S. 101–102)

Nein ↓

Spezieller Schaden; siehe Kapitel „Das Pflanzenbrevier“ unter entsprechender Pflanze

Sieht man einen mehr oder weniger regelmäßig verteilten, schmierigen, schwarzen Belag?

Ja →

Rußtaupilze (siehe S. 90)

Nein ↓

Spezieller Schaden; siehe Kapitel „Das Pflanzenbrevier“ unter entsprechender Pflanze

Falscher Mehltau (siehe S. 89–90); Blattoberseite

Gespinste mit Spinnmilben (siehe S. 95–97)

Spinnmilbe, zirka 54fach vergrößert

DIAGNOSETAFEL 6

*
Fortsetzung von S. 48

- Tritt der Belag punktförmig oder in sehr kleinen Flecken auf?
  - **Ja** → Sieht man einen speichelartigen Schaum an den Blattansatzstellen oder in den Blattachseln? Darin entdeckt man ein grünliches oder gelbes, zarthäutiges Insekt. (**Ja** →)
  - **Nein** → Spezieller Schaden; siehe Kapitel „Das Pflanzenbrevier“ unter entsprechender Pflanze

**
Fortsetzung von S. 48

- Spezieller Schaden; siehe Kapitel „Das Pflanzenbrevier“ unter entsprechender Pflanze

- Sieht man einen speichelartigen Schaum an den Blattansatzstellen oder in den Blattachseln? Darin entdeckt man ein grünliches oder gelbes, zarthäutiges Insekt.
  - **Ja** →
  - **Nein** → Ist der Belag weißlich oder gelblichweiß?
    - **Ja** → Sieht man weiß bemehlte, 2 bis 3 mm große, oval halbkugelige Insekten (schneeflockenartiges Aussehen) an Koniferen? (**Ja** →)
      - **Nein** → Sieht man blattunterseits knapp 1 mm lange, ovale, ungeflügelte, gelblichweiße Insektenlarven (meist bei Rhododendron)? (**Ja** →)
        - **Nein** → Sieht man meist blattunterseits 1 bis 2 mm lange, gelblichweiße oder schwärzliche Insekten, teilweise mit auf dem Rücken zusammengeschlagenen Flügeln? (**Ja** →)
          - **Nein** → Spezieller Schaden; siehe Kapitel „Das Pflanzenbrevier“ unter entsprechender Pflanze
    - **Nein** → Sieht man unterschiedlich geformte und gefärbte Gebilde oder auch nur kleine, scheinbare Auswüchse?
      - **Ja** → Sieht man gelbe, dicht aneinanderstehende Zapfen? Oft befinden sie sich in der Nähe von Blattlausansammlungen. (**Ja** →)
        - **Nein** → Fortsetzung S. 52
***
      - **Nein** → Fortsetzung S. 52
**

Nest der Schaumzikade
(siehe S. 100-101)

Larve der Schaumzikade

Wolläuse (siehe S. 102–103)

Larven der Weißen Fliege, zirka 12fach vergrößert (siehe S. 103–104)

Blasenfuß, zirka 20fach vergrößert
(siehe S. 99–100)

Larve des Blasenfußes, zirka 19fach vergrößert

Eigelege des Marienkäfers (siehe S. 191)

DIAGNOSETAFEL 6

**
Fortsetzung von S. 50

***
Fortsetzung von S. 50

Sind die Gebilde mit der Nadel abhebbar? — **Ja**

Nein

Sind sie aufstechbar? — **Ja**

Nein

Spezieller Schaden; siehe Kapitel „Das Pflanzenbrevier" unter entsprechender Pflanze

Sieht man meist blattunterseits schwarze, lackartige Kotpunkte auf gesprenkelten Blättern und dazwischen 1 bis 2 mm lange, gelblichweiße oder schwärzliche Insekten, teilweise mit auf dem Rücken zusammengeschlagenen Flügeln? — **Ja**

Kotpunkte der Blasenfüße

Nein

Spezieller Schaden; siehe Kapitel „Das Pflanzenbrevier" unter entsprechender Pflanze

Sieht man bräunliche, uhrglasförmige, langovale oder halbkugelige, scheinbare Auswüchse mit einem Durchmesser von 1 bis 2 mm?

Ja →

Schildläuse, ungefähr natürliche Größe (siehe S. 104)

Nein ↓

Spezieller Schaden; siehe Kapitel „Das Pflanzenbrevier" unter entsprechender Pflanze

Sieht man blattunterseits gelbe bis braune, kugelförmige oder warzenähnliche Gebilde, die beim Anstechen einen staubförmigen Inhalt entlassen?

Ja →

Rostpilze (siehe S. 89); Beispiel 1

Beispiel 2

Nein ↓

Befinden sich in den Gebilden Insektenlarven?

Ja →

Linsengallen durch Gallwespen (siehe S. 104–105)

Gallwespenlarven in „Schlafäpfeln" an Heckenrose

Nein ↓

Spezieller Schaden; siehe Kapitel „Das Pflanzenbrevier" unter entsprechender Pflanze

Blasenfuß, zirka 20fach vergrößert; (siehe S. 99–100)

DIAGNOSETAFEL 7

Sieht man Verfärbungen an Blättern und/oder Blatteilen, die nicht abwischbar sind?
(Abwischbare Verfärbungen siehe Diagnosetafel 6)

Ja

Sind nur die Blattspitzen und/oder -ränder trocken verbräunt? — **Ja**

Nein

Sieht man scharf begrenzte, verfärbte Flecken oder Gänge? (Sieht man durch die Blattadern begrenzte Verfärbungen, dann hier mit Nein antworten.) — **Ja**

Sieht man gelblichgrüne oder weißlich durchscheinende Gänge zwischen Blattober- und -unterseite mit dunklen Larven darin? — **Ja**

Schadbild von Minierfliegenlarven (siehe S. 108)

Nein

Sieht man blattunterseits gelbe bis braune, kugelförmige oder warzenähnliche Gebilde, die beim Anstechen einen staubförmigen Inhalt entlassen? — **Ja**

Nein

Sieht man auf Blättern und/oder Blüten glasig dunkelgrüne, später graubraune, faulende Flecken? Auf den unterirdischen Pflanzenteilen zeigen sich schwarze, harte, rundliche Gebilde. — **Ja**

Grauschimmel (siehe S. 88)

Nein

Sieht man auf braunfaulen oder vertrocknenden Blatteilen einen mausgrauen Belag? — **Ja**

Nein

Fortsetzung S. 56
**

(Nein aus „Sieht man scharf begrenzte, verfärbte Flecken oder Gänge?“)

Fortsetzung S. 56
*

Kaliummangel (siehe S. 75–78)

Trockenschaden (siehe S. 74)

Streusalzschaden

Rostpilze (siehe S. 89); Beispiel 1

Beispiel 2

Dauerkörper vom Grauschimmel auf der Zwiebel

Grauschimmel (siehe S. 88)

DIAGNOSETAFEL 7

*
Fortsetzung von S. 54

**
Fortsetzung von S. 54

Sieht man mehr oder weniger große, meist dunkel umrandete Flecken von unterschiedlicher Form und Farbe? — Ja

Nein

Sieht man gelbgrüne, ring- oder wellenförmige Farbmuster oder mosaikartige, grünweiße Scheckungen auf den Blättern? — Ja

Viruserkrankungen (siehe S. 82–83); Beispiel 1

Nein

Spezieller Schaden; siehe Kapitel „Das Pflanzenbrevier" unter entsprechender Pflanze

Sind die Blattflecken weniger stark abgegrenzt, oder ist das Blatt fein gesprenkelt? — Ja

Nein

Sieht man dichte, gelbe oder silbrige, später eintrocknend braune, nadelstichartige Sprenkel? — Ja

Nein

Sieht man meist blattunterseits 0,5 mm große, bräunliche oder rötliche Tierchen, und sieht man mitunter hauchdünne Gespinste? — Ja

Nein

Sieht man schwarze, lackartige Punkte zwischen den Sprenkeln? Sieht man meist blattunterseits 1 bis 2 mm lange, gelblichweiße oder schwärzliche Insekten, teilweise mit auf dem Rücken zusammengeschlagenen Flügeln? — Ja

Nein

Spezieller Schaden; siehe Kapitel „Das Pflanzenbrevier" unter entsprechender Pflanze

Fortsetzung S. 58
*

Fortsetzung S. 58
**

Blattfleckenpilze (siehe S. 88–89); Beispiel 1

Beispiel 2

Beispiel 2

Blattschaden durch Spinnmilben (siehe S. 95–97)

Spinnmilbe, zirka 54fach vergrößert

Blattschaden durch Blasenfüße (siehe S. 99)

Blasenfuß, zirka 26fach vergrößert

DIAGNOSETAFEL 7

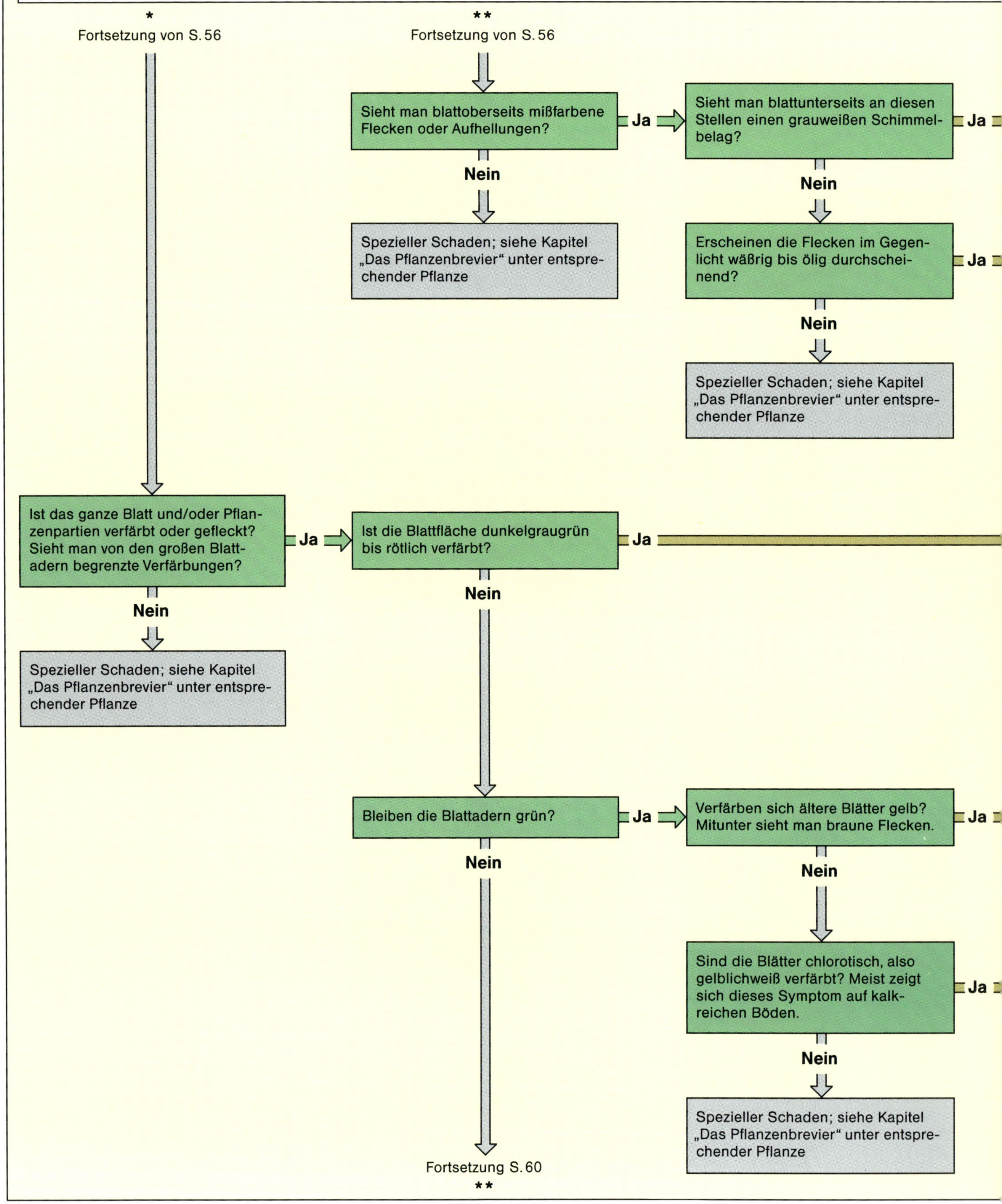

Falscher Mehltau (siehe S. 89–90); Blattoberseite

Bakterielle Blattflecken (siehe S. 83–84)

Phosphormangel (siehe S. 75–78)

Magnesiummangel (siehe S. 75-78)

Eisenmangel (siehe S. 75–78)

DIAGNOSETAFEL 7

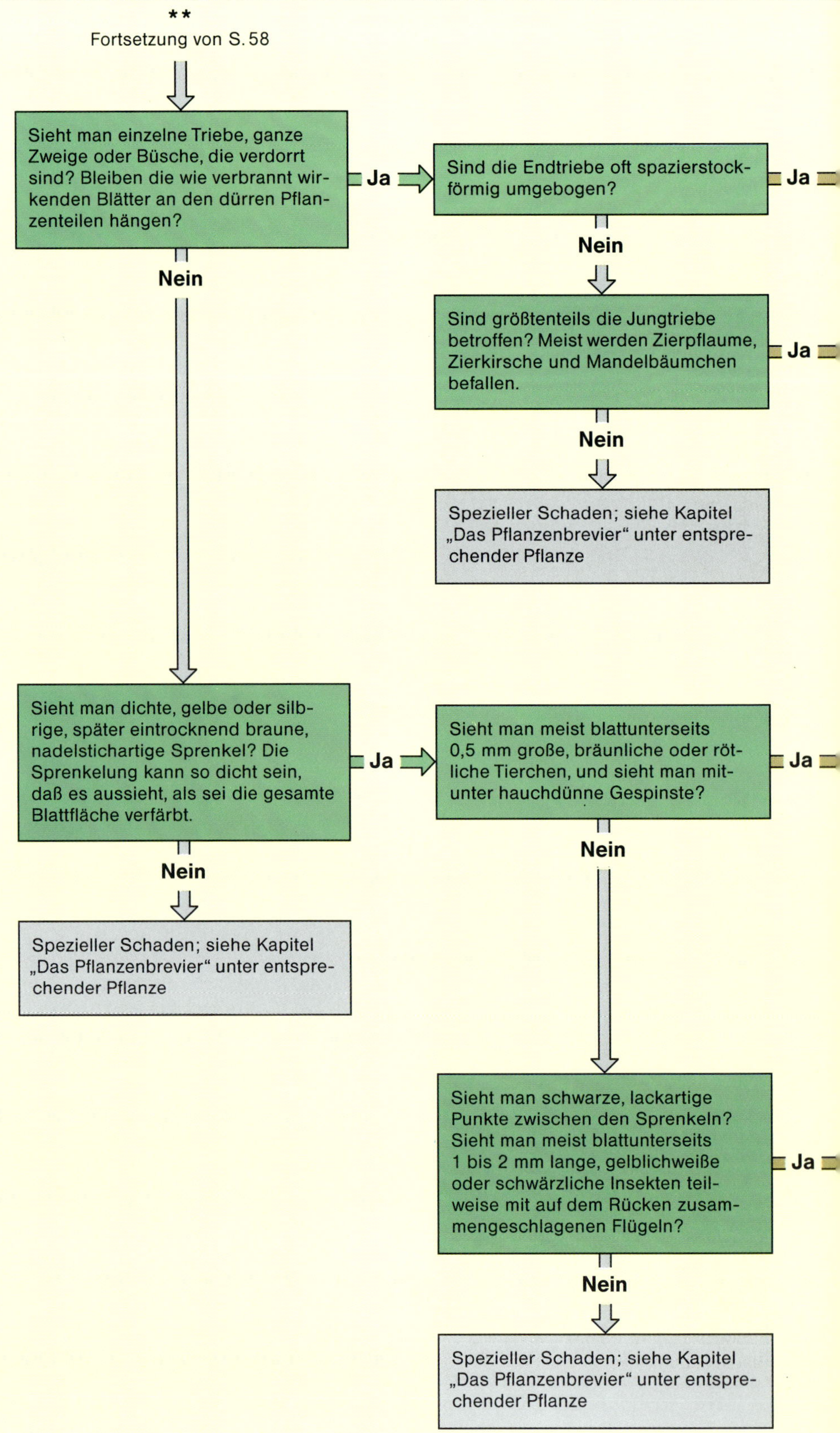

Feuerbrand (siehe S. 83–85)

Spazierstockförmig gebogener Endtrieb

Spitzendürre

Blattschaden durch Spinnmilben (siehe S. 95–97)

Spinnmilbe, zirka 54fach vergrößert

Blattschaden durch Blasenfüße (siehe S. 99–100)

Blasenfuß, zirka 26fach vergrößert

DIAGNOSETAFEL 8

Sieht man tierische Lebewesen auf der Pflanze, im Boden, unter Steinen, Brettern und ähnlichem?

Ja

Sitzen Tiere auf den Blättern, manchmal auch auf Blüten und/oder Trieben bzw. Zweigen?

Ja → Sieht man meist blattunterseits 0,5 mm große, bräunliche oder rötliche Tierchen, und sieht man mitunter hauchdünne Gespinste? **Ja**

Nein

Sieht man meist blattunterseits 1 bis 2 mm lange, gelblichweiße oder schwärzliche Insekten teilweise mit auf dem Rücken zusammengeschlagenen Flügeln? Schwarze, lackartige Punkte sind auf dem Blatt sichtbar. **Ja** →

Blasenfuß, zirka 20fach vergrößert (siehe S. 99–100)

Nein

Sieht man blattunterseits etwa 1 mm lange, ovale, ungeflügelte, gelblichweiße Insekten? Sieht man zirka 2 mm lange Motten, die bei einer Blattbewegung sofort auffliegen? **Ja**

Nein

Sieht man weiß bemehlte, 2 bis 3 mm große, halbkugelige Insekten (schneeflockenartiges Aussehen) auf Nadelgehölzen? **Ja** →

Wolläuse, zirka 4fach vergrößert (siehe S. 102–103)

Nein

Sieht man grünliche, gelbliche, bräunliche oder schwarze, 2 bis 3 mm lange Insekten mit oder ohne Flügel und mit deutlichen Hinterleibsröhrchen, die bei Störung nicht fliehen? **Ja**

Nein

Fortsetzung S. 64 **

(Sitzen Tiere auf den Blättern …?) **Nein**

Fortsetzung S. 64 *

Spinnmilbe, zirka 54fach vergrößert (siehe S. 95–97)

Gespinste der Spinnmilben

Larve des Blasenfußes, zirka 19fach vergrößert

Weiße Fliege, zirka 20fach vergrößert (siehe S. 103–104)

Larven der Weißen Fliege, zirka 18fach vergrößert

Blattläuse, zirka 7fach vergrößert (siehe S. 101–102); Beispiel 1

Beispiel 2

DIAGNOSETAFEL 8

*
Fortsetzung von S. 62

**
Fortsetzung von S. 62

Sieht man zwischen den Trieben ein mehr oder weniger dichtes Gespinst, in dem sich Räupchen befinden, die im Extremfall alle Blätter fressen? – Ja

Nein

Sind die Blätter zu Wickeln zusammengerollt, und befinden sich darin beinlose Insekten? – Ja

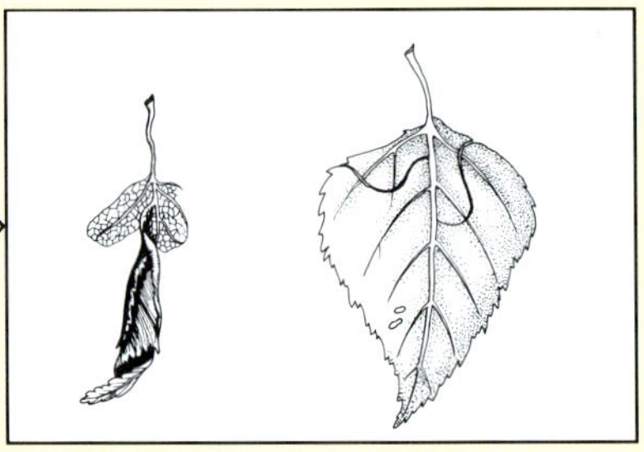

Rüsselkäfer: eingeschnittenes Blatt (rechts); Blattwickel (links)

Nein

Sieht man 1 bis 2 mm lange, gelbe, orangefarbene oder rote Maden, die oft zwischen Blattläusen sitzen und diese aussaugen? – Ja

Nein

Sieht man etwa 7 mm lange, spitzovale, gelbe, grüne oder graue Maden, die oft zwischen Blattläusen sitzen und diese aussaugen? – Ja

Schwebfliegenlarve, zirka 6fach vergrößert (siehe S. 191–192)

Nein

Sieht man 8 bis 12 mm lange Insektenlarven meist in der Nähe von Blattlausansammlungen? Sie nehmen die Läuse auf die „Hörner" und saugen sie aus. – Ja

Ist das Tier grau gefärbt und besitzt gelbe Flecken? – Ja

Nein

Besitzt die Larve am Kopf deutliche Saugzangen? – Ja

Nein

Spezieller Schaden; siehe Kapitel „Das Pflanzenbrevier" unter entsprechender Pflanze

Nein

Fortsetzung S. 66
*

Fortsetzung S. 66
**

Gespinstmottenraupen
(siehe S. 107–108)

Gallmückenlarve, zirka 25fach vergrößert

Marienkäferlarve, zirka 4fach vergrößert
(siehe S. 191)

Florfliegenlarve, zirka 3fach vergrößert
(siehe S. 191)

DIAGNOSETAFEL 8

*
Fortsetzung von S. 64

**
Fortsetzung von S. 64

Sieht man 5 bis 100 mm große, langgestreckte, rote bis braune Tiere mit und ohne Gehäuse, die eine Schleimspur hinterlassen? **Ja**

Nein

Sieht man 5 bis 50 mm große, langgestreckte, unterschiedlich gefärbte Tiere, die an den Blättern fressen? **Ja**

Raupe (siehe S. 107–108)

Nein

Sieht man 5 bis 15 mm große, flache, unterschiedlich gefärbte Insekten mit sechs Beinen? Auf ihrem Rücken sieht man deutlich die gekreuzt übereinandergeschlagenen Flügel. **Ja**

Nein

Sieht man grüngoldene, blaue, rote oder regenbogenfarbene, glänzende, auffällige, 3 bis 8 mm große, halbeiförmige Käfer? **Ja**

Blattkäfer (siehe S. 105–107)

Nein

Sieht man grüne oder braune Käfer mit rüsselartig verlängertem Kopf, die sich bei Annäherung sofort fallenlassen? **Ja**

Nein

Fortsetzung S. 68
*

Fortsetzung S. 68
**

Nacktschnecke (siehe S. 94–95)

Gehäuseschnecke (siehe S. 94–95)

Blattwanzen (siehe S. 100); Beispiel 1

Beispiel 2

Rüsselkäfer (siehe S. 105-107)

Dickmaulrüßler (siehe S. 105–107)

DIAGNOSETAFEL 8

*
Fortsetzung von S. 66

**
Fortsetzung von S. 66

Spezieller Schaden; siehe Kapitel „Das Pflanzenbrevier" unter entsprechender Pflanze

Sieht man beim Umgraben Tiere an den Wurzeln bzw. im Boden?

Ja →

Sieht man eine helle, gekrümmte, wurmähnliche, 20 bis 30 mm lange Larve, deren Beine gut entwickelt sind? Das Hinterende des Körpers ist meist angeschwollen, der Körper weich und dick.

Ja →

Engerlinge (siehe S. 105–107)

Nein

Sieht man etwa 10 mm lange, elfenbeinfarbene, fußlose, gekrümmte Insektenlarven mit braunem Kopf?

Ja →

Nein

Sieht man 5 bis 20 mm lange, oft auffällig glatte, gelbe bis orangefarbene Larven, deren Kopf nicht breiter ist als der Körper?

Ja →

Nein

Sieht man zahlreiche, hüpfende oder laufende, 1 bis 8 mm lange, weiße bis graue, rundliche oder gestreckte Tierchen mit sechs Beinen?

Ja →

Springschwänze (siehe S. 99)

Nein

Spezieller Schaden; siehe Kapitel „Das Pflanzenbrevier" unter entsprechender Pflanze

Nein (Sieht man beim Umgraben Tiere an den Wurzeln bzw. im Boden?)

Fortsetzung S. 70
*

Dickmaulrüßlerlarve (siehe S. 105–107)

Drahtwurm (siehe S. 105–107)

DIAGNOSETAFEL 8

* Fortsetzung von S. 68

Entdeckt man Tiere unter Steinen, Brettern, in Spalten und Löchern?

Ja → Sieht man 5 bis 100 mm große, langgestreckte, rote bis braune Tiere mit und ohne Gehäuse, die Schleim absondern?

Ja →

Nacktschnecke (siehe S. 94–95)

Nein ↓

Sieht man 10 bis 20 mm lange, graubraune Tiere mit hartem, abgeplattetem Rücken und sieben Paar Laufbeinen?

Ja →

Asseln (siehe Seite 95)

Nein ↓

Sieht man kleine, 10 bis 30 mm große, langgestreckte Tiere mit vielen Beinen?

Ja → Sieht man ein solches Tier mit einem Beinpaar je Segment? Sie versuchen, bei Ergreifen zu flüchten.

Ja →

Nein ↓

Sieht man ein solches Tier mit zwei Beinpaaren je Segment? Sie rollen sich bei Ergreifen spiralig ein (stellen sich tot).

Ja →

Nein ↓

Spezieller Schaden; siehe Kapitel „Das Pflanzenbrevier“ unter entsprechender Pflanze

Nein ↓

Spezieller Schaden; siehe Kapitel „Das Pflanzenbrevier“ unter entsprechender Pflanze

Nein ↓

Spezieller Schaden; siehe Kapitel „Das Pflanzenbrevier“ unter entsprechender Pflanze

Gehäuseschnecke (siehe S. 94–95)

Hundertfüßer, Läufer

Doppelfüßer, „Tausendfüßer“, (siehe S. 97–98)

Gesunde Pflanzen haben eine große, natürliche Widerstandskraft, die sie gegen Schadeinwirkungen schützt. Doch viele Faktoren können die Abwehrkräfte schwächen: ein falscher Standort, zu saurer oder zu alkalischer Boden, schlechte Lichtverhältnisse, unausgewogene Ernährung. Pflanzenschutz beginnt daher nicht erst dann, wenn Krankheiten oder Schädlinge die Pflanze bereits befallen haben. Es gilt vielmehr, den Zierpflanzen von Anfang an optimale Bedingungen zu bieten, das heißt, vorbeugenden Pflanzenschutz zu betreiben.

Gartenanlage

STANDORT-ANSPRÜCHE UND KULTUR-MASSNAHMEN

Nichtparasitäre Erkrankungen

Als **nichtparasitäre Pflanzenkrankheiten** bezeichnet man Schäden oder Wachstumsstörungen, die nicht durch Schaderreger, sondern durch den **Einfluß des Klimas, des Bodens oder der Ernährung** verursacht werden. Wird der Verursacher nicht im Zusammenhang mit dem Schadbild (zum Beispiel Frostriß) genannt, äußern sich solche nichtparasitären Krankheiten in der Regel als **Mangelsymptome**.
Bei einjährigen Kulturen kann der Gartenfreund vielfach durch Pflegemaßnahmen steuernd und ausgleichend eingreifen. Bei Laub- und Nadelgehölzen, die ja viele Jahre am selben Standort stehen, ist es ratsam, spezielle Bedürfnisse oder Eigenschaften bereits vor dem Pflanzen zu berücksichtigen. Da die Beschaffung der Pflanzen zunehmend ohne Beratung (Katalog, Selbstbedienung) erfolgt, muß man sich im voraus über die unterschiedlichen Standortansprüche informieren. Ihre Berücksichtigung spart erfahrungsgemäß viel Ärger und Aufwand an ausgleichenden Kulturmaßnahmen.

Klima

Feuchtigkeits- und Temperaturverhältnisse beeinflussen entscheidend das Pflanzenwachstum. An trockenen Standorten mit niederschlagsarmer Witterung zum Beispiel sind Gehölze, die von Echten Mehltaupilzen als „Schönwetterpilzen" befallen werden, immer stärker gefährdet als an feuchten. Man sollte in diesem Fall stets versuchen, „mehltaufeste" Sorten zu bekommen.
In feuchten und niederschlagsreichen Lagen spielen Mehltaupilze meist eine ausgesprochen untergeordnete Rolle. Hier kommen dann andere, feuchtigkeitsliebende Pilze zum Zuge. Blattfleckenpilze treten meist als „Schwächeparasiten" auf und zeigen dann, daß den Pflanzen der Standort nicht zusagt.
Besondere Bedeutung kommt besonders bei Gehölzen den Temperaturen unter 0° C zu. **Erfrierungen** kommen vor allem bei Gehölzen südländischer Abstammung (Lorbeer- und Zitrusgewächse, Palmen) vor, die sich noch nicht ausreichend an unser Klima angepaßt haben. Frostgefährdete Gehölze pflanzt man an Stellen, wo sie nicht den kalten, trockenen Ostwinden ausgesetzt sind.
Frostplatten und **Frostrisse** sind Rindenschäden, die weniger von der Pflanzenart als vielmehr vom Standort abhängen. Gefährdet sind vor allem Gehölze, die vor dunkelfarbigen Hauswänden oder Mauern stehen, die sich mittags aufheizen und die Wärme dann an die Rinde und die Wachstumsschicht der Gehölze abgeben. Friert es dann in den Nächten, kommt es durch den starken Temperaturunterschied häufig zu umfangreichen Gewebezerreißungen. Als Gegenmaßnahme hat sich

Kälteschaden

das Kalken der Stämme bewährt, da Weiß Wärme reflektiert und so eine zu starke Aufheizung der Rinde verhindert. Das Aufbringen des Kalkes kann mit einer Quaste (2–2,5 kg Kalk je 10 l Wasser) oder einer Baumspritze (1 kg Kalk je 10 l Wasser) geschehen. Geeignet sind Branntkalk oder kohlensaurer Kalk, die man in Baustoffhandlungen oder in Farbengeschäften kaufen kann. Der Gartenfachhandel hält außerdem noch spezielle Baumweißprodukte bereit.
Viele Blattschäden an Rhododendron, Berberitze, Kirschlorbeer, Mahonie und anderen immergrünen Laubgehölzen sowie Nadelverbräunung oder Nadelfall bei Eibe, Thuja, Kiefer oder Zeder sind eine Folge der **Frosttrocknis**. Die grünen Pflanzenteile verdunsten auch bei Minustemperaturen (und besonders bei Sonnenschein) nicht unerhebliche Mengen an Wasser, während die Wurzeln aus dem gefrorenen Boden nicht für genügend Nachschub sorgen können. Besonders die Zweigspitzen verdursten dann eher als daß sie erfrieren. Fichtenreisig, um die Pflanze gewickelt, hält verdunstungsfördernde Zugluft wirksam ab.

Boden

Die Bodenkunde weiß sehr genau zu erklären, wie die im Durchschnitt zirka 1 m dicke äußerste Schicht unserer Erdkruste aus verwittertem Gestein durch Hinzukommen von toter organischer Substanz und die Arbeit von Lebewesen zu einem Substrat wurde, das wir als Boden bezeichnen. Bodenkundler unterscheiden je nach Herkunft der Ausgangsgesteine, ihrer Anteile und Eigenschaften eine Vielzahl verschiedener Bodentypen. Wir wollen uns hier einer nur groben Charakterisierung bedienen, die sich aber in der Praxis durchgesetzt hat. „Schwere" Böden, auch **Tonböden** genannt, sind Böden mit einem hohen Tonanteil, die sich schwer bearbeiten lassen. Bei Feuchtigkeit wird Tonboden bindig und wasserhaltend; er läßt

sich in der Hand verformen (kneten). In nassem Zustand ist er wasserundurchlässig, kalt und wenig durchlüftet; in trockenem Zustand wird er steinhart. Bei Regen verschlämmt dieser Boden schnell, bei Trockenheit neigt er zur Verkrustung. Schwerer Tonboden muß durch Sand und Kompost mürbe und damit für den Gartenbau erst brauchbar gemacht werden.
Im Gegensatz dazu ist **Sandboden** ein „leichter" Boden, der wenig Wasser hält und schnell austrocknet. Nährstoffe werden daher rasch ausgespült. Er erwärmt sich schnell und ist gut durchlüftet. Für Gartenzwecke muß ein Sandboden durch Humusgaben, Kompost und andere wasserhaltende Stoffe erst aufbereitet werden. Die gute Durchlüftung und Erwärmung hat einen starken Verbrauch an organischer Substanz zur Folge, so daß ständig für Nachschub gesorgt werden muß.
Sandiger Lehm und **lehmiger Sand** sind Böden, die aus Ton und Sand bestehen. Sie erwärmen sich schwer, sind wasserhaltend und sehr nährstoffreich. Bei starker Zufuhr von Humusstoffen sind sie ideale Gartenböden.
Eine besondere Bedeutung für das gesunde Wachstum von Pflanzen hat die **Säure-** beziehungsweise **Basenreaktion des Bodens**, der **pH-Wert**. So bedeutet beispielsweise pH 7, daß sich in 1 l Bodenlösung 10^7 (= 10 000 000) Wasserstoffionen befinden, was einem Gewicht von 0,000 000 1 g entspricht. Je mehr Ionen die Lösung enthält, um so saurer wird sie; je weniger Wasserstoff, um so alkalischer.

unter pH 4,0	die Bodenlösung ist sehr stark sauer; Regenwürmer und Mikroorganismen stellen ihre Tätigkeit ein
pH 4,1–4,5	stark sauer; giftg wirkendes Aluminium geht in die Bodenlösung; das Pflanzenwachstum ist gehemmt
pH 4,6–5,2	sauer; Boden für Moorbeetpflanzen, zum Beispiel Preisel- und Blaubeeren
pH 5,3–6,4	schwach sauer; optimaler ph-Wert für Sand und lehmigen Sand
pH 6,5	optimaler pH-Wert für sandigen Lehm
pH 6,5–7,4	neutral
pH 7	optimaler pH-Wert für Lehm- und Tonböden
über pH 7,5	die Bodenlösung ist basisch oder alkalisch

Geräte zum Messen der Bodenreaktion werden im Gartenfachhandel angeboten; richtige Meßergebnisse liefern jedoch nur die relativ teuren Geräte. Bei **Bodenuntersuchungen** durch Fachinstitute (siehe Seite 203) erfolgt eine exakte Bestimmung des pH-Wertes. Viele Gartenfreunde verlassen sich auf „Zeigerpflanzen". Tatsächlich zeigen Sauerampfer und Schachtelhalm saure Standorte, Huflattich und Gänsedistel kalkreiche an. Mit der Bodenreaktion einher geht die **Kalkversorgung** des Bodens. Saure Böden haben einen geringen Kalkgehalt, basische einen höheren. Es gibt viele Gehölze, die kalkreiche Standorte bevorzugen oder wenigstens ertragen; im Gegensatz dazu stehen die, die kalkreiche Standorte meiden (und sich dort auch nie wohl fühlen würden!) beziehungsweise saure Standorte bevorzugen oder vertragen. Saure Böden können durch **Kalkdünger** (kohlensauren Kalk, Branntkalk) „aufgekalkt", das heißt, in einen optimalen pH-Wertbereich gebracht werden. Aber Vorsicht: Gärten sind oft durch zu häufige und zu hohe Kalkgaben ohnehin überkalkt. Wie oft Kalkdüngungen zu verabreichen sind, sollte man deshalb allein von den Ergebnissen einer Bodenuntersuchung abhängig machen.

Schachtelhalm

Ernährung und Düngung

Auch Pflanzen müssen – wie tierische Organismen – Nahrung zu sich nehmen. Fehlen im Nahrungsangebot wichtige Stoffe, kommt es zu **Mangelkrankheiten**. Aus der Atmosphäre erhält die Pflanze Wärme, Kohlenstoff, Wasser und Licht; das alles wird für die Assimilation benötigt. Mit Hilfe der Sonnenenergie wird daraus organische Substanz aufgebaut. Außerdem braucht die Pflanze Stoffe, die sie aus dem Boden aufnimmt. Dorthin sind diese Stoffe durch den Zerfall von Gesteinen im Laufe des Erdzeitalters gelangt. Die Elemente Kalzium, Stickstoff, Phosphor, Kalium und Magnesium sind die **Hauptnährstoffe** der Pflanzen. Hinzu kommen zahlreiche Elemente, die nur in Spuren gebraucht und deshalb als **Spurennährstoffe** bezeichnet werden.
Die Pflanzen nehmen diese Nährstoffe in Form kleinster, elektrisch geladener Bauteile (Ionen) mit dem Wasser aus dem Boden auf. (Bei Zimmerpflanzen in Hydrokultur hat man diese Form der Ernährung bereits perfekt nachgeahmt.) Im Garten will manch einer es immer noch nicht glauben, daß auch sein biologischer Dünger erst bis in die mineralische Ionenform abgebaut sein muß, ehe die Pflanze ihn aufnehmen kann. Ein

kompliziertes Gefüge von physikalischen, chemischen und biologischen Vorgängen sorgt dafür, daß Pflanzen im Boden überhaupt wachsen und daß sie Nährstoffe direkt aufnehmen können, daß organische Substanzen, wie abgestorbene Pflanzenteile oder Materialien tierischer Herkunft, durch Bodenlebewesen in ihre Grundbausteine zerlegt werden, daß die Endprodukte des Stoffwechsels von ebensolchen Mikroben wieder „entsorgt" werden.

Die Pflanzen nehmen die Nährstoffe aus dem Boden auf und geben sie in Form von abgestorbenen Pflanzenteilen und Pflanzenresten wieder dem Boden zurück. Dieser Nährstoffkreislauf wird oft massiv durch den Menschen gestört. Er entnimmt nicht nur das Erntegut; häufig holt er noch das letzte verrottende Material aus seinem Garten, weil er Ordnung haben möchte. Durch mineralische Düngung glaubt er, den Fehlbetrag an Nährstoffen voll ausgleichen zu können. Das geht auch eine Zeitlang gut. Dann allerdings wird der Gartenfreund feststellen müssen, daß die Pflanzen „leiden", weil der Boden seine Fruchtbarkeit verloren hat. Die ist aber abhängig von organischer Substanz in Form von Humus oder Kompost und dem damit verbundenen Bodenleben. Der Hobbygärtner ist demnach am besten beraten, wenn er dafür sorgt, daß er sich mit Hilfe organischer Substanz die Bodenfruchtbarkeit seines Gartens erhält und mit mineralischen Düngern den Nährstoffbedarf seiner Pflanzen abdeckt.

Stickstoffmangel

Phosphormangel

Wenn man gar nicht oder nicht gezielt düngt, wird man das Nährstoffangebot im Gartenboden wahrscheinlich in absehbarer Zeit durcheinanderbringen. Denn es kommt nicht nur darauf an, alle Nährstoffe in ausreichender Menge zu geben, sondern sie auch im richtigen Verhältnis zueinander zu verabreichen. Störungen gab es in den letzten Jahren verstärkt in Gärten, in denen unbekümmert zuviel Voll- oder Mehrnährstoffdünger, die Stickstoff, Phosphor, Kalium und Magnesium in einem bestimmten Verhältnis beinhalten, ausgebracht wurde. Eine zu hohe Versorgung mit Phosphat und Magnesiummangel sind die Folgen.

Störungen im Nährstoffhaushalt werden dagegen lange auf sich warten lassen oder vielleicht gar nicht auftreten, wenn man den gesamten im Garten und im Haushalt anfallenden organischen Abfall dem Boden in Form von Komposthumus wieder zurückgibt und nur einmal im Frühjahr – sozusagen als Grunddüngung – einen mineralischen oder organischen Volldünger verabreicht. Wenn Mangelsymptome festzustellen sind, ist eine **Bodenanalyse** bei einem staatlichen oder privaten Fachinstitut (siehe Seite 203) ratsam. Die Unkosten lohnen sich, weil das Ergebnis dieser Untersuchung eine für mehrere Jahre gültige, exakte Düngeanleitung enthält.

Um Mangelerscheinungen selbst zu erkennen, Düngeanleitungen zu verstehen und Dünger überhaupt beurteilen zu können, sollen die wichtigsten Nährstoffe, die sogenannten **Haupt-** oder **Kernnährstoffe**, hier vorgestellt werden. Auf Düngerpackungen werden diese Hauptnährstoffe meist als Anteile mit den Kennbuchstaben N, P, K und Mg angegeben.

Nitrogenium (Kennbuchstabe **N**) bezeichnet den **Stickstoff**. Stickstoff ist zwar Hauptbestandteil unserer Atmosphäre (zirka 80 %), kommt aber in den Bodenmineralien nicht vor. Allein bestimmte Bodenbakterien sind in der Lage, diesen atmosphärischen Stickstoff festzuhalten und in pflanzenverfügbare Form umzuwandeln.

Kaliummangel: links gesundes Blatt, rechts fortgeschrittenes Stadium

Magnesiummangel

Stickstoff dient in erster Linie der Bildung des lebenswichtigen Pflanzeneiweißes und der Förderung des Wachstums. Reichliche Versorgung mit diesem Kernnährstoff ist an einer sattgrünen Blattfärbung und an üppigem Wachstum zu erkennen. Ein Zuviel an Stickstoff führt zu übermäßigem Blattwachstum, und das geht häufig auf Kosten der Blüten- und Fruchtbildung. Das Gewebe verliert an Härte und Widerstandskraft; es wird für Schädlinge und Schadpilze leichter angreifbar.

Stickstoffmangel verursacht starke Wachstumshemmung. Typisch für N-Mangel sind fahlgrüne bis gelblich verfärbte, kleinbleibende Blätter, wobei die Mangelsymptome zuerst an den älteren Blättern auftreten. Unter Stickstoffmangel leidende Pflanzen werden sehr schnell von Blattläusen befallen.

Stickstoffdünger: Der wichtigste mineralische Stickstoffdünger ist der Kalkammonsalpeter (27% N). Da er je zur Hälfte Ammonium und Nitrat enthält, hat er eine schnelle Anfangs- und eine gute Dauerwirkung. Er hat keinen nennenswerten Einfluß auf den Säuregehalt des Bodens. Den Boden ansäuernd wirkt dagegen Ammoniumsulfat (Schwefelsaures Ammoniak, 21% N). Deshalb wird dieser N-Dünger auf kalkreichen Standorten bevorzugt.

Organische Dünger mit höchsten Stickstoffanteilen sind Hornspäne (14% N), Hornmehl (10–14% N) und Blutmehl (12–13% N).

Phosphor (Kennbuchstabe: **P**) ist an der Eiweißbildung maßgeblich beteiligt. Er ist der Energieträger bei der Umwandlung der Sonnenenergie in biochemische Energie. Die Wirkung des Phosphors erkennt man an gesteigerter Blühwilligkeit, reichem Blütenansatz, guter Samen- und starker Wurzelbildung.

Phosphormangel führt zu braungrüner bis rötlicher Verfärbung der Blattspreite. Nadeln von Lärchen verfärben sich graugrün, die von Kiefern und Fichten rötlich bis violett. Phosphormangel im Boden führt zu geringem Fruchtansatz und schwacher Wurzelbildung.

Phosphordünger: Thomasphosphat (12–18% P_2O_5) ist ein langsam wirkender, mineralischer Dünger und wegen seines Kalkanteils besonders für saure Böden geeignet. Superphosphat (18% P_2O_5) ist wasserlöslich, schnell pflanzenverfügbar und hat keinen Einfluß auf den pH-Wert des Bodens.

Besonders phosphorhaltige organische Dünger sind Knochenmehl (20% P_2O_5) und Geflügelmist (Tauben, Hühner; 2–3% P_2O_5).

Kalium (Kennbuchstabe: **K**) ist unentbehrlich für die Bildung von Stärke, Zucker, Zellulose und anderer Zwischenprodukte des pflanzlichen Stoffwechsels. Es wirkt kräftigend auf Stengel und Blätter und fördert die Widerstandsfähigkeit gegen Pflanzenkrankheiten, niedere Temperaturen und Schadstoffe.

Kaliummangel tritt vor allem an älteren Blättern auf: Die Blattränder werden hell und verfärben sich über gelbbraun nach braun, verdorren aber nicht wie bei Trockenschäden. Bei Koniferen führt Kaliummangel zu blaßgelber bis rotbrauner Verfärbung vor allem der Nadelspitzen.

Kaliumdünger: Im Garten sollen nur Kaliumdünger verwendet werden, die möglichst wenig Chlorid enthalten, denn viele Gartenpflanzen sind sehr salzempfindlich. Besonders geeignete Mineraldünger sind Kalisulfat (50% K_2O) oder Kalimagnesia (früher: Patentkali; 30% K_2O und 10% MgO). Letztere deckt gleichzeitig den Magnesiumbedarf im Boden.

Magnesium (Kennbuchstaben: **Mg**) ist entscheidend am Bau des Blattgrüns (Chlorophyll) beteiligt; ein Mangel hat die Verminderung der Chlorophyllbildung zur Folge.

Magnesiummangel äußert sich in der Gelbfärbung der Blätter, vornehmlich zwischen den grün bleibenden Blattadern. Häufig weist die Blattspreite kleine, braun eintrocknende Flecken auf. Besonders auffällig ist die Gelb- oder Goldspitzigkeit der Nadeln von Koniferen, wobei im Gegensatz zum Kaliummangelsymptom diese Verfärbung plötzlich ohne Übergang in das Grün der übrigen Nadeltriebe übergeht.

Eisenmangel (Chlorose)

Mangelsymptome zeigen sich in erster Linie an den älteren Nadeln, während der jüngste Nadelaustrieb noch gesund erscheint. Magnesiummangel entsteht im Boden häufig durch überhöhte Gaben von Mehrnährstoffdüngern, die zu wenig Magnesium enthalten.

Magnesiumdünger: Kieserit (26–28 % MgO) ist ein mineralischer Dünger, dessen Wirkung wegen seiner geringen Wasserlöslichkeit zwar nur langsam einsetzt, dafür aber lange anhält (Depotdünger). Bittersalz (16 % MgO) ist dagegen sehr leicht wasserlöslich und wirkt sehr schnell. In akuten Fällen kann Bittersalz als 4 %ige Lösung (40 g/l Wasser) gespritzt werden. Unter den organischen Düngern ist Algenkalk relativ magnesiumhaltig (10 % Mg). Er wirkt pH-Wert-erhöhend und sollte daher nicht für kalkreiche Standorte und bei Moorbeetpflanzen eingesetzt werden. Überdies ist Algenkalk als Meeresprodukt stark chloridhaltig.

Eisen (Kennbuchstaben: **Fe**) gehört zu den Elementen, die zwar nur in Spuren, aber trotzdem unbedingt benötigt werden. **Eisenmangel** kann bei Bodenverschlämmung und auf kalkreichen Standorten zur Störung der Pflanzenverfügbarkeit führen, die sich dann als **Chlorose** bemerkbar macht. Dabei werden zuerst die jüngsten Blätter, später auch ältere, „chlorotisch", das heißt, sie verfärben sich gelbgrün bis gelb. Die mangelhafte Assimilation durch gestörte Chlorophyllbildung führt zu Wachstumsstörungen. Von Chlorose betroffen sind insbesondere Pflanzenarten, die gegen zu hohen Kalkgehalt im Boden empfindlich sind (Kalkflieher). Mangelerscheinungen bekämpft man am wirkungsvollsten mit **Eisenchelaten**, die der Pflanze über den Boden zugeführt oder auch direkt auf die Blätter gespritzt werden. In jedem Fall sollte mit der Anwendung solcher Chlorosemittel immer eine Verbesserung des Standortes einhergehen.

Kompost als Humuslieferant

Um die für die Bodenfruchtbarkeit erforderliche organische Substanz in den Boden zu bekommen, kann man käufliche Produkte wie Torf, Torfmischdünger, organisch-mineralische Mischdünger und Dünger auf Stallmistbasis verwenden. Wesentlich billiger und umweltbewußter ist die eigene Humuserzeugung mit Hilfe eines Komposthaufens. Beim **Kompost** (lat. compositus = zusammengesetzt) trägt man Abfälle aus Haushalt und Garten zusammen und läßt sie zu Humus verrotten. Diese Umwandlung vollzieht sich im wesentlichen mit Hilfe derselben Organismen, die auch im Boden für die Umsetzung organischer Stoffe sorgen: Asseln und Regenwürmer besorgen die Grobarbeit, Bodenmilben, Springschwänze und Würmer machen danach die organische Substanz den Mikroben

Ein platzsparendes Kompostsilo läßt sich in jedem Garten unterbringen

„mundgerecht". Über fachgerechtes Kompostieren könnte ein eigenes Kapitel geschrieben werden. Hier nur eine kurze Antwort auf die drei am häufigsten gestellten Fragen:

Was darf kompostiert werden? Gehölzschnitt (möglichst zerkleinert), Ernterückstände, Stroh, Rinde, Gemüse- und Obstabfälle, Grasschnitt, Kaffee- und Teesatz, Laub und Mist; in kleineren Mengen (als Beigabe) Papier, Holzspäne und -mehl sowie Asche.

Was hat es mit dem C:N-Verhältnis auf sich? Die Verrottung von organischer Materie durch Mikroorganismen setzt voraus, daß darin außer den Kohlenhydraten, die als Zellulose und Zucker den Kohlenstoffgehalt (C) ausmachen, auch ausreichend Eiweiß vorhanden ist, das den benötigten Stickstoff (N) liefert. Laub (50 Teile C zu 1 Teil N), Stroh (100:1) oder Holzabfälle (500:1) haben nur sehr wenig Eiweiß. Der Gartenfreund muß dem Fehlbetrag entsprechend Stickstoff in Form von Hornmehl, Blutmehl, Geflügelmist oder auch stickstoffreichem Brennesselschnitt dazugeben. Die übrigen im Garten anfallenden Pflanzenrückstände benötigen solche Zusätze nicht.

Was ist beim Kompostieren in jedem Fall zu beachten?

- Lebensmittelreste müssen direkt mit Erde abgedeckt werden, um nicht Ratten und Mäuse anzulocken.
- Menschliche Fäkalien sollten wegen der Übertragungsgefahr von Parasiten nicht kompostiert werden.
- Kranke Pflanzenteile, samentragende Unkräuter sowie Unkrautwurzeln sollten über den Müll entsorgt werden.

Im übrigen muß darauf geachtet werden, daß der Komposthaufen immer, wenn die Abfallschicht auf 10–20 cm angewachsen ist, mit einer Erdschicht abgedeckt wird, damit die Umsetzungsvorgänge in Gang kommen. Ohne Erde wird es ein übelriechender Abfallhaufen, der auch die Nachbarschaft stört; ein gepflegter Komposthaufen ist geruchlos!

Wer nur Laub kompostieren will, muß Stickstoff untermischen, damit die Bodenorganismen das Material abbauen können

Pflanzen sind während ihres Daseins vielfältigen Gefahren ausgesetzt. Viren, Bakterien, Pilze, tierische Schaderreger und auch andere Pflanzen können unsere Ziergewächse schwer schädigen.
Um die möglichen Gefahren für unsere Pflanzen abschätzen zu können, ist es wichtig, die Lebensgewohnheiten der Schädiger und die Bedingungen, die das Auftreten von Krankheiten begünstigen, zu kennen. Nur so kann man wissen, ob Bekämpfungsmaßnahmen notwendig und sinnvoll sind oder nicht.

Haselnußbohrer bei der Paarung

KRANKHEITEN, KONKURRENZ-PFLANZEN UND SCHÄDLINGE

Viren und Viruskrankheiten (Virosen)

Die Bezeichnung Virus (=Gift) wurde ursprünglich für krankheitserregende Stoffe gebraucht, über die wenig bekannt war. Als Erregergruppe wurden die Viren zwar schon 1892 entdeckt, aber bis heute weiß vor allem der Laie noch immer wenig über diese unvorstellbar kleinen Krankheitserreger, die keine selbständigen Organismen sind: sie können sich nur in einer bestimmten lebenden tierischen, pflanzlichen oder bakteriellen Zelle vermehren.

Der Körper der Viren ist entweder stäbchenförmig oder vielflächig-kugelig (polyedrisch). Dabei hat das stäbchenförmige Tabakmosaikvirus einen Durchmesser von 18 nm und eine Länge von 300 nm, das polyedrische Dahlienmosaikvirus einen Durchmesser von 25 nm (1 mm = 1 000 000 nm; nm = Nanometer).

Die Pflanzenviren gelangen durch kleinste Verletzungen in das Zellinnere, sie dringen nicht aktiv ein. Am häufigsten wird virusverseuchter Pflanzensaft mit Schnittwerkzeugen oder durch saftsaugende Insekten von Pflanze zu Pflanze übertragen. An Zierpflanzen im Garten sind Blattläuse, Blattsauger, Zikaden und Blasenfüße die wichtigsten Virusüberträger (Vektoren). Während tierische Organismen in der Regel die eingedrungenen Viren über kurz oder lang ausschalten können, sind solche Heilungsmechanismen bei Pflanzen nicht bekannt. Eine viruskranke Pflanze bleibt zeitlebens virös, auch wenn der Virusbefall (die Virose) nur auf bestimmte Pflanzenteile beschränkt bleibt.

Blattläuse sind Virusüberträger (Vektoren)

Ringfleckenkrankheit an der Paeonie, hervorgerufen durch ein Virus

Die Heftigkeit einer Virusinfektion und die Schädlichkeit des Virus selbst kann sehr unterschiedlich sein. Mitunter zeigen sich gar keine Krankheitsanzeichen, so daß die Virose im Pflanzeninnern verborgen (latent oder maskiert) bleibt und nur unter bestimmten Umständen, zum Beispiel bei Schwächung oder Herbstfärbung, sichtbar wird. Die Spanne der Schädlichkeit von Pflanzenviren reicht von Vernichtung der Wirtspflanze über Mißwuchs und Gesundheitsbeeinträchtigung bis hin zu harmloser (und züchterisch als Scheckung zum Teil sogar erwünschter) Farbveränderung. Historisch geworden ist die von Viren verursachte Buntstreifigkeit der Tulpen. Die holländischen Tulpenanbauer kannten 1637 zwar noch keine Viren, wußten aber, daß diese Buntstreifigkeit nur durch Zwiebelpfropfung auf einfache Tulpen übertragen werden konnte. Ähnlich ging es später mit der virusbedingten Buntblättrigkeit, bei der englische Gärtner 1868 erkannten, daß sie nicht vererbt, sondern nur durch Veredlung erhalten werden konnte. Die wichtigsten Schadsymptome eines Virusbefalls sind folgend aufgelistet.

Mosaikkrankheiten

Die Blätter der Pflanzen sind mosaikartig hell- und dunkelgrün gefleckt; zuweilen sieht man Ring- oder Wellenmuster. Die Blüten können weiße oder gelbe Streifen aufweisen. Diese Krankheiten kommen bei Akelei, Aster, Begonie, Chrysantheme, Dahlie, Gladiole, Goldlack, Kapuzinerkresse, Levkoje,

Viröse Blütenvergrünung an der Hortensie

Lilie, Pfingstrose, Rittersporn, Stockrose, Tränendes Herz und Wicke vor; ebenso bei Flieder, Goldregen, Geißblatt und Seidelbast.

Stauche-, Rosetten- und Verzwergungskrankheiten

Diese Krankheiten äußern sich durch eine Verkürzung der Stengelglieder, Verschmälerung der Blätter, Wuchsstockung und teilweise durch Zwergwuchs. Hierher gehören die Stauche bei Anemone, Fadenblättrigkeit des Phloxes, Schmalblättrigkeit der Buddleia, Rosettenmosaik der Lilie und Stauche bei Chrysantheme.

Kräusel- und Blattrollkrankheiten

Die Blätter sind unnatürlich gekräuselt, verkümmert oder eingerollt; mitunter sind auch die Blüten verunstaltet, zum Beispiel bei Chrysantheme, Dahlie und Fuchsie.

Viröse Gelbsucht (Yellow)

Ein Befall zeigt sich durch eine Gelbfärbung der Blätter. Es entwickeln sich zahlreiche schmalblättrige Sekundärtriebe, so bei der Vergilbung der Aster.

Viröse Blütenvergrünung

Ein Befall zeigt sich durch Farbverlust der Blütenblätter. Die Blüten weisen außerdem verkleinerte Kron-, Staub- und Fruchtblätter auf, wie zum Beispiel bei der Hortensie.

Bekämpfung der Viren

Da eine Bekämpfung der Virosen im Garten nicht möglich ist, muß man sich auf vorbeugende Maßnahmen beschränken. Die Mosaiksymptome können oft noch durch gute Pflege (Düngung, Bewässerung, Bodenlockerung) maskiert werden. Die befallenen Pflanzen - vor allem Gehölze - können dann mit der Virose leben. Andere Schädigungen können in der Regel nicht beseitigt werden.
Befallene Pflanzen sollte man in jedem Fall vernichten, wenn Gefahr besteht, daß Nachbarpflanzen angesteckt werden. Da die meisten Viren durch saugende Insekten übertragen werden, ist immer eine Befallskontrolle und eine eventuell erforderliche Vektorenbekämpfung angeraten.
Bei Züchtung und Vermehrung von Zierpflanzen in Spezialbetrieben (zum Beispiel Gärtnereien und Baumschulen) werden Viruskrankheiten durch Spezialverfahren (zum Beispiel Virustestung und Selektion) wirksam bekämpft, so daß viruskranke Pflanzen im Handel nur noch äußerst selten zu finden sind.

Bakterien und bakterielle Pflanzenkrankheiten

Im Vergleich zu den pilzlichen und tierischen Schaderregern spielen die Bakterien als Krankheitserreger (Pathogene) bei Pflanzen nur eine untergeordnete Rolle. Nur wenige Gattungen des großen Bakterienreiches haben sich auf den Befall höherer Pflanzen spezialisiert. Sie sind fast alle stäbchenförmig mit einer durchschnittlichen Größe von 1 µm, also einem Tausendstel Millimeter.
Alle pflanzenschädigenden Bakterien sind auch zur Lebensweise an toter organischer Substanz befähigt und damit nicht zwangsweise auf lebende Pflanzen angewiesen. Eine Beeinträchtigung der menschlichen Gesundheit durch diese pflanzenschädigenden Bakterien ist in keinem Fall bekannt. (Dies für die Leser, die bei Erwähnung von Bakterien sofort eine gedankliche Verbindung zu bakterienbedingten Krankheiten des Menschen herstellen.)
Die Übertragung der Bakterien von Pflanze zu Pflanze dürfte in der Natur überwiegend durch Regen und Wind sowie durch fliegende Insekten erfolgen. Die Infektion der Pflanze selbst

Bakterienkrebs an der Forsythie, verursacht durch Agrobacterium

Feuerbrandkrankheit an der Mispel, hervorgerufen durch das Bakterium Erwinia amylovora

findet über Wunden und durch die Spaltöffnungen statt, durch die sie mit Oberflächenwasser eingespült werden oder selbst aktiv eindringen.
Folgende Schadsymptome an Zierpflanzen im Garten können bakteriell bedingt sein.

Bakterienkrebs, Wurzelkropf

Einen Befall sieht man vorwiegend an den Wurzeln oder am Stengelgrund, seltener zeigt sich am Trieb eine glatte oder rauhe, krebs- oder kropfartige Wucherung. Oft erkranken Pelargonie, Oleander und Rose.

Blättrige Zweig- und Triebgalle

Man sieht am Stengelgrund, teilweise auch in den Blattachseln, Anhäufungen kurzer fleischiger Sprosse, zum Beispiel bei Begonie, Forsythie und Pelargonie.

Blatt- oder Ölfleckenkrankheit

Je nach Erreger und Pflanzenart sieht man dunkle oder helle, bei Feuchtigkeit oft schleimige Blattflecken, die später zusammenfließen und teilweise auch auf Stengel und Blüte übergreifen. Befallen werden beispielsweise Begonie, Efeu und Pelargonie.

Feuerbrandkrankheit

Eine besondere Bedeutung kommt der Feuerbrandkrankheit zu, die durch das Bakterium Erwinia amylovora hervorgerufen wird. An Ziergehölzen, vor allem an der Mispel (Cotoneaster salicifolius var. floccosus), dem Weißdorn (Crataegus) und auch am Feuerdorn (Pyracantha) tritt es häufig auf; für den Birnen- und Apfelanbau stellt es eine existenzbedrohende Gefahr dar. Bei einem Befall verfärben sich Blätter, Blüten und Früchte grau bis schwarzbraun und bleiben am Gehölz hängen. Sie sehen wie „verbrannt“ aus; erkrankte Triebspitzen sind hakenförmig abgekrümmt (wie ein Spazierstock). An Öffnungen wie Rissen, Wunden und Blüten tritt Bakterienschleim aus.
Das Bakterium überwintert in holzigen Trieben und wird von dort aus nach Vermehrung und Austritt als Schleim mit dem Regen oder durch Insekten auf Blüten und Blätter gefährdeter Pflanzen übertragen.

Ölfleckenkrankheit an der Pelargonie

Feuerbrandkrankheit: hakenförmig gekrümmte Triebspitze („Spazierstock“)

Stengelfäule an Rittersporn

Bekämpfung der Bakterien

Da zur Bekämpfung von Bakterien keine chemischen Mittel zugelassen sind, beschränken sich unsere Möglichkeiten darauf, kranke Pflanzen zu entfernen und zu vernichten, um die Ausbreitungs- und Infektionsgefahr zu vermindern.
Die Feuerbrandkrankheit wird als so gefährlich eingeschätzt, daß das Auftreten, selbst der Verdacht des Auftretens, der zuständigen Ortspolizeibehörde gemeldet werden muß. Diese führt dann mit Fachleuten des Pflanzenschutzdienstes eine Befallfeststellung und, wenn nötig, entsprechende Bekämpfungsmaßnahmen durch.

Schadpilze und Pilzkrankheiten

Pilze sind Organismen ohne richtiges Zellgewebe. Statt dessen haben sie Fäden (Hyphen), die sich zu einem mehr oder minder festen Geflecht (Myzel) verbinden. Solche Myzelien reichen vom lockeren Schimmelrasen bis hin zum Hut- oder Ständerpilz. Pilze besitzen kein Chlorophyll (Blattgrün), deshalb müssen sie sich von lebender oder toter organischer Substanz ernähren. Diese Eigenheiten in Aufbau und Ernährung sind der Grund, weshalb viele Forscher die Pilze mit zirka 300 000 bekannten Arten als selbständige systematische Einheit neben das Pflanzen- und Tierreich stellen.
Die überwiegende Masse der Pilze lebt saprophytisch, das heißt, sie ernährt sich von abgestorbener organischer Substanz. Bei den pflanzenschädigenden (phytopathogenen) Formen müssen wir unterscheiden zwischen den zwangsweise (obligaten) Parasiten, deren Entwicklung nur auf und von der lebenden Pflanze möglich ist, und den wahlweisen (fakultativen) Schmarotzerpilzen. Zu den obligaten Parasiten gehören die Rostpilze sowie die Falschen und Echten Mehltaupilze. Von diesen Pilzen befallene Pflanzenteile darf man ruhig auf den Komposthaufen werfen. Anders die Gruppe von Parasiten, die auch im Boden unbeschränkt lange leben kann, um dann bei Gelegenheit lebende Pflanzen zu befallen. Hierher gehören unter anderem die sogenannten Bodenpilze.

Bodenpilze

Unter der Bezeichnung Bodenpilze fasse ich eine Anzahl von Pilzgattungen zusammen, denen gemeinsam ist, daß ihre mikroskopisch kleinen Vermehrungskörper (Sporen) in unzählbaren Mengen vorhanden „allgegenwärtig“ sind und mit dem Wind als Staub überallhin getragen werden. Der Angriff der keimenden Pilze kommt vom Boden her oder spielt sich auf der Erdoberfläche ab.
Die Fachnamen der angesprochenen Pilzgattungen sind Fusarium, Helminthosporium, Phoma, Phytophthora, Pythium und Rhizoctonia. Nur der Spezialist (Pilzwissenschaftler oder Mykologe) kann diese Schaderreger unterscheiden. Die deutschen Krankheitsbezeichnungen sind da leichter zu verstehen, weil sie das Schadbild anschaulich beschreiben: Fußkrankheit, Wurzelbräune, Knollen- und Stengelfäule, Stammgrund- oder Wurzelfäule.
Die Schadsymptome fallen bei den einzelnen Wirtspflanzenarten unterschiedlich aus, ähneln sich aber im großen und ganzen: Pflanzen vergilben und welken, Blätter und Blüten kippen um, am Stengelgrund sind bräunliche bis schwärzliche

Faulstellen sichtbar. Auch an unterirdischen Pflanzenteilen treten dunkle Verfärbungen und Fäulnis auf. Wurzeln sterben ab und vermorschen.

Unter schlechten Kulturbedingungen können eigentlich alle Jungpflanzen und auch krautige Pflanzen befallen werden. Die folgenden Gattungen sind aber besonders empfindlich und gefährdet: Aster, Begonie, Gladiole, Hortensie, Phlox und Primel.

Bekämpfung: Die wichtigste Möglichkeit zur Bekämpfung dieser Schadpilze besteht in der Schaffung optimaler Bedingungen für die Zierpflanzen - der Eigenart der betreffenden Pflanze entsprechend, versteht sich. Im allgemeinen bedeutet das: kein zu nasser Standort, keine übermäßige, vor allem keine stickstoffbetonte Düngung. Kranke Pflanzen und Pflanzenteile müssen möglichst schnell entfernt werden und gehören nicht auf den Kompost, sondern in den Müll.

Eine Sonderrolle unter den Bodenpilzen nimmt **Sclerotinia sclerotiorum** ein, der wegen der Ausbildung von Dauerkörpern (= Sklerotien) gefürchtet ist.

Einmal in Gärten eingeschleppt, können diese Dauerkörper jahrelang im Boden überleben - gleichsam als Zeitbomben, bis einmal günstige Befallsbedingungen wie Feuchtigkeit, Wärme und bevorzugte Befallspflanze zusammentreffen. Dann bildet sich auf Blättern und Stengeln ein weißes, watteartiges Pilzgeflecht mit schwarzen, steinharten Dauerkörpern (linsenförmig, Durchmesser 1-3 mm), der Stengelgrund fault. Infizierte Teile oder die ganzen Pflanzen sterben ab: Das Schadbild der **Sclerotinia-Welke, Sclerotinia-Stengel- oder Knollenfäule**. Gefährdet sind besonders Chrysantheme, Dahlie, Edelwicke, Lilie, Löwenmaul, Petunie, Rittersporn, Stockrose, Tulpe und Zinnie. Eine Bekämpfung des Schadpilzes ist im Garten nicht möglich. Auf verseuchten Flächen dürfen befallsgefährdete Pflanzenarten wenigstens vier Jahre lang nicht angebaut werden. Kranke Pflanzen oder Pflanzenteile müssen möglichst schnell in den Müll, um eine Ausbreitung der Krankheit im Garten zu verhindern.

Hallimasch

Der ärgste Feind aller Laub- und Nadelgehölze ist der Schadpilz **Armillaria mellea**, dem Pilzfreund als **Hallimasch** (Hekkenschwamm, Hollmütze, Honigpilz, Michaelischwamm, Schulmeister oder Stubbeling) bekannt. Als Bestandsabfallzersetzer lebt er im Boden auf abgestorbenen Holzresten von Laub- und Nadelbäumen. Sein weißes Pilzgeflecht findet sich zwischen den Wurzeln gesunder Bäume, ohne zunächst Schaden anzurichten. Streßfaktoren wie Schädlingsbefall, übermäßige Nässe, Wasser- oder Nährstoffmangel lösen bei diesem Pilz oft plötzlich und unvorhersehbar den Übergang in eine parasitäre Phase aus: Der Pilz dringt durch die Ringe oder

Schadpilz Hallimasch

Wundstellen in die Wurzeln ein, breitet sich in der Wachstumszone des Gehölzes aus und bringt es zum Absterben. Ein kaum zu übersehendes Kennzeichen des Pilzes sind seine Fruchtkörper, die im Spätherbst oft massenweise an Stubben oder am Wurzelansatz befallener Gehölze zu finden sind.

Bekämpfung: Durch Rodung alter Stubben und Wurzeln kann der Verbreitung des Pilzes Einhalt geboten werden. Befallene Bäume und Sträucher sollten mit möglichst vielen unterirdischen Teilen entfernt und mit dem Müll beseitigt werden. Auf verseuchte Laubholzflächen darf kein Nadelgehölz nachgepflanzt werden. Am gefährdetsten ist die Rotfichte, weniger befallen werden Douglasie, Lärche oder Tanne.

Welkepilz Verticillium

Verticillium albo-atrum ist ein überall im Boden vorkommender Pilz, der jahrelang auf Pflanzenresten überdauern kann. Durch äußere Faktoren wie Bodenverdichtung oder Staunässe kann er in eine parasitäre Phase übergehen, wenn er über Wurzelbeschädigungen in Wirtspflanzen eindringen kann. Bevorzugt befallen und deswegen besonders gefährdet sind im Garten Essigbaum, Flieder, Perückenstrauch, rot- und schlitzblättrige Ahornformen und der Trompetenbaum.

Das Pilzgeflecht breitet sich im Gehölz aus, verstopft die Gefäße und sondert Giftstoffe ab. Es kommt zum Welken und Absterben von Zweigen, Ästen und schließlich der ganzen Pflanze. Mitunter kann der Gefäßverschluß infarktartig eine plötzliche Welke zur Folge haben, die als „Schlagsterben" bezeichnet wird. Die verstopften Gefäßbündel sind im Zweigquerschnitt als braungrüne Ringe deutlich zu erkennen.

Bekämpfung: Eine Bekämpfung des Pilzes verspricht nur Erfolg, solange sich der Befall nur auf einzelne Pflanzenteile be-

Schadbild am Essigbaum, verursacht durch den Pilz Verticillium

Rotpustelkrankheit an der Hainbuche, verursacht durch den Schadpilz Nectria cinnabarina

Schadbild an der Mispel, hervorgerufen durch den Schadpilz Nectria galligena

schränkt. Die kranken Teile werden zurückgeschnitten, die Schnittwunden mit einem Pflegemittel verstrichen. Sodann müssen die befallsfördernden Ursachen ergründet und beseitigt werden. Bodenlockerung, Überprüfung der Wasserführung und stickstoffarme Ernährung sind die wichtigsten Gegenmaßnahmen. Der Einsatz von Pilzbekämpfungsmitteln führt erfahrungsgemäß nicht zum Erfolg.

Holzzerstörende Pilze

Mehr als 100 verschiedene Pilzarten können an Ziergehölzen umfangreiche Holz- und Rindenschäden verursachen. Die **Rotpustelkrankheit**, der **Baumkrebs** und der **Bleiglanz** sind die in Gärten am häufigsten auftretenden Folgen eines solchen Pilzbefalls.

Die staubförmigen Vermehrungskörper (Sporen) des Schadpilzes **Nectria cinnabarina** werden mit dem Wind übertragen. Gelangen solche Sporen auf Gehölzwunden, die durch Insekten, Hagel, Frost oder durch Bruch, Verletzungen und Schnittmaßnahmen entstanden sind, keimen sie aus, und das Pilzgeflecht wächst in das Gehölz. Dort lebt der Pilz dann in den Saftbahnen von den Stoffen, die die Pflanze zur Eigenversorgung dort transportiert. Obendrein verstopft der Pilz mit seinem Geflecht diese den Blutbahnen vergleichbaren Gefäße und gibt außerdem noch toxische Stoffwechselprodukte an seinen „Wirt" ab. Gesunde und kräftige Gehölze können mit solchen Innenparasiten leben. Wenn der Baum oder Strauch aber durch Krankheit, Witterung, Staunässe oder trockenen Standort ohnehin schon geschwächt ist, können ihm diese Pilze den Rest geben.

Das Laub verfärbt sich, welkt und stirbt ab. Die Holzkörper nehmen eine grünliche oder rötliche Farbe an. Die befallenen Zweige verdorren, oft sterben ganze Äste oder das Gehölz ab. Aus dem toten Holz wuchert der Pilz an die Oberfläche und erscheint dort in Form leuchtendroter, stecknadelkopfgroßer Pusteln. Darin befinden sich Millionen von Sporen, die den Pilz auf andere Gehölze weiterverbreiten. Die Rotpustelkrankheit befällt bevorzugt Ahorn, Hainbuche, Linde, Roßkastanie und Ulme.

Auf ähnliche Weise befällt der Pilz **Nectria galligena** Gehölze und ruft krebsartige Wucherungen an Ahorn, Birke, Esche, Roßkastanie, Weide und Zierapfel hervor.

Bekämpfung: Das Schwergewicht von Pflanzenschutzmaßnahmen gegen holzzerstörende Pilze liegt auf vorbeugenden Maßnahmen. Man stärkt die Widerstandskraft der Gehölze durch ausgewogene Versorgung mit Nährstoffen und Wasser. Bereits ein geringes Austrocknen der Wurzeln während des Umpflanzens kann eine erhöhte Befallsanfälligkeit nach sich ziehen. Staunässe wirkt genauso: die Wurzeln verfaulen wenigstens teilweise, und das Gehölz wird geschwächt.

Der Sommerschnitt sollte bei möglichst trockener Witterung erfolgen, damit die Schnittstellen schnell heilen. Größere Wunden müssen mit einem Pflegemittel verstrichen werden, um den Schadpilzen das Eindringen zu verwehren. Alle Schnittmaßnahmen, wie Einkürzen des Haupttriebes oder das Entfernen von Seitentrieben oder Wasserschößlingen, müssen stets bis auf die Basis erfolgen. Stehengebliebene Zapfen werden nicht mehr ernährt, sterben ab und bilden für keimende Pilzsporen einen idealen Nährboden. Tote Zweige und Äste mit oder ohne Pilzkörper müssen möglichst schnell bis ins gesunde Holz zurückgeschnitten und das Schnittholz umgehend entfernt werden. Von aufgeschichtetem Holz oder Reisighaufen geht eine ständige Infektionsgefahr aus. Die darin erscheinenden Fruchtkörper, Pilze im landläufigen Sinne, sind die Quellen unzähliger Infektionen.

Schadbild an der Paeonie durch Botrytis

Der Einsatz von Pilzbekämpfungsmitteln (Fungiziden) hat nur nach Schnittmaßnahmen Sinn, um die Schnittwunden bis zur Heilung in zirka 24–48 Stunden zu schützen. Eine einmal erfolgte Infektion kann durch diese Mittel nicht erfolgreich bekämpft werden.

Grauschimmel (Botrytis)

Mit Grauschimmel wird das wohl allseits bekannte Schadbild beschrieben, das der Pilz **Botrytis cinerea** anrichtet. Es stellt praktisch das Endstadium der Infektion dar, da dieser Schimmel aus einem dichten, mausgrauen Rasen von Fruchtkörpern besteht.

Die Vermehrungskörper (Sporen) dieses Pilzes werden mit Wind oder Regen auf die Pflanzen gebracht und keimen bei niedrigen Temperaturen und hoher Luftfeuchte. Am besten entwickelt sich Botrytis auf Pflanzenteilen, die bereits beschädigt oder am Absterben sind. Erst bilden sich auf den befallenen Blättern, Stengeln oder auch Blüten faulende Stellen, auf denen dann ein dichter Schimmel mit stäubenden Sporen erscheint. Der Sporenstaub wird wieder auf andere Pflanzen übertragen. Gerät er auf den Boden, kann sich der Pilz genauso gut von der dort vorhandenen organischen Substanz ernähren.

Bekämpfung: Die Bekämpfung des Grauschimmels muß in erster Linie vorbeugend erfolgen. Durch weiten Stand wird Licht- und Luftmangel, durch bodennahes, nicht „Über-den-Kopf-Gießen" Kondenswasser auf den Blättern vermieden. Eine zu starke Stickstoffdüngung führt zu einem weichen, schwammigen Pflanzengewebe, das gegen Botrytis besonders anfällig ist. Von den Fungiziden (siehe Seite 196) haben einige Mittel eine spezielle Wirkung gegen den Grauschimmelerreger. Ihr Einsatz ist zur Vermeidung einer umfangreicheren Infektion durchaus sinnvoll, vor allem wenn der Schaderreger, wie bei Gladiole, Paeonie und Tulpe, noch spezielle Blütenschäden verursacht.

Blattfleckenpilze

Der Begriff „Blattfleckenpilze" ist recht ungenau und kann nicht schärfer umrissen werden, da eine Vielzahl von Schadpilzen sich auf den Blattflecken ansiedeln.

Die Befallsmerkmale sind verstreute, gelbliche, braune, graue, rötliche oder schwarze Flecken verschiedener Form und Größe auf der Blattspreite, oft mit dunkler Umrandung und schwarzen Fruchtkörpern (Sporenlagern) im Innern. Die Blattflecken treten zunächst vereinzelt auf, breiten sich aber dann mehr oder weniger schnell auf dem gesamten Blatt aus. Die Blätter sterben allmählich ab. Mitunter werden auch die Stengel befallen.

Die meisten Blattfleckenpilze gelten als sogenannte „Schwächeparasiten", das heißt, sie befallen nur Pflanzen oder kommen mit ihrer Infektion nur zum Zuge, wenn die Wirtspflanze durch widrige Umstände ohnehin schon geschwächt ist. Dies kann zum Beispiel durch Kälte, Nährstoffmangel, fehlendes Licht, Staunässe oder Trockenheit geschehen sein. Auch die Saugstellen von Schädigern sind oft Ausgangsstellen für Infektionen durch Blattfleckenpilze.

Verursacher sind besonders Schadpilze der Gattungen Alternaria, Ascochyta und Septoria. Blattfleckenpilze kommen bei den meisten krautigen Pflanzen und Laubgehölzen vor.

Blattfleckenpilze an Liguster

Bekämpfung: Die Spritzung mit einem speziellen Pilzbekämpfungsmittel (Fungizid) gegen Blattfleckenpilze, zum Beispiel mit dem Wirkstoff Mancozeb oder Metiram, wirkt dem Pilzbefall entgegen. Gleichzeitig muß aber durch Beseitigung der primären Schadursachen die Maßnahme unterstützt werden beziehungsweise bekommt dadurch erst Sinn und Berechtigung.

Rostpilze und Rostkrankheiten

Die Rostpilze erhielten ihren Namen von den rostfarbenen, staubartigen Vermehrungskörpern (Sporen), die auf den Blattunterseiten befallener Pflanzen in unvorstellbar großer Menge in warzenähnlichen Sporenlagern (Pusteln) produziert werden. Der Befall äußert sich blattoberseits durch helle Flecken, die Pusteln bilden sich dann an diesen Stellen auf der Blattunterseite. Solche Sporenbehälter sind eigentlich schon die letzte Phase des Pilzbefalls, die dann mit dem Absterben des Blattes und schließlich ernsthafter Schädigung der Wirtspflanze endet. Der Befall beginnt mit dem Anflug dieser mikroskopisch kleinen Vermehrungskörper, die in Form und Farbe staubähnlich sind. Manche Rostpilze leben immer nur auf derselben Pflanzenart, andere sind „wirtswechselnd". Sie benötigen zur Vollendung ihres Entwicklungskreislaufs einen Zwischenaufenthalt auf einer anderen Pflanzenart. So lebt der **Malvenrost Puccinia malvacearum** ausschließlich auf Stockrosen, während der **Fuchsienrost Pucciniastrum epilobii** eine Zwischengeneration auf dem Weidenröschen Epilobium oder der **Wacholdergallenrost Gymnosporangium sabinae** als Gitterrost auf der Birne durchlaufen muß, ehe dort entwickelte Sporen wiederum Fuchsien beziehungsweise Wacholderbüsche befallen können.

Bekämpfung: Die vornehmlichste Aufgabe zur Vermeidung eines Befalls mit Rostpilzen ist, zueinander gehörige Wirtspflanzen nicht zusammenzupflanzen. Die Entfernung und Beseitigung von Blättern mit Rostpusteln wirkt immer infektionsmindernd, ist aber nie von anhaltendem oder durchgreifendem Erfolg. Einige Pilzbekämpfungsmittel (Rostfungizide) haben eine besonders gute Wirkung gegen Rostpilze. Ihr gezielter Einsatz ist sicher bei ersten Befallsanzeichen durchaus sinnvoll.

Schadbild des Wacholdergallenrostes

Falscher Mehltau

Mehltaupilze

So leicht verständlich der das Schadbild beschreibende Name Mehltau ist, so schwer tut sich der Pflanzenfreund oft mit der Unterscheidung von Falschem und Echtem Mehltau. Allein schon wegen der speziellen Wirkung der Mehltaufungizide gegen Echte Mehltaupilze ist der Unterschied von Bedeutung. **Falsche Mehltaupilze** befallen die Pflanze, indem ihre nicht erkennbar kleinen, beweglichen Sporen durch Spaltöffnungen in das Blatt der Wirtspflanze eindringen. Dort entwickeln sie sich auf Kosten des Blattgewebes zu einem Pilzgeflecht. Später wachsen dann wiederum durch Spaltöffnungen auf der Blattunterseite verzweigte Fruchtkörper heraus, die durch ihre Dichte das Erscheinungsbild des Mehltaus erzeugen. Blattoberseits sind an diesen Stellen nur Blattaufhellungen zu erkennen. Seiner Kraft beraubt, stirbt das Blatt nach Erscheinen des Mehltaupilzrasens ab.

Falsche Mehltaupilze kommen besonders bei Gladiole, Goldlack, Primel, Vergißmeinnicht und mitunter bei der Rose vor.

Echter Mehltau

Auf den Ausscheidungen der Schildläuse haben sich Rußtaupilze (schwarz) angesiedelt

Echte Mehltaupilze dagegen fliegen als Sporen an, bleiben aber auf den Blättern liegen und keimen dort zu einem Pilzgeflecht aus. Sie senden Saugfortsätze in das Blattinnere, die dort Saft zur Ausbildung des erst weißen, später schmutzig-bräunlichen Pilzgeflechts heraussaugen. Echter Mehltau sitzt demnach immer abwischbar auf den Blattoberseiten. Letzten Endes bewirkt er denselben Schaden wie sein „falscher" Bruder: er saugt die Nährstoffe aus dem Blatt, so daß dieses welkt und abstirbt.

Befallen werden unter anderem Begonie, Hortensie, Mahonie, Phlox, Rittersporn, Rose und Zinnie.

Der Echte Mehltau ist gattungsspezifisch. Ein Übergang, zum Beispiel von der Begonie auf die Rose oder umgekehrt, ist nicht möglich.

Bekämpfung: Die Bekämpfung beider Mehltauarten beginnt mit dem Vernichten befallener Pflanzenteile. Außerdem gibt es bei vielen Zierpflanzen inzwischen widerstandsfähige Formen, so daß man beim Kauf immer nach der Mehltaufestigkeit der betreffenden Sorte fragen sollte. Gegen Echte Mehltaupilze sind sehr wirksame Spezialfungizide im Handel, die gespritzt oder gesprüht auch eine bereits erfolgte Infektion noch zu stoppen vermögen.

Besonderer Hinweis: Mehltaupilze sind obligate Parasiten, die sich nur auf lebendem Pflanzengewebe entwickeln können. Sie sterben ab, wenn die befallenen Pflanzenreste kompostiert werden.

Rußtaupilze

Unter dem Begriff **Rußtau-** oder **Schwärzepilze** faßt man eine Anzahl systematisch unterschiedlicher Pilze zusammen. Gemeinsam ist diesen Pilzen aus den Gattungen Atichia und Pullularia (Ascomycetes) sowie Hormiscum, Triposporium und Carcinomycetes (Fungi imperfecti), daß sie den zuckerhaltigen Kot (Honigtau) verschiedener saftsaugender Insekten, vor allem der Blattläuse, Blattsauger und Zikaden, abbauen und daraus ein Geflecht aus Zellen mit braunschwarzem Inhalt bilden.

Oberflächlich betrachtet erscheinen befallene Blätter schwarzfleckig, verstaubt oder mit rußigem Belag überzogen. Für die Pflanze bedeutet eine solche „Verdunklung" ihrer Blattoberfläche eine deutliche Beeinträchtigung der Assimilation. Wenn man im Einzelfall und bei kleinen Pflanzen den schwarzen Belag mit lauwarmem Wasser abwäscht, dem einige Tropfen eines haushaltsüblichen Geschirrspülmittels zugefügt wurden, so stellt man fest, daß das Blatt unter den Rußtauflecken deutlich heller ist und daß an diesen Stellen das Blattgrün offenbar bereits angegriffen wurde.

Bekämpfung: Das Spritzen von Pilzbekämpfungsmitteln (Fungiziden) ist nicht sinnvoll, weil die Schwärzepilze selbst die Pflanze ja nicht schädigen. Der Beseitigung der Primärursache, nämlich der Bekämpfung der Honigtau erzeugenden Blattsauger, kommt vorrangige Bedeutung zu!

Höhere Pflanzen als Schädiger oder Konkurrenten

Wildgräser, Kräuter und auch verholzende Pflanzen siedeln sich in jedem Garten an und können schnell einmal die Oberhand gewinnen, zumal sie meist erheblich mehr Widerstandskraft und Durchsetzungsvermögen besitzen als die gezüchteten Kulturpflanzen. Der Trend zur Blumenwiese zeigt, daß sich viele Gartenfreunde wieder nach etwas mehr wildwachsender Natur im Garten sehnen. Andererseits dominieren aber noch immer die Intensivgärtner, die einen „sauberen"

Problemunkräuter

Botanischer Name Deutscher Name	Familie	Beschreibung	Bekämpfung
Aegopodium podagraria Giersch, Geißfuß, Podagrakraut	Doldenblütler (Umbelliferae)	Blätter doppelt 3zählig; einem Ziegenfuß ähnlich; Pflanze mit unterirdischen Ausläufern; liebt grundwasserfeuchte Standorte und lehmige, stickstoffhaltige Böden	jäten nur im Herbst erfolgversprechend bei gründlicher Entfernung aller unterirdischer Ausläufer; chemisch: mit Compo Gartenunkrautvernichter bzw. mit Ustinex CN-Streumittel
Agropyron repens Gemeine Quecke	Süßgräser (Poacea = Gramineae)	Blätter flach, 5–15 mm breit, graugrün oder bläulichgrün	chemisch: mit Filatex Spezial-Unkrautvernichter bzw. Weedex, im Winter mit Kerb 50 W
Cardamine pratensis Spring-Schaumkraut	Kreuzblütler (Cruciferae)	Schoten springen zur Reife auf und verbreiten das Kraut im Umkreis von ca. 1 m	jäten, ehe Schoten gebildet werden; chemisch: mit Spezial-Unkrautvernichter Filatex bzw. Weedex
Convolvulus Winden	Windengewächse (Convolvulaceae)	Stauden; Stickstoffzeiger; lieben lehmig-lockeren Boden	chemisch: mit Filatex Spezial-Unkrautvernichter bzw. Weedex oder mit Brennesselgranulat-Neu
Equisetum Schachtelhalme	Schachtelhalmgewächse (Equisetaceae)	Stauden	punktuell mit Compo Gartenkrautvernichter bzw. Ustinex CN-Streumittel oder mit dem Rasenherbizid Banvel-M bzw. Rasen-Certrol
Oxalis corniculata Hornsauerklee	Sauerkleegewächse (Oxalidaceae)	Blätter kleeförmig, rötlich-braun; Blüte 5zählig; gelb; Kapselfrüchte, aus denen Samen ausgeschleudert werden; Ausläufer bildend	regelmäßig vor Fruchtbildung jäten; chemisch: punktuell mit Brennesselgranulat Neu

Geißfuß, Giersch

Spring-Schaumkraut

Hornsauerklee

Garten wünschen und Wildpflanzen aus ihm als **Unkräuter** oder **Ungräser** verbannen.
Ohne hier Partei zu ergreifen, muß festgestellt werden, daß bestimmte Pflanzen wenigstens als Konkurrenten im Garten stören, so daß ihre Bekämpfung zu den notwendigen Pflegemaßnahmen gehört. Durch die Entwicklung spezieller Geräte ist die mechanische Unkrautbekämpfung inzwischen erheblich wirksamer und obendrein müheloser geworden, so daß ihr im Garten in jedem Fall der Vorrang vor einer chemischen Bekämpfung zu geben ist.
Man sollte deswegen die Augen nicht vor der Tatsache verschließen, daß die Wissenschaft Pflanzenschutzmittel gegen Unkräuter (Herbizide) entwickelt hat, mit denen man gezielt (selektiv) Wildpflanzen beseitigen kann, vor denen der Gartenfreund trotz immerwährenden und fleißigen Jätens letzthin doch kapituliert hat. Die chemische Bekämpfung dieser „Problemunkräuter" ist für ihn deshalb keine Frage der Bequemlichkeit, sondern eine Form der Erlösung von nicht enden wollenden, aussichtslosen Strapazen.
Bei allen Maßnahmen einer chemischen Unkrautbekämpfung muß jedoch außer dem Bekämpfungsziel in gleichem Maße die Schutzbedürftigkeit der Kulturpflanze berücksichtigt werden. Viele Kulturpflanzen sind bestimmten Wirkstoffen gegenüber empfindlich, so daß dem Einsatz der meisten Herbizide von vornherein enge Grenzen gesetzt sind. Das Fehlen der erforderlichen Sachkunde beim Laien ist der Grund, weswegen viele Fachleute dem Hobbygärtner den Umgang mit Herbiziden untersagen wollen. In der unten aufgeführten Tabelle möchte ich die Möglichkeiten der chemischen Bekämpfung wichtiger „Problemunkräuter" aufzeigen und die für den Hobbygärtner geeigneten Herbizide beschreiben.

Tierische Schaderreger

Eine Vielzahl von tierischen Organismen könnte man schlechthin als „Vegetarier" bezeichnen, da sie sich ausschließlich von Pflanzen ernähren. Kein Teil einer Pflanze wird ausgespart, auf alles haben sich Nahrungsspezialisten eingestellt: die einen fressen die Wurzeln, andere die oberirdischen Pflanzenteile. Manche saugen den Saft aus der Pflanze, andere bleiben einen ganzen Lebensabschnitt in Pflanzenorganen: sei es im Holz, in den Blättern, in der Blüte oder in den Früchten. Die Pflanzen leiden unter diesen Tieren und nehmen mehr oder minder großen Schaden. In natürlichen Pflanzengesellschaften nimmt der Mensch diesen Schaden in der Regel gelassen zur Kenntnis. In seinem Garten reagiert er jedoch ganz anders. Er sieht die Schadbilder an seinen Pflanzen und sucht nach den Verursachern, um sie als „Schädlinge" zu vernichten. Unkenntnis führt jedoch leider immer wieder zu Verwechslungen, so daß viele Tiere zu Unrecht verfolgt und vernichtet wer-

Unkrautbekämpfungsmittel (Herbizide)

Präparat	Wirkstoff	Gefahren-bezeichnung	Wirkung
Filatex; Spezial-Unkraut-Vernichter Weedex	Glyphosat	Xi (reizend)	gut bekämpfbar: Ampfer, Brennessel, Distel, Hahnenfuß, Huflattich, Quecke, Winde; nicht zu bekämpfen: Giersch, Schachtelhalm
Kerb 50 W	Propyzamid	–	Spritzmittel gegen Gräser in Ziergehölzanlagen (einschließlich Bodendecker); Wirkung nur bei Feuchte und Temperaturen unter 10° C (Winterherbizid)
Compo Garten-unkrautvernichter; Ustinex CN-Streumittel	Dichlobenil	–	Streumittel gegen auflaufende Unkräuter; gut bekämpfbar: Giersch, Quecke, Schachtelhalm, Ampfer, Brennessel; nicht zu bekämpfen: Winden, Huflattich
Brennessel-granulat-Neu Spiess-Urania	Mecoprop + MCPA	–	gut bekämpfbar: Brennessel, Disteln, Hahnenfußarten, Winden

Zur Anwendung:
Alle Herbizide sind gezielt (punktuell) auf die unkrautfrei zu haltende Fläche oder auf die Blattmasse des zu vernichtenden Unkrautes zu bringen. Spritzungen sollten mit Handspritzgeräten bei äußerst geringem Druck erfolgen, um Abdrift auf benachbarte Kulturpflanzen zu vermeiden.
Es hat sich bewährt, Pflanzen mit wenig Blattmasse, wie zum Beispiel Schachtelhalm, mit der Behandlungsflüssigkeit einzupinseln. Um die Brühe streich- beziehungsweise pinselfähig zu machen, kann man ihr ein wenig Tapetenkleister beimengen.

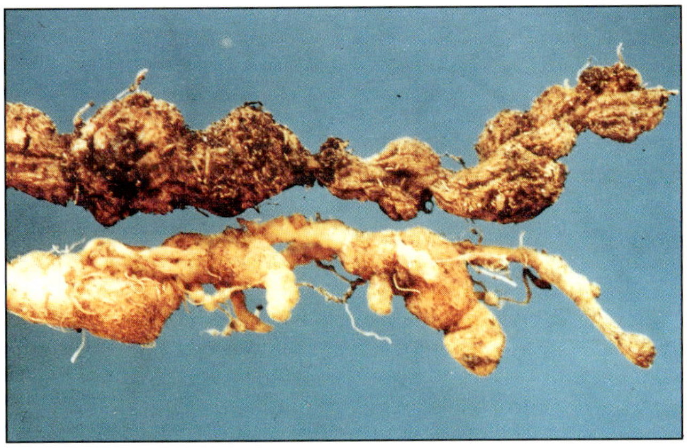

Wurzelverdickungen, verursacht durch gallenbildende Wurzelnematoden

Schadbild bei Befall durch Blattälchen

den. Dazu kommt, daß die Zahl der Bekämpfungsmöglichkeiten nicht so groß und die Wirkungen der Maßnahmen oder Mittel nicht so speziell sind, daß nur die Schädlinge vernichtet werden, sondern auch viele unbeteiligte Tiere sterben müssen. Im folgenden sollen diejenigen Tiergruppen angesprochen werden, die zu den bedeutenden Pflanzenschädigern gehören.

Fadenwürmer oder Älchen (Nematoden)

Ihr Name beschreibt Gestalt und Bewegung dieser Würmer, die nur über Längsmuskeln verfügen und sich deshalb steif schlängelnd wie kleine Aale fortbewegen. Die Fadenwürmer oder Nematoden bewohnen in ungeheuer großer Individuenzahl die verschiedenartigsten Lebensräume. Sie kommen gleichermaßen im Erdboden, im Süß- und Salzwasser sowie als Parasiten in Pflanzen und Tieren vor. In 1 l Gartenboden leben 4 000–5 000 Nematoden, die entscheidend an Schaffung und Erhaltung der Bodenfruchtbarkeit beteiligt sind. Andererseits gehören die Arten, die sich als Parasiten auf lebende Pflanzen spezialisiert haben, zu den schlimmsten Pflanzenschädlingen überhaupt.

Nematoden sind nur im Wasser aktiv. Darum wird ihre Ausbreitung immer von Feuchtigkeit begünstigt. Andererseits können Fadenwürmer Ruhestadien ausbilden, die unwahrscheinlich widerstandsfähig gegen Austrocknen, Hitze oder chemische Einflüsse sind. Obwohl alle Substrate nicht zuletzt auch wegen Nematoden regelmäßig entseucht werden, wird man trotz aller Bemühungen um hygienisches Arbeiten im Gartenbau nicht verhindern können, daß Nematoden verschleppt werden und als Schädlinge auftreten.

Nach ihrer Lebens- und Ernährungsweise werden die pflanzenschädigenden Fadenwürmer unterschieden:

Die **freilebenden, wandernden Wurzelnematoden** dringen in Wurzeln ein, vermehren sich im Innern und können die Pflanzen wieder verlassen, um neue Wirte aufzusuchen. Als Folge des Befalls sterben die Wurzeln ab, und es kommt zu einer Wachstumshemmung. Da die feinen Würzelchen stärker geschädigt werden als dicke, entsteht ein reduziertes Wurzelsystem mit dicken und verkürzten Wurzeln. Die von den Nematoden hervorgerufenen Wunden bilden Eingangspforten für Bakterien und Bodenpilze.

Freilebende Nematoden können erfahrungsgemäß an Christrose, Maiglöckchen, Primel und Rose zu Wachstumshemmungen oder Wurzelschäden führen. Die sogenannte „Bodenmüdigkeit“ ist in der Regel die Folge solchen Nematodenbefalls. Bestrebungen, die Nematoden durch Duftstoffe abgebende „Feindpflanzen“, wie Kapuzinerkresse oder Studentenblumen, von Kulturen fernzuhalten, gelingen nur auf kleinstem Raum. Man versucht, der Vermehrung der Fadenwürmer durch Fruchtwechsel aus dem Weg zu gehen. Im Garten ist dieser Bekämpfungsmaßnahme natürlich eine enge Grenze gesetzt. Beete, auf denen ein oder mehrere Jahrzehnte lang Rosen gestanden haben, eignen sich dann nicht mehr für diese Pflanzenart.

Von den **Stengelälchen** sind es vor allem auf Zierpflanzen spezialisierte Rassen des landwirtschaftlich wichtigen **Stockälchens**, das bei Getreide eine krankhafte Bestockung (Bildung von Trieben) hervorruft, die dem Phlox arg zusetzen oder bei Frühlingsblühern die Zwiebeln zerstören.

Blattälchen können lange in abgestorbenen Pflanzenresten in der obersten Bodenschicht überleben. Wenn die zusagende Wirtspflanze an diesen Standort gepflanzt wird, schwimmen sie auf regennasser Oberfläche im Gegenstromprinzip an der Außenseite der Stengel bis zu den Blättern hoch. Dort dringen sie durch Spaltöffnungen in das Blattinnere ein und saugen die Zellen aus. Die Blattadern begrenzen in der Regel ihre Aus-

breitung im Blatt, weswegen das Befallsbild erst glasige, später braun werdende Flecken aufweist, die von den Adern begrenzt werden.
Anemone, Aster, Primel und Lilie werden häufig von Blattälchen befallen. Verständlicherweise dürfen die Blattreste nicht auf den Kompost, sondern müssen in den Müll!

Regenwürmer und Enchytraeiden

Regenwürmer und ihre nahen Verwandten, die 1–2 cm langen, gelblichen Enchytraeiden oder Enchyträen (letztere sind den Gartenfreunden bisher so wenig bekannt geworden, daß sie noch immter keinen Vulgärnamen erhielten) sind natürlich keine Schädlinge. Im Gegenteil – sie haben eine überragende Bedeutung für die Bodenfruchtbarkeit. Im Rasen möchten manche Gartenfreunde die positive Rolle des Regenwurmes nicht anerkennen. Ihre Kothäufchen, die dem Wert einer organischen Düngemaßnahme entsprechen, stören sie.
Enchytraeiden kommen ebenfalls in jedem Gartenboden vor. Sie unterscheiden sich von den Regenwürmern grundsätzlich darin, daß sie auf Hohlräume im Boden angewiesen sind, also nicht selbst Bodenröhren bohren beziehungsweise fressen können. Andererseits fördern sie durch Mischen der Bodenpartikel und Umbau organischer Substanz auch noch Böden im sauren Bereich (unter pH 5), den Regenwürmer samt und sonders meiden.
Enchytraeiden können schädlich werden, wenn beim Pflanzen direkt Haustiermist in das Pflanzloch gestreut wird. Sie vermehren sich daraufhin in diesem Boden-Mist-Gemisch sehr stark und befressen in der Folge die neu gebildeten Faserwürzelchen, so daß dem Gehölz nur ein kurzes Leben beschert ist.

Enchytraeiden (zirka um die Hälfte verkleinert)

Blattfraß (Loch- und Schabefraß), verursacht von Schnecken

Schnecken

In feuchten Gegenden oder in niederschlagsreichen Jahren finden Schnecken günstige Lebens- und Vermehrungsbedingungen. Das von Schnecken an Pflanzen hervorgerufene Schadbild kann recht unterschiedlich sein: entweder sie schaben mit ihrer raspelähnlichen Zunge nur die Oberfläche von Blatt- und Stengelteilen ab oder sie beißen durch Zusammenwirken der Zunge mit einem hornigen Oberkiefer direkte Löcher oder Kerben in die Blätter. Einen sicheren Hinweis auf den Urheber eines Schadens geben die von allen Schnecken ausgeschiedenen Schleimspuren, auf denen sich die Tiere gleitend fortbewegen.
Besonderen Schaden verursachen die unscheinbar grauen, nur wenig mehr als 1 cm langen, gehäuselosen **Nacktschnecken**. Bei den **Gehäuseschnecken** sind es die Cepae-Arten mit ihren farbigen und gebänderten Häusern, die oft massenhaft in Gärten auftauchen. Sie kriechen vor allem bei Regenwetter auf Bäume und Sträucher, wo sie dem Blattgrün arg zusetzen. Obwohl „langsam wie eine Schnecke“, können diese Schädiger in einer Nacht mehr als zehn Meter zurücklegen: „Aus dem Garten werfen“ hilft nicht, sie kommen schnell zurück!
Auch wenn Schnecken abgestorbene Pflanzenteile fressen, sollten sie auf dem Kompost- oder Sammelhaufen nicht geduldet werden. Denn sie vermehren sich dort stark und wandern nach der Verrottung in den Garten ab.
Die bei uns schädigenden Schnecken sind Zwitter, die sich zwar nicht selbst begatten, wovon aber jede Eier legen kann. Meist werden im Herbst um die 100 Eier abgelegt, je nach Art.
Nur wenige Pflanzenarten werden von Schnecken verschont. Einen direkten Lockreiz scheinen Tulpe, Gladiole und Dahlie auf diese Schädiger auszuüben. Die Düfte müssen im Schneckenleben wohl überhaupt eine große Rolle spielen. So soll Bodenabdeckung mit Farnkraut oder Fichtennadeln Schnecken fernhalten. Bohnenkraut oder Kamille, in einer Reihe gepflanzt, wirkt erwiesenermaßen sehr gut als natürlicher Schneckenzaun.
Bekämpfung: Landschnecken sind Feuchtlufttiere. Sie ziehen sich deshalb tagsüber in ihr Haus oder in Schlupfwinkel zurück, um dem Wasserverlust durch Verdunstung zu entgehen. Künstliche Unterschlupfmöglichkeiten in Form von Brettchen, Dachziegeln oder flachen Steinen erweisen sich als zuverlässige Fallen, unter denen die Schnecken abgesammelt und in konzentrierter Salzlösung oder in heißem Wasser abgetötet werden können.
Auch der Schneckenfang mit Bier basiert letzthin auf dem feinen Geruchssinn der Tiere. Im Handel sind zu diesem Zweck bereits verschiedene Fallentypen erhältlich. Es hat sich bewährt, leere Joghurtbecher in ein mit einem Blumenzwiebelpflanzer ausgestochenes Erdloch zu stecken und mit hellem

Kellerrasseln (zirka 1,5fach vergrößert)

Bier halbvoll zu füllen. Der Fangerfolg ist verblüffend. Die Becher können alle 2–3 Tage mühelos samt Inhalt im Müll beseitigt werden.
Die chemischen Schneckenbekämpfungsmittel (Molluskizide) werden unter der Bezeichnung „Schneckenkorn" gehandelt. Gegenwärtig sind mehr als 50 Produkte mit dem Wirkstoff Metaldehyd auf dem Markt. Die notwendige Dosis ist vom jeweiligen Wirkstoffanteil abhängig. Man sollte also in jedem Fall die auf der Packung aufgedruckte Anwendungsvorschrift lesen. Die Körner werden in Häufchen ausgelegt oder zwischen die gefährdeten Pflanzen gestreut. Oft genügt es, wenn man die Behandlung auf die Randstreifen der Kulturen beschränkt. Der Wirkstoff Metaldehyd veranlaßt die Schnekken zur totalen Ausscheidung von Schleim, so daß sie dann praktisch austrocknen. Bei Regenwetter versagen die Mittel zuweilen, da die Schnecken dann den erlittenen Flüssigkeitsverlust direkt wieder ausgleichen können. Die vielfach geäußerte Befürchtung, Vögel oder Igel könnten sich durch Aufnahme von Schneckenkorn oder durch Verzehr damit abgetöteter Schnecken vergiften, konnte durch umfassende Untersuchungen entkräftet werden. Im übrigen kann man das Schnekkenkorn auch unter die oben genannten Schlupfwinkel ausbringen, was eine Gefährdung von Vögeln und Igel von vornherein ausschließt. Die in jedem Fall zu schützenden natürlichen Feinde der Schnecken im Garten sind Laufkäfer, Kröten und Grasfrösche, Amseln, Igel, Maulwürfe und Spitzmäuse.

Asseln

Die harten, abgeplatteten Tiere kennt jeder, er weiß aber vielleicht nicht, daß diese Organismen die einzigen Krebstiere sind, die im Laufe der Entwicklungsgeschichte zum Landleben übergegangen sind. Dadurch erklärt sich die Bindung der Asseln an entsprechend feuchte Lebensräume und ihre Aktivität während der Dämmerung und Nacht, wenn die Gefahr der Austrocknung gering ist.
Asseln sind bei ihrer Nahrung nicht wählerisch. Sie ernähren sich vorrangig von abgestorbenen Pflanzenteilen und machen damit den ersten Schritt zur Umsetzung der organischen Substanz. Im Herbst und Frühjahr fressen sie bevorzugt Fallaub, in den Sommermonaten absterbende Teile der Krautvegetation, vermoderndes Holz, Algen und Moose sowie Pilzgeflechte. Der im Garten oft beobachtete Schadfraß an Wurzeln beziehungsweise Blumenzwiebeln geht in der Regel auf eine nicht beobachtete Standortverschlechterung in Form von Staunässe zurück, so daß man die Schädigung vorrangig gar nicht den Asseln anlasten darf.
Interessant ist, daß die stahlgraue **Kellerassel**, die hellbraune **Mauerassel** und die sich bei Feindannäherung einkugelnde **Rollassel** eine deutliche Bindung an vom Menschen geschaffene Lebensräume entwickelt haben. Im Garten können Asseln bei einigermaßen ausgewogenem Naturhaushalt nicht schädlich werden, sondern werden unter Steinen, im Komposthaufen und an ähnlichen Standorten ihre nützliche Tätigkeit unbemerkt entfalten. Im Wohnbereich dagegen wird niemand Asseln dulden wollen.

Milben

Milben sind Bruchteile von Millimetern große Spinnentiere mit in der Regel vier Beinpaaren und einem aus Kopf, Brust und Hinterleib verschmolzenem Körper. Milben breiten sich aktiv aus oder werden durch fliegende Tiere beziehungsweise durch den Wind verbreitet. Die Masse der Milben lebt im Boden und trägt durch Zerkleinerung der organischen Substanz wesentlich zu dessen Fruchtbarkeit bei; um 100 000 beträgt die Zahl der unsichtbaren „Bodenbereiter" je Quadratmeter Gartenboden. Für den Gartenfreund von besonderem Interesse sind die pflanzenschädigenden Milben, die man in den Gruppen der Spinnmilben und der Gallmilben findet.

Seit Ende des Zweiten Weltkrieges wird in Mitteleuropa eine ständige Zunahme der **Spinnmilben (Tetranychidae)** im Obst-, Wein- und Gartenbau und an landwirtschaftlichen Kulturen beobachtet. Neben Witterungsfaktoren wird der vermehrte Einsatz von Insektiziden – denen ein großer Teil der milbenfressenden Nutzinsekten und Raubmilben zum Opfer fiel – für diesen rasanten Befallsanstieg verantwortlich gemacht. Gleichzeitig wurden die Spinnmilben diesen Mitteln gegenüber unempfindlich (Resistenz).
Mit Abstand die größte Bedeutung haben zwei Milbenarten, die gemeinhin auch als „Rote Spinne" bezeichnet werden: Die

Gemeine oder **Bohnenspinnmilbe (Tetranychus urticae)** und die **Obstbaumspinnmilbe (Panonychus ulmi)**.

Die **Gemeine Spinnmilbe** allein wurde mit 50 Synonymen (andere Namen für dasselbe Objekt) an mehr als 150 verschiedenen Wirtspflanzen als heftiger Pflanzenschädling beschrieben. Im Freiland überwintern begattete Weibchen unter Gras, im Laub oder in anderen Verstecken der obersten Bodenschichten. Im Frühjahr besiedeln sie krautige Pflanzen. Bevorzugt werden im Garten Buxbaum, Efeu, Hortensie, Löwenmäulchen, Maiglöckchen, Malve, Nelke, Phlox und auch Rhododendron und Rose heimgesucht. Die Milben saugen an den Blättern, meist auf der Unterseite und in der Nähe der Blattadern. Später verteilen sie sich über die ganze Blattspreite und saugen den Saft aus den Zellen der Außenhaut, die daraufhin einen silbrigen Schimmer erhalten (von der in die leeren Zellen eingedrungenen Luft) und in der Folge vertrocknen und absterben. Zwischen den Blättern und Trieben fertigen die Spinnmilben hauchfeine Gespinste, auf denen sie sich behend bewegen. Im Morgentau sind diese Spinnweben und sogar die winzigen Schädiger im Gegenlicht gut mit bloßem Auge zu erkennen. Die Lebensdauer der Milben beträgt zirka vier Wochen, in denen jedes Weibchen etwa 80 Eier ablegt. Im Laufe des Sommers kommt es im Freiland, je nach Witterung, zu 6–8 Generationen; im Gewächshaus und am Blumenfenster beobachtet man eine durchgehende Generationenfolge. Im Laufe des Sommers geht die Gemeine Spinnmilbe auch auf verholzende Gewächse über, so daß um diese Zeit Obst- und Ziergehölze von ihr genauso befallen sind wie von der Obstbaumspinnmilbe.

Die **Obstbaumspinnmilbe** ist vom Aussehen her auch mit optischen Hilfsmitteln nicht von der oben genannten zu unterscheiden. Im Gegensatz zur Gemeinen Spinnmilbe fertigt sie jedoch keine Gespinste und überwintert im Eistadium. Die im Durchmesser zirka 0,1 mm großen, roten Eier finden sich meist gehäuft in Knospennähe und an den Zweigspitzen der ein- bis zweijährigen Triebe von Obst- und Ziergehölzen.

Die **Fichten-** oder **Nadelholzspinnmilbe (Oligonychus ununguis)**, die ebenfalls im Eistadium überwintert, hat sich in der Wahl der Befallspflanzen auf Fichte, Kiefer, Lärche, Lebensbaum, Wacholder und Zypresse spezialisiert. Hier zeigen die besogenen Nadeln gelbliche Flecken, verfärben sich dann gelb- bis rotbraun und fallen vorzeitig ab. Die Triebe werden oft mit Gespinstfäden umwoben.

Unter Wasser- und Nährstoffmangel, Staunässe oder Überdüngung leidende Pflanzen werden bevorzugt von Spinnmilben besiedelt. Eine chemische Bekämpfung von Spinnmilben erfolgt im Garten nur an Koniferen (Zuckerhutfichte) und an Kübelpflanzen (Datura, Fuchsie, Oleander) mit Insektiziden, die Spinnmilben miterfassen. Spezielle Milbenbekämpfungsmittel (Akarizide) werden in Kleinpackungen für den Gartenbereich nicht angeboten. An Gehölzen bewirkt die Austriebsspritzung in jedem Fall eine deutliche Befallsminderung. Im Kleingewächshaus können Spinnmilben gezielt durch den Einsatz von Raubmilben bekämpft werden.

Die **Gallmilben (Tetrapodili)** sind ausschließlich Pflanzenparasiten und mit ganzen 0,1 mm Körpergröße die kleinsten Gliederfüßer. Gallmilben saugen an den verschiedensten Pflanzenteilen und rufen dadurch artspezifische Mißbildungen hervor: Haarbildung, Filzflecken, Blattrandrollung, Knötchen- und Kugelgallen.

Eine gezielte chemische Bekämpfung der Gallmilben gelingt nur in Ausnahmefällen mit dem Wirkstoff Endosulfan, der im Obstbau zur Bekämpfung der Johannisbeergallmilbe zugelassen ist. An Zierpflanzen und -gehölzen ist die Vernichtung befallener Pflanzenteile im allgemeinen die einzig mögliche Maßnahme.

Spinnmilbe (zirka 89fach vergrößert)

Schadbild an der Scheinzypresse, hervorgerufen durch die Nadelholzspinnmilbe

Mißbildungen, verursacht durch Gallmilben

Tausendfüßer (zirka 3fach vergrößert)

Zwei Milbenarten sollen noch behandelt werden, die nicht als Pflanzenschädiger, sondern dem Gartenfreund in seinem Wohnbereich oder direkt am Körper lästig werden können: Die **Grasmilbe (Bryobia cristata)** ernährt sich ihrem Namen entsprechend vom Saft verschiedener Gräser, die durch das Besaugen auf der ganzen Blattspreite unzählige winzige, helle Punkte bekommen.

Im Laufe des Sommers gehen diese Milben wegen ihres Wärmebedürfnisses auf Obst- und Laubbäume oder andere senkrecht stehende Gegenstände über, die am Tag lange von der Sonne beschienen werden. Man kann Grasmilben deshalb an fast jedem Straßenbaum, an Zaun- und Laternenpfählen und an Mauern finden, wenn diese auf der Sonnenseite direkt an Grasflächen stoßen. An solchen Stellen sind immer 5–10 Milben zu finden. Eine Massenvermehrung ist aber durch die beschränkte Nahrung, den begrenzten Lebensraum, durch natürliche Feinde und durch Witterungseinflüsse meist nicht möglich.

Wenn ein Rasen direkt an ein Haus angelegt wird, können Grasmilben erfahrungsgemäß in 1–2 sonnenreichen und niederschlagsarmen Jahren Milliarden von Nachkommen produzieren. Nachts und bei kühlerer Witterung suchen sie dann in Ritzen Schutz und gelangen in Massen in die Wohnung. Dort gehen sie wegen Nahrungsmangels zwar in kurzer Zeit zugrunde, aber Millionen drängen nach. Die verschreckten Bewohner greifen zu Bekämpfungsmitteln, können aber die Invasion damit nicht stoppen. Das ganze Unglück wäre nicht passiert, wenn der Hausbesitzer einen 40–60 cm breiten Kiesstreifen zwischen Haus und Rasen angelegt hätte!

Besonders heftige Klagen wurden in den letzten Jahren zunehmend über Erntemilben laut. Die **Erntemilbe (Trombicula autumnalis)** lebt vor allem in Gebieten mit Weinbauklima auf krautigen und verholzenden Pflanzen und ernährt sich räuberisch von anderen Milben oder von Pilzgeflechten, die sie aussaugt. In feuchtwarmen Hochsommern finden sich auf den Pflanzen, zuweilen örtlich in Massen, die nur 0,2 mm langen Larven dieser Milben (auch „Beiß" genannt), die – von Warmblütern beim Vorübergehen oder bei der Ernte abgestreift – auf der Haut durch Speichelabgabe beim Saugen einen unerträglichen Juckreiz erzeugen. Dies kann so weit führen, daß die befallenen Gärten vom Hochsommer an bis in den Spätherbst gemieden werden müssen!

Einer chemischen Bekämpfung mit einem Akarizid sollte eine Untersuchung vorausgehen, ob die Pein nicht etwa von Flöhen ausgeht, deren Belästigung ähnliche Auswirkungen hat. Die Wahl des Bekämpfungsmittels und der Ort der Behandlung sind bei diesen beiden Lästlingen jedoch unterschiedlich und erfordern deshalb vorher eine genaue Bestimmung des wirklichen Verursachers.

Tausendfüßer (Diplopoden)

Ihren Namen erhielten diese Tiere von der großen Zahl von Beinen, die sich jeweils zu zwei Paaren an einem Körperring befinden. Die Anzahl der Segmente ist vom Alter abhängig. Die Tausendfüßer, wegen ihrer Körperform auch Doppelfüßer oder – besser noch – als Schnurfüßer bezeichnet, können mit 7 Jahren schon bis zu 50 Körperringe aufweisen. Bei Diplopoden wurden schon etwa 250 Beinpaare festgestellt, was der Namensgebung schon eine gewisse Berechtigung einräumt. Charakteristisch ist der Spiral-Totstell-Reflex: Bei Feindannä-

herung rollen sich die Tiere schnell spiralig ein und verharren so eine ganze Weile regungslos.
Sie ernähren sich vorzugsweise von abgestorbenen Pflanzenteilen. In feuchten Gegenden oder im Laufe mehrerer, aufeinander folgender niederschlagsreicher Jahre kann es zu einer recht starken Vermehrung von Tausendfüßern kommen, da sie nicht nur langlebig sind und bei feuchtem Milieu mehr Nachkommen erzeugen, sondern weil sie in der Natur keine Feinde besitzen. Wegen giftiger Ausscheidungen werden Tausendfüßer von Vögeln und Maulwurf, Igel und Spitzmaus ebenso gemieden wie von räuberischen Insekten.

Insekten

Insekten sind Gliederfüßer, die im erwachsenen Zustand in der Regel sechs Beine besitzen und mehr oder minder deutlich in die drei Körperabschnitte Kopf, Brust und Hinterleib gegliedert sind. Die meisten erwachsenen Insekten besitzen Flügel, durch deren Aussehen wir die vielen verschiedenen Formen leichter erkennen und unterscheiden können. Die überwiegende Zahl der Insekten pflanzt sich durch Eier fort, wobei es wie beim Dickmaulrüßler bis zu 2 000 Stück pro Weibchen sein können. Bei vielen Insekten wird die Eientwicklung im Leib des Muttertieres durchlaufen, so daß die Weibchen lebende Junge (Larven) absetzen (Viviparie).
In der Regel hat vor der Eiablage eine Kopulation weiblicher und männlicher Insekten stattgefunden. Manche Insekten (Kerfe), zum Beispiel Blattläuse, sind jedoch in der Lage, ohne Zutun eines Männchens „eingeschlechtlich" Nachkommen zu erzeugen (Parthenogenese). Diese Form der Fortpflanzung erspart die Geschlechterfindung und führt meist zu ungewöhnlich großen Nachkommenzahlen. Aus den Eiern schlüpfen Jungtiere (Larven), die - zwar in jedem Fall noch ohne Flügel - den Elterntieren entweder schon sehr ähnlich sehen oder aber in ihrem Aussehen überhaupt nicht das erwachsene Insekt erahnen lassen.
Die Tiere der ersten Gruppe wachsen heran, wobei sie mehrfach ihre unelastische Außenhaut abstreifen, und eines Tages haben sie sich zu geflügelten erwachsenen Insekten „gemausert". Ökologisch wichtig ist die Tatsache, daß die sich so entwickelnden Insekten als Larven wie als Erwachsene immer dieselbe Lebens- beziehungsweise Ernährungsweise haben, also eventuell zeitlebens als Schädlinge auftreten. Zu diesen Insekten gehören von den folgend noch einzeln anzusprechenden Gruppen die Springschwänze, Blasenfüße, Wanzen und das große Heer der Pflanzensauger.
Die andere Gruppe macht eine Verwandlung (Metamorphose) durch. Die aus den Eiern schlüpfenden Larven häuten sich während ihrer Entwicklung mehrmals. Wir alle kennen Raupen, Maden, Engerlinge und andere wurmähnliche Larven als

Springschwänze (zirka 16fach vergrößert)

Jungtiere von Schmetterlingen, Fliegen und Mücken, Käfern oder Wespen. Ehe sie sich jedoch in ihrem letzten Erscheinungsbild präsentieren, das bekannterweise überaus farben- und formenprächtig ausfallen kann, durchlaufen sie ein Entwicklungsstadium, das wegen seiner scheinbaren Ruhe als Puppenstadium bezeichnet wird. Die Entwicklung vom Ei über die Larve und die Puppe zum Vollinsekt wird auch als vollständige Verwandlung, die erstgenannte wegen Fehlens des Puppenstadiums als unvollkommene bezeichnet. Die Bezeichnung ist jedoch weniger wichtig als die Tatsache, daß mit dieser Verwandlung auch häufig ökologische Veränderungen vor sich gehen: die Raupen werden als Blattvertilger oft verheerend schädlich; alle Schmetterlinge indes sind als Saftlekker vollkommen harmlos. Mückenlarven filtern schmutzige Wasserlachen und sind damit ausgesprochen nützlich!
Die Entwicklungsdauer bis zum fertigen Insekt ist so unterschiedlich, daß keine allgemeinen Angaben gemacht werden können. Sie reicht von wenigen Wochen bei Fliegen und Blattläusen bis zu mehreren Jahren (3 Jahre bei Junikäfern). Unabhängig von der Länge der Einzelentwicklung können Insekten pro Jahr nur eine oder wenige oder aber auch sehr viele Generationen ausbilden.
Da auf den Packungen von Bekämpfungsmitteln häufig zwischen saugenden und beißenden Insekten unterschieden wird, sei darauf hingewiesen, daß von den Jungtieren die Raupen und Käferlarven und von den erwachsenen Insekten Käfer, Schnecken und Ohrwürmer mit beißenden Mundwerkzeugen ausgestattet sind, Blasenfüße, Wanzen und die Pflanzensauger mit stechend-saugenden.
Auf die Harmlosigkeit der Schmetterlinge wurde schon hingewiesen. Es muß aber noch einmal besonders betont werden, daß auch die anderen Insekten nicht samt und sonders schädlich sind. Eine große Zahl von Insekten lebt räuberisch und ist

Blattschaden durch Blasenfüße

Blasenfuß (zirka 43fach vergrößert)

für die intakte Lebensgemeinschaft unserer Gärten von ausschlaggebender Bedeutung. Viele Insekten sind (außer der als Haustier gezüchteten Honigbiene) als Blütenbestäuber wichtig. Die meisten Insekten dürften ökologisch als weder schädlich noch nützlich einzuordnen sein. Sie sind es, die als tägliches Futter für Vögel, Echsen und Lurche überragende Bedeutung haben. Sie ernähren diese nützlichen Schädlingsvertilger in Zeiten, wenn Schädlinge nicht vorhanden sind. Deshalb sollte man Insekten nie grundsätzlich bekämpfen, sondern nur, wenn die Bekämpfung wirklich erforderlich ist und gezielt nur den eigentlichen Schaderreger trifft.

Springschwänze (Collembolen)

Diese nur wenige Millimeter langen Bodenbewohner findet man überall, wo organische Substanz und Feuchtigkeit vorhanden sind. Im Garten- und Waldboden gehören sie zu den wichtigsten Bodenorganismen, deren großer Nutzen aus dem Abbau abgestorbener Pflanzenteile herrührt. Wissenschaftler haben ermittelt, daß unter einem Quadratmeter Laubwaldboden um die 100 000 Springschwänze leben und dort pro Jahr etwa 183 ml hochwertigen Humus produzieren.
Unter einer stärkeren Lupe betrachtet, erkennt man am Hinterleib dieser Insekten die kleine Sprunggabel, mit deren Hilfe sie sich hüpfend fortbewegen und durch die sie zu ihrem Namen kamen. Manche nur unterirdisch lebende Collembolen besitzen indes weder Augen noch Sprunggabel, zumal sie in den engen Bodenritzen doch nicht springen könnten. Diese Formen bilden dann, ihrer Lebensweise in ständiger Finsternis entsprechend, auch keine Farbe mehr aus.
Als Schädlinge darf man Collembolen nicht bezeichnen, denn sie schließen den Torfanteil der Erde durch Fraß und Verdauung auf und machen ihn für die Pflanzen erst aufnehmbar. Sie fressen im Boden Algen, Pilzgeflechte und unverdaute Pflanzenreste von Laub- und Holzfressern.
In Saatkistchen und Stecklingsbeeten im Kleingewächshaus oder am Fenster kann es zu Massenvermehrungen von Springschwänzen kommen, wenn die Kulturen zu feucht gehalten wurden. Vermehrungen sollten deshalb grundsätzlich nur in entseuchtem Substrat oder steriler Einheitserde durchgeführt werden. Sollten sich dann Collembolen einfinden, weil sie in Trockenstarre wie Staub zugeweht wurden, sind die Kulturen trockener und luftiger zu halten.

Blasenfüße (Thripse)

Die Blasenfüße sind im Volksmund schlechthin als „Gewitterwürmchen“ bekannt. Dabei handelt es sich um einen sich an Gräsern und Getreide entwickelten Thrips, der sich auf dem Wege zu einem Überwinterungsquartier von warmen Winden zu Tausenden vertragen läßt. Von Duftstoffen im Schweiß angelockt, läßt er sich auf der Haut des Menschen nieder und kann lästig werden.
Eine solche Duftlenkung kann man sich durchaus auch beim **Gewächshausblasenfuß (Heliothrips haemorrhoidales)** vorstellen, der ganz gezielt bestimmte Pflanzen anfliegt. Er ist etwas mehr als 1 mm lang, braun-schwarz und besitzt zwei Paar schmale, mit Fransen besetzte Flügel, die in Ruhe zusammengeschlagen auf dem Rücken liegen. Die gelblichbraunen Larven sind recht beweglich und ungeflügelt. 60 Eier pro Weibchen und 12 Generationen pro Jahr sind die Zahlen, die das Massenauftreten dieses Schädlings unter günstigen äußeren Bedingungen erklären und ihn zu einem recht argen Schädling werden lassen.

Blattschaden durch Wanzen

Mit stechend-saugenden Mundteilen ausgestattet, pumpen die Thripse die Zellen der äußeren Blatthaut (Epidermis) aus. Die besogenen Stellen sehen erst gelb gesprenkelt aus. Dann dringt Luft in die leeren Zellen ein und läßt die Blattfläche silbrig schimmern. Blattunterseits findet man an den Blattadern verkorkende Saugstellen. Punktförmige, schwarze Kotflecke neben den Saugstellen sind ein untrügliches Zeichen für Thripsbefall und unterscheiden das Schadbild von dem äußerst ähnlichen, das Spinnmilben verursachen.
Besondere Bedeutung kommt dem **Gladiolenblasenfuß** zu, der an den Gladiolenknollen überwintert und deshalb dort bekämpft werden muß, da er sonst im Frühjahr an den Blättern als Flecken und Streifen erscheinende Saugschäden sowie Steckenbleiben oder Krüppelwuchs der Blüten verursacht.

Blattwanzen

Die Wanzen (Heteropteren) sind 5–10 mm lange, auffallend platte, grüne oder hellbraune Insekten (Tarnfarbe), die ausgewachsen zwei flach auf dem Rücken gekreuzte Flügelpaare besitzen. Charakteristisch ist der penetrante Wanzengeruch, der andere Insekten abwehren oder lähmen soll.
Wanzen überwintern als erwachsene Insekten oder im Eistadium. Sie bilden in der Regel eine Generation pro Jahr aus. In dieser Gruppe gibt es eine große Anzahl wichtiger Nützlinge, die vor allem Raupen nachstellen.
Die **Blattwanzen** und deren Larven können jungen Pflanzen böse Schäden zufügen. Dabei werden erst punktförmige Wunden gestochen, die bei der Entfaltung der Blätter zu einer flächigen Durchlöcherung der Blattspreite führen. Bekannt ist dieses Schadbild besonders von der Engelstrompete (Datura). Besogene Knospen führen zur Verkrüpplung der Blätter beziehungsweise Mißwuchs oder Steckenbleiben von Blüten, zum Beispiel bei Dahlie, Margerite und Aster.
Die nicht selten in Gärten auftretenden, lebhaft rot-schwarz gefärbten **Feuerwanzen (Pyrrhocoris)** saugen an Samen oder toten Insekten. Sie sind überhaupt nicht schädlich und sollten trotz ihres furchterregenden Aussehens (Warnfarbe) nicht verfolgt oder gar bekämpft werden.

Pflanzensauger (Homopteren)

Im folgenden werden Vertreter verschiedener systematischer Gruppen von Insekten angesprochen, die samt und sonders Pflanzensaft saugen. Dabei wird zum Teil das Leitungs- oder Gefäßsystem der Pflanzen (Siebröhren) oder aber das allgemeine Pflanzengewebe (Parenchym) geschädigt.
Die Insekten „pumpen" Speichel in die besogenen Pflanzenorgane, der Zellbestandteile oder Reservestoffe auflöst und aufsaugbar macht. Saugende Insekten schaden am wenigsten durch den reinen Saftentzug. Die Hauptschädigung entsteht durch die eingespritzten Verdauungsstoffe, die häufig zusätzlich noch giftig sind und die besogene Pflanze zu Mißwuchs in Form von Blattkräuselung, Blütenverkrüpplung oder Gallbildung veranlassen. Obendrein werden mit dem Speichel häufig Bakterien und Viren übertragen, die ihrerseits die Pflanze artspezifisch schädigen.
Um ihren Eiweißbedarf zu decken, müssen Pflanzensauger weit mehr Saft saugen als sie verdauen können. Überschüssiger Zucker wird mit dem Kot als „Honigtau" ausgeschieden. In der freien Natur verwerten entweder Bienen und Ameisen dieses süße Naß, oder aber die Vermehrungskörper (Sporen) von bestimmten Hefepilzen bleiben haften und entwickeln ein schmierig-schwarzes Pilzgeflecht: den **Rußtau**. Dieser färbt die Pflanzenteile mitunter vollständig schwarz ein, so daß es zu Lichtmangel und Schädigung des Blattgrüns kommen kann. Ehe man jedoch die Rußtaupilze bekämpft, sollte man die Honigtauproduzenten ausschalten.
Alle Pflanzensauger haben eine unvollkommene Verwandlung. Die Larven saugen wie die erwachsenen Insekten und sind gleichermaßen schädlich. Als besonders wirksam bei der Bekämpfung der Pflanzensauger erweisen sich „systemisch" wirkende Insektizide. Deren Wirkstoffe dringen in die Pflanze ein und werden vom Saftstrom gleichmäßig verteilt. Beim Saugen werden sie dann von den Schädlingen aufgenommen. Viele Pflanzensauger können mit Kontaktmitteln nicht bekämpft werden, weil sie Schutz in den von ihnen selbst hervorgerufenen Mißbildungen gefunden haben.
Zikaden sind überwiegend in tropischen Ländern zu Hause, wo sie mit einem großen Arten- und Formenreichtum auftreten. Die bei uns krautige Pflanzen und Laubgehölze schädi-

Rosenzikade (links) und Larve (rechts; zirka 6fach vergrößert)

Schaumnest (Kuckucksspeichel) der Larve der Schaumzikade

Blattläuse

genden Arten sind nur 2–3 mm groß und in der Regel gelblich oder grün gefärbt. Die erwachsenen Zikaden halten in der Ruhestellung die Flügel dachförmig geschlossen und verfügen über ein kräftiges Sprungvermögen.
Zikadenschäden zeigen sich in Form weißer bis hellgelber Punkte auf den Blättern. Blattunterseits sitzen die noch flügellosen Larven. Die erwachsenen Zikaden springen bei der geringsten Annäherung davon. Massenvermehrungen, die eine Bekämpfung rechtfertigen, kommen an Rosen, Buchenhecken und Haselsträuchern vor.
Einen Sonderfall stellen die **Schaumzikaden** dar. Ihre weichhäutigen schutzlosen Larven blasen urinartige Sekrete zu einem Schaumnest (Kuckucksspeichel) auf. So vor Feinden und Austrocknung geschützt, können sie die Befallspflanze ungestört besaugen. Schaumzikaden kommen im Garten nicht selten vor. Von den Gehölzen werden bevorzugt Weidenarten befallen, ebenso die verschiedensten krautigen Pflanzen. Häufig und auffallend sind die zirka 10 mm langen, auffallend schwarz-rot gefärbten **Blutzikaden**, deren Larven ihren Schaum jedoch unterirdisch an den Wurzeln krautiger Pflanzen erzeugen.

Blattläuse (Aphiden)

Die Blattläuse dürften wohl mit die bekanntesten Schadinsekten sein. Im Garten kann man sie an nahezu allen krautigen Pflanzen und laubtragenden Gehölzen finden. Blattläuse sitzen eigentlich nie allein, sondern immer in größeren Kolonien auf Blattunterseiten, an Trieben oder an Blütenknospen. Sie bewegen sich kaum und lassen sich bei Annäherung nicht stören. Allein schon von der unterschiedlichen Ausfärbung (rötlich, gelb, bräunlich, grün, schwarz) her erkennt man, daß unsere Gärten von vielen verschiedenen Arten heimgesucht werden. Mit Abstand die häufigsten und wichtigsten Blattlausarten sind jedoch die **Grüne Pfirsichblattlaus** und die **Schwarze Bohnenlaus**. Beide Arten können eine Vielzahl von Gartengewächsen schädigen.
Die **Schwarze Bohnenlaus (Aphis fabae)** überwintert als Ei, das winzig klein und glänzendschwarz gefärbt ist, auf der Rinde von Gartensträuchern, darunter besonders an Schneeball, Pfaffenhütchen und Schneebeere. Die im Frühjahr aus diesen Eiern schlüpfenden Läuse sind die sogenannten „Stammmütter". Sie bringen ohne Zutun von Männchen (parthenogenetisch) und lebendgebärend (vivipar) Nachkommen hervor, die sich in kurzer Zeit zu geflügelten Blattläusen entwickeln. Als Sommerwirte lassen sie sich auf den verschiedensten Blumen und Laubgehölzen nieder und erzeugen wiederum parthenogenetisch und vivipar Nachkommen. Ende April geht der Abflug auf dem Winterwirt los und nach zirka einem Monat sind allenthalben die Gärten besiedelt. Im Laufe des Sommers werden oft über 100 geflügelte und ungeflügelte Nachkommen pro Blattlaus erzeugt, zuweilen mehr als 10 Generationen im Jahr! Nach 10–14 Tagen sind die Jungläuse bereits wieder geschlechtsreif. Unter günstigen, trockenwarmen Witterungsbedingungen kann es zu solchen Massenvermehrungen kommen, daß man von „Blattlausjahren" spricht. Im Herbst suchen die Blattläuse wieder ihre Überwinterungsgehölze auf. Dort kommen Weibchen **und** Männchen zur Welt, aus deren Vereinigung die Wintereier hervorgehen: ein bis wenige Eier pro Weibchen.
Die **Grüne Pfirsichblattlaus (Myzus persicae)** ist ein noch größerer Schädling als die Schwarze Bohnenlaus, weil sie im Sommer einen größeren Wirtspflanzenkreis besitzt.

Diese Blattlaus überwintert sowohl als Ei an Pfirsichbäumen und an Traubenkirschen als auch – und das macht sie so bedeutend und gefährlich – als erwachsenes Tier, wobei Temperaturen bis −12° C ertragen werden.
Andere Blattlausarten, die sich wie die **Rosenblattlaus** auf einzelne Wirtspflanzen spezialisiert haben, werden im Portraitteil bei den einzelnen Pflanzenarten besprochen. Manche Arten bleiben stets an ihrer Wirtspflanze und haben nicht den genannten Wandertrieb entwickelt.
Der Saugschaden durch Blattläuse kommt nur bei Jungpflanzen zum Tragen. Gefährlich sind hauptsächlich die mit dem Speichel abgegebenen Giftstoffe und Krankheitserreger (Viren). Trotz starker Verunzierung und deutlicher Wachstumsstörung bringen Blattläuse ihre Wirtspflanzen im allgemeinen nicht um.
Das schafft mitunter nur die **Fichtenröhren-** oder **Sitkalaus**, die sich auf Fichten spezialisiert hat, wobei bevorzugt Blaufichten befallen werden. Dort kann man die nur etwas mehr als 1 mm großen, grünen Läuse auf den Nadeln finden.
In kühleren Klimaten überwintert diese Laus im Eistadium, sonst als ungeflügeltes Tier. Im Frühjahr bis in den Frühsommer werden geflügelte Exemplare ausgebildet, die sich schnell verbreiten. Charakteristisch ist, daß Fichtenröhrenläuse immer an Vorjahrestrieben im unteren und mittleren Kronenbereich zu finden sind. Die von ihnen abgegebenen Giftstoffe werden mit dem Saftstrom der Fichte auch in höhere Baumbereiche transportiert und verursachen dort das Absterben der Nadeln.
Einer chemischen Bekämpfung von Blattläusen sollten immer pflanzenkräftigende Maßnahmen vorausgehen. Ausgewogen ernährte Pflanzen mit guter Standortpflege werden nachweislich weniger befallen. Die natürlichen Vertilger von Blattläusen sind Marienkäfer und ihre Larven, die Maden von Schwebfliegen sowie Florfliegenlarven und auch Ohrwürmer. Das Mittel Pirimor hat als einziges Insektizid das Prädikat „nützlingsschonend“ und sollte deswegen im Garten verstärkt zur Blattlausbekämpfung angewandt werden. Von vielen Zierpflanzen können Blattläuse allein schon mit dem Wasserstrahl hinuntergespült werden. Auf diesem Prinzip beruht auch die Wirkung von „Omas Schmierseifenbrühe“, die heute von der als Pflanzenschutzmittel zugelassenen, hygienischeren und bewährten Neutralseife abgelöst wurde.

Grüne Pfirsichblattläuse (zirka 11fach vergrößert)

Ananasgalle an der Fichte, verursacht durch die Gelbe Fichtengallenlaus

Wolläuse (Gallenläuse)

Nadelverfärbungen und -verkrümmungen an Kiefer, Douglasie und Weißtanne, knotenförmige Gallen am Maitrieb von Rotfichte oder mit „Schneeflocken“ besetzte Lärchennadeln: das alles sind Schadbilder, die von den Woll- oder Gallenläusen hervorgerufen werden. Charakteristisch für diese Schädlingsgruppe ist ein Wachspelz, der aus einem Geflecht feinster Wachsfäden besteht. Dieses Wachs schützt die Läuse vor Austrocknung und verhindert zudem, daß Feinde oder Bekämpfungsmittel an den Körper herankommen.
Im Hinblick auf die Ausbreitung teilen sich die Wolläuse in zwei Gruppen: die einen erzeugen fast ausschließlich ungeflügelte Nachkommen, die immer dieselbe Koniferenart befallen. Hierher gehören die **Weißwollige Fichtenstammlaus,** die **Weymouthskiefernrindenlaus,** die **Europäische Kiefernwolllaus** und die **Gelbe Fichtengallenlaus.** Allein die Namen sagen schon viel über Aussehen und Vorkommen aus. Die letztgenannte entwickelt sich, vollkommen geschützt, in ananasförmigen Auswüchsen (Triebgallen), die die Mutterläuse durch ihre Saugtätigkeit an den Fichtenzweigen hervorrufen.

Wolläuse an der Douglasie

Weiße Fliege (zirka 19fach vergrößert)

Bei der anderen Gruppe der Wolläuse entstehen stets geflügelte Nachkommen, die zu ihrer Fortpflanzung einen zwangsläufigen Wechsel zu einer anderen Nadelgehölzart benötigen. So wandert die **Rote** und **Grüne Fichtengallenlaus** zwischen Rotfichte und Europäischer Lärche, die **Tannentrieblaus** zwischen Kaukasusfichte und Nordmannstanne, die **Douglasienwollaus** zwischen Sitkafichte und Douglasie. Interessant ist, daß sich diese Wanderverhältnisse ausschließlich auf die Familie der Kieferngewächse (Pinaceae) beschränken, zu der unsere Tannen, Fichten und Kiefern gehören. Da sowohl in öffentlichen Grünanlagen als auch in Privatgärten diese Koniferen oft sehr dicht beieinander gepflanzt werden, helfen wir diesen Schädlingen bei ihrem Wirtswechsel und fördern damit ungewollt deren ohnehin starke Vermehrung.

Wegen ihres Wachsschutzes und ihrer teilweise in Gallen verborgenen Lebensweise sind die Wolläuse nur unzureichend zu bekämpfen. Am besten klappt es bei den freisitzenden „Schneeflöckchen" im Sommer mit den Mitteln Unden oder Ekamet, wenn man der Spritzbrühe zur besseren Haftung ein paar Tropfen eines haushaltsüblichen Spülmittels beifügt. Gallenbildende Läuse an Fichten kann man durch eine „Voraustriebspritzung" im März oder April mit einem ölhaltigen Insektizid dezimieren. Eine vollständige Bekämpfung wird damit jedoch nicht erreicht. Soweit es bei jungen Fichten und schwachem Befall durchführbar ist, hat sich das Ausbrechen der Ananasgallen als unterstützende Maßnahme bewährt.
Durch gezielte Wahl der Koniferenarten kann man dem Befall und der Vermehrung von Woll- und Gallenläusen gut entgegenwirken. Weder Eibenarten, Metasequoia oder Sequoia noch irgendwelche Zypressengewächse werden von Wolläusen heimgesucht. Aus der Familie der Kieferngewächse bleiben die Zeder, die Japanische Lärche, die Goldlärche und die Hemlockstanne von diesen Schädlingen verschont.

Weiße Fliege (Mottenschildlaus)

Einen Sonderfall der Pflanzenläuse stellt die Weiße Fliege dar, die schon viel Ähnlichkeit mit den nachher beschriebenen Schildläusen aufweist. Drei Arten kommen bei uns überhaupt nur vor: die Kohlmottenschildlaus, eine Art an Rhododendron und die Weiße Fliege. Letztere sind offensichtlich als letzte aus tropischen Gefilden zu uns verschleppt worden, denn sie können bei uns noch immer nicht im Freien überwintern. Jeder Befall an Fuchsie, Fleißigem Lieschen und anderen Gartenblumen geht im Frühjahr immer vom Blumenfenster oder Gewächshaus aus. Typisch für die selten über 2 mm langen Läuse ist ihre dichte Einpuderung mit weißem Wachsstaub, der in Drüsen erzeugt und mit Beinen, Flügeln und Fühlern gleichmäßig über den ganzen Körper verteilt wird. Auf diese Weise sind diese Insekten gegen Benetzung (auch durch Insektizide!) oder auch gegen Austrocknung weitgehend geschützt. Sie besitzen vier milchigweiße Flügel, die in Ruhe dachförmig über dem Hinterleib liegen. Bei Berührung der Wirtspflanze stoßen sich die meist an der Blattunterseite sitzenden Tiere mit ihren hinteren Sprungbeinen ab und stieben wie Funken zu anderen Pflanzen.
Je Weibchen werden täglich 1–2 Eier – insgesamt bis zu 500 – abgelegt. Aus den Eiern schlüpfen, wie bei den anderen Schildläusen, 0,1 mm große, langovale, gelbgrüne Larven, die nur im ersten Larvenstadium beweglich sind. Ältere Larven sitzen saftsaugend fest an der Blattunterseite.
Mottenschildläuse und ihre Larven verursachen gelbliche Saugflecken auf den Blättern, die eintrocknen und absterben. Obendrein erzeugen auch diese Saftsauger ungeheure Men-

Napfschildläuse

Blattwespenlarven

gen Honigtau, der die Oberfläche der Blätter überzieht. Es können sich Rußtaupilze ansiedeln und die Assimilation des Blattgrüns herabsetzen.
Die Bekämpfung der Weißen Fliegen ist schwierig. Von den meisten synthetischen Insektiziden werden diese Tiere nicht ausreichend erfaßt. Ekamet und die Pyrethroide haben jüngsten Bekämpfungsversuchen zufolge die durchschlagendste Wirkung. Die Behandlungen müssen in jedem Fall mehrfach im Abstand von 7–10 Tagen durchgeführt werden, da die festsitzenden Larvenstadien besonders widerstandsfähig sind. Reine Paraffinöle in Form von Spritzmitteln (Elefant-Sommeröl, Para-Sommer) oder als Spray (Blattglanz) haben sich ebenfalls als hervorragend geeignet erwiesen. Unter Glas können eingebrachte Zehrwespen als Parasiten die Bekämpfung der Weißen Fliege übernehmen (biologische Bekämpfung).

Schildläuse

Aus der großen Gruppe der Schildläuse kommen vor allem Vertreter der **Deckelschildläuse (Diaspididae)** und der **Napfschildläuse (Lecaniidae)** an unseren Gartengehölzen als Schädlinge vor. Charakteristisch für diese Insektengruppe sind Drüsen in ihrer Haut, die Wachs, Seide und andere Stoffe absondern. Dadurch schützen sie sich gegen Umwelteinflüsse wie Feuchtigkeit, Austrocknung oder auch Feinde.
Zu den Deckelschildläusen zählt zum Beispiel die **Oleanderschildlaus (Aspidiotus hederae)** mit einem weißlich-gelben, rundlichen Schild von zirka 1 mm Durchmesser, der mit einer Nadel abgehoben werden kann. Darunter sitzt das Weibchen, das unbeweglich, ohne Augen, Flügel oder Beine ist, fest mit einem langen Stechrüssel in der besogenen Pflanze steckend. Bei der **Gemeinen Napfschildlaus (Eulecanium corni)** dagegen besteht der bräunliche, halbkugelig gewölbte Schild aus der erhärteten Rückenhaut und läßt sich mit einer Nadel nicht ohne Zerstörung der Laus abheben. Unter solch einer kleinen Halbkugel können sich bis zu 3 000 Eier befinden, die das Überleben und die Verbreitung der Art sicherstellen. Das wäre sonst auch gar nicht so sicher, denn bei diesen beiden Schildlausformen sind immer nur die jüngsten Larven von zirka 0,1 mm Größe beweglich. Schon die älteren Larven saugen sich fest und bleiben dann als Weibchen zeitlebens an dieser Stelle.
Die Männchen aller genannten Schildläuse sind 1–2 mm lange, gelbliche, fliegenähnliche Insekten.
Die Vermehrung der Schildläuse ist wesentlich von Temperatur und Feuchte abhängig. An trockenen und warmen Standorten ist sie optimal. Von großer Bedeutung für die Vermehrung ist außerdem der Gesundheitszustand der Wirts- oder Nährpflanze. Schlecht ernährte und wenig gepflegte Gehölze werden immer deutlich stärker von Schildläusen heimgesucht. Die Bekämpfung der Schildläuse setzt in der Praxis zu spät ein, da die winzigen, behend laufenden Larven trotz ihrer Massen wegen ihrer Kleinheit nicht erkannt werden. Die erwachsenen Schildläuse sind jedoch durch ihre Schilde vor den meisten Insektiziden wirksam geschützt. Nur ölhaltige Austriebspritzmittel beziehungsweise Sommer- oder Weißöle sind wirksam. Sie überziehen die Schildläuse mit einem Ölfilm und bringen sie zum Absterben.

Hautflügler

Zu dieser Insektengruppe gehören Biene und Hummel, Ameise und Wespe. Viele von ihnen leben in Zusammenschlüssen (Insektenstaat), die Mehrzahl jedoch einzeln. Der Nutzen der Honigbiene wird im Kapitel „Bienenschutz“ dargestellt. Aber auch alle anderen, im Garten vornehmlich an Blüten (die

Blattschneidebiene an Rosen ist eine Ausnahme!) vorkommenden Bienen und Hummeln sind samt und sonders nützlich, da sie die Befruchtung von Pflanzen sicherstellen. Hummeln haben einen wesentlich längeren Saugrüssel und bestäuben damit Blüten, die von Bienen gar nicht erst angeflogen werden. Die von Blüte zu Blüte eilenden Hummeln sind trotz ihres wuchtigen Aussehens und grimmigen Brummens überhaupt nicht aggressiv, wenngleich sie alle mit einem Giftstachel ausgestattet sind und empfindlich stechen können.

Ameisen stechen nicht und schädigen in der Regel auch keine Pflanzen. Der von ihnen angerichtete „Schaden“ besteht in der Untertunnelung von Pflanzen oder Gartenteilen sowie in ihren aufgeworfenen Erdnestern. Ameisen nehmen den von Pflanzensaugern abgegebenen Honigtau gern auf, verteidigen die Blattsauger gegen Feinde und tragen sie auch zu bestimmten Nahrungspflanzen. Zwischen Ameisen und Blattläusen beziehungsweise Schildläusen haben sich richtige Symbiosen (Zusammenleben zum gegenseitigen Nutzen) ergeben.

Bekämpfungsmaßnahmen (wenn sie überhaupt erforderlich sind) haben nur Sinn, wenn sie sich gegen das ganze Volk richten – also auch gegen die Larven, die im unterirdischen Nest von den Arbeiterinnen gefüttert werden, und gegen die Königinnen, von denen es in den meisten Ameisennestern eine größere Anzahl gibt. Mit nur einer Bekämpfungsmaßnahme wird man verpuppte Larven („Ameiseneier“) nicht treffen können. Eine Behandlung muß nach deren Schlupf wiederholt werden. Die zugelassenen Ameisenmittel haben deshalb besonders dann einen nachhaltigen Erfolg, wenn man sie in Verbindung mit einem Fraßköder anwendet.

Von den vielen verschiedenen **Wespen** ist die Mehrzahl wegen ihrer räuberischen und insektenvertilgenden Lebensweise mit Sicherheit als nützlich einzustufen. Ähnlich den Bienen und Hummeln verteidigen sie ihr Nest und ihre Brut, wenn diese angegriffen werden. Das Benagen voll- und überreifer Früchte – vor allem Weintrauben – kann deutlich gemindert werden, wenn zur Hälfte mit gärendem Fruchtwasser gefüllte Flaschen als Lockfallen in die Gehölze gehängt werden.

Als Pflanzenschädiger sind die raupenförmigen oder auch nacktschneckenähnlichen Larven von Blattwespen anzusehen, die an unseren Gehölzen umfangreichen Laub- oder Nadelfraß anrichten können. Sie treten meist in großen Zahlen – oft gesellig fressend – in Erscheinung. Besonders beliebt ist die Rose, die von vielen verschiedenen Blattwespenarten heimgesucht wird. Dabei reicht der Schaden vom Befressen der Blattoberfläche, Einrollen und Zerstörung der Blätter bis zur Vernichtung ganzer Triebe. Die Larven des Rosentriebbohrers, einer Blattwespe, hat sich auf das Ausfressen des Markes der Rosentriebe spezialisiert. Hier hilft nur das Ausschneiden und Vernichten befallener (welkender) Triebe. Im übrigen werden **Blattwespenlarven** als fressende Insekten wie Schmetterlingsraupen mit Kontaktinsektiziden bekämpft.

Engerlinge (zirka 2fach vergrößert)

Drahtwurm (zirka 2fach vergrößert)

Käfer

Wegen ihrer harten Flügeldecken werden Käfer im allgemeinen auch von Laien richtig erkannt. Mit fast 6 000 Arten ist der Formenreichtum dieser Insektengruppe trotzdem kaum überschaubar.

Bei den im Garten auf der Bodenoberfläche oder nach Aufdekken von Steinen weghuschenden Käfern handelt es sich in jedem Fall um **Laufkäfer**. Meist sind es Arten, die Schnecken und Würmern nachjagen oder von Samen leben. Sie sollten wegen ihres Nutzens auf keinen Fall verfolgt werden.

Einige Käfer – und vor allem ihre Larven – können auch im Gartenbereich sehr schädlich werden und sollen deshalb kurz angesprochen werden.

In der Dämmerung warmer Juni- oder Juliabende fliegen etwa eine Stunde lang die gelbbraun gefärbten, 1,5 cm langen **Junikäfer** in großer Zahl zum Licht. Die als **Engerlinge** bekannten, bis 3 cm großen, gekrümmten Larven leben im Boden und fressen während ihrer 3jährigen Entwicklung Wurzeln. Außer der Rasenfläche werden vor allem Rosenbeete oft stark heimgesucht, wo dann auch ausnahmsweise eine Bekämpfung durch Einbringen von Bodeninsektiziden notwendig sein kann.

Amseln, Maulwürfe und Igel sind die wichtigsten natürlichen Feinde.

Als **Drahtwürmer** werden die zirka 2 cm langen, goldgelben Larven von **Schnellkäfern** bezeichnet, die zur Entwicklung ebenfalls mehrere Jahre im Boden verbringen. Die Käfer erhielten ihren Namen wegen ihrer Fähigkeit, aus der Rückenlage emporzuschnellen, um wieder auf die zu kurz geratenen Beine zu kommen. Sie sind unschädliche Pollen- und Mulmfresser. Die Larven gehören mit den Engerlingen und den Stelzenmückenlarven zu typischen Rasenschädlingen, können aber durch Befressen von Wurzeln, Zwiebeln und Knollen

Borkenkäfer (zirka 2fach vergrößert)

Blattkäfer

Rüsselkäfer

Dickmaulrüßler mit typischem Kerbfraß

an anderen Pflanzen zu argen Schädlingen werden. Da Drahtwürmer Charakterschädlinge des Grünlandes sind, ist vor allem in neu angelegten Gärten nach Grünlandumbruch mit einem verstärkten Befall zu rechnen.
Ob Drahtwürmer im Boden vorhanden sind, kann man mit in Vierteln geschnittenen Kartoffeln feststellen, die an markierter Stelle zirka 10 cm tief in den Boden gesteckt werden. Ist der Befall stark, wird der Einsatz von Bodeninsektiziden bei Pflanzmaßnahmen empfohlen.
Viele **Bockkäfer** tragen ihre Fühler stolz wie Alpensteinböcke – daher der Name. Ihre Larven entwickeln sich unter der Rinde abgestorbener Bäume oder Baumstubben. Die Käfer selbst sind Mulm- oder Pollenfresser. Häufig schlüpfen Bockkäfer, wenn im Garten gelagertes Holz in das warme Hausinnere gebracht wird. Bockkäfer und ihre Larven werden weder dem verbauten Holz noch dem der lebenden Gehölze im Garten gefährlich.
Die nur 1–2 mm großen **Borkenkäfer** dagegen bringen auf Dauer die von ihnen befallenen Gehölze um. Käfer und Larven treten immer in größerer Zahl auf und durchtrennen mit ihrem Fraß die Saftstränge, so daß die oberirdischen Gehölzteile regelrecht verdursten. Borkenkäfer sind aber meist nur Sekundärschädlinge, das heißt, wo dieser Schädling auftritt, ging schon ein anderer Schaden voraus. Durch Bodenverschlechterung, Einbetonierung, Wurzelbeschädigung, Laub- und Nadelschaden oder ähnliches ist die Wasserführung der Gehölze so gestört, daß sie den bohrenden Angriff von Borkenkäfern nicht durch Saftfluß abwehren können und schließlich eingehen.
Bei Fichten führt das Abfangen von Borkenkäferschwärmen durch Lockstoffallen (Pheromonfallen) zum Erfolg. Auf Dauer kann aber nur die Beseitigung der befallsauslösenden Primär-Ursachen die Bäume vor Borkenkäferbefall bewahren. Chemische Maßnahmen sind im Gartenbereich nicht möglich oder wenig erfolgversprechend.

Blattkäfer leben wie ihre Larven vom Laub der Gehölze oder von den Blättern krautiger Pflanzen, wobei bei starkem Befall nur noch die Blattadern übrigbleiben. Befallen werden vor allem Weide, Erle und Schneeball. Das **Lilienhähnchen** bevorzugt Lilie, Maiblume und Gladiole.
Blattkäfer und ihre buckligen Larven kann man ablesen und vernichten, wenn sich der Befall in Grenzen hält.
Alle Insektizide gegen beißende Insekten wirken gut. Wegen der Fraßgier der Insekten sollte man Mittel mit schneller Wirkung wählen!
Rüsselkäfer sind an ihrem zum Rüssel verlängerten Kopf gut zu erkennen. Oft ist der Rüssel, zum Beispiel beim Haselnußbohrer, so dünn, daß Gartenfreunde Rüsselkäfer zu den saugenden Insekten zählen, weil sie den Rüssel als stechendes Saugorgan ansehen. Am Ende des feinen Rüssels sitzen jedoch Beißwerkzeuge.
Rüsselkäferfraß äußert sich häufig durch mehr oder minder halbkreisförmig in Blattränder gefressene Kerben, so zum Beispiel an Lupine, Wicke und Klee durch **Blattrandrüßler**, an Rose, Rebe und Rhododendron durch den Dickmaulrüßler.
Der **Dickmaulrüßler** ist in den letzten Jahren besonders stark in Erscheinung getreten. Der zirka 10 mm lange, flugunfähige, schwarzgraue Käfer ist äußerst lichtscheu. Er verbirgt sich tagsüber und klettert erst nach Einbruch der Dunkelheit auf die Befallspflanze. Dort frißt er in die Blattränder die typischen Kerben. Dabei kann man ihn im Schein einer Taschenlampe leicht entdecken und ablesen. Bei Erscheinen morgendlicher Lichtstrahlen läßt sich der Käfer fallen und verbirgt sich in der obersten Bodenschicht.
Alle Dickmaulrüßler sind Weibchen, die sich allein fortpflanzen können und in ihrem Leben über 1000 Eier ablegen. Aus den Eiern schlüpfen elfenbeinfarbene, beinlose Larven mit braunem Kopf, die im Boden an den Wurzeln der Wirtspflanze fressen und eine Größe von fast 1 cm erreichen können. Befallene Pflanzen kümmern, welken und sterben schließlich ab.

Fraßlöcher an Haselnüssen, hervorgerufen durch den Haselnußbohrer

Jungraupen mit charakteristischem Schadbild (Schabefraß)

Die Bekämpfung der Dickmaulrüßlerlarven ist im Garten nur möglich, indem man befallene Pflanzen ausgräbt und die Larven aus dem Wurzelballen heraussucht.
Auch der Käfer ist sehr widerstandsfähig und wird nur von wenigen Insektiziden wie Decis erfaßt. Dabei dürfen natürlich nur die Pflanzen behandelt werden, die den typischen Kerbfraß aufweisen. Bodeninsektizide, die Käfer und Larven erfassen, stehen für den Hobbybereich nicht zur Verfügung.
Einige Rüsselkäfer zeigen eine richtige Brutvorsorge. So frißt das Weibchen des **Haselnußbohrers** einen Gang in die sich entwickelnde Frucht, legt ein Ei an das Fraßloch und schiebt es mit dem nadelfeinen Rüssel in den Gang. Die Larve frißt dann unbehelligt von Feinden (und Insektiziden!) die Haselnuß aus, bohrt sich danach aus der Frucht und verpuppt sich im Boden. Im Mai des Folgejahres erscheint dann die nächste Käfergeneration.
Bekämpfungsmaßnahmen haben nur Sinn, wenn man sich von der Anwesenheit der Käfer überzeugt hat. Befallskontrollen sind leicht durchzuführen. Morgens – wenn die Käfer von der nächtlichen Kühle her noch klamm auf den Zweigen sitzen – werden die Äste über einer Zeitung oder einem weißen Tuch kurz angeschlagen. Die Käfer fallen dann herunter und sind mit ihrer Größe von zirka 6 mm und wegen des langen dünnen Rüssels leicht zu erkennen. Der Befallszeitpunkt ist auch der richtige Termin für den Einsatz eines speziellen Insektizids gegen beißende Insekten.
Andere Rüsselkäfer bringen die Blätter durch schnittartigen Fraß zum Einrollen; sie schaffen ihren Larven damit sichere Verstecke. Diese **„Blattroller“** oder **„Trichterwickler“** sind an Birke, Eiche, Hasel und Rebe keine Seltenheit. Der Schaden ist jedoch nie so groß, daß man an eine Bekämpfung der Rüsselkäfer denken müßte.

Schmetterlinge

Auch wenn die Raupen als typische Larvenform der Schmetterlinge ausnahmslos Pflanzenfresser sind, kann man diese Insektengruppe nicht einfach als Schädlinge abtun. Denn unter den erwachsenen Insekten, eben den Faltern, gibt es nicht einen einzigen Schädling! Alle Schmetterlinge – so weit sie im Erwachsenenstadium überhaupt Nahrung zu sich nehmen – sind Saftsauger. Jeder von uns kennt die Nektar schlürfenden Falter.
Einige Raupen müssen als Gartenschädlinge jedoch herausgestellt werden.
Eulen sind mittelgroße Falter (Flügelspanne 30–50 mm), die sich vor allem durch ihre Tarnfarbe auszeichnen. Von den in Ruhe dachartig zusammengeschlagenen Flügeln ist das vordere Paar meist graubraun und weist typische Zeichnungsmuster auf, so daß sich ein sitzender Schmetterling kaum von seinem Untergrund abhebt. Oberirdisch an krautigen Pflanzen fressende Raupen sind mit ihrer grün-gelblichen Färbung genauso gut getarnt wie die braungrünen, eingerollten „Erdraupen“ am oder im Boden anderer Eulenarten. Letztere kommen nur nachts zum Blattfraß aus ihren Erdverstecken.
Fenster- und Lochfraß an Blumen und Stauden weist auf Eulenraupen hin. Eine chemische Maßnahme verspricht nur gegen Jungraupen Erfolg, ältere Larvenstadien sind gegen Insektizide weitgehend widerstandsfähig. Sie sollten nachts mit einer Taschenlampe gesammelt und vernichtet werden. Einfacher ist das Auslegen von Brettchen, Dachziegeln oder flachen Steinen zwischen die Pflanzen, unter die sch die Raupen tagsüber verstecken. Diese müssen dann in regelmäßigen Abständen kontrolliert werden.
Frostspanner machen ihrem Namen alle Ehre. Diese Schmetterlinge schlüpfen erst ab Oktober aus ihren Puppen, die sich in der obersten Bodenschicht befinden. Die männlichen Falter (Flügelspannweite um 30 mm) fliegen, allen Naturgesetzen

zum Trotz, auch noch bei Temperaturen um den Gefrierpunkt munter umher. Die mit Flügelstummeln ausgestatteten Weibchen erklettern zur selben Zeit verschiedene Gehölze. Oben angelangt und inzwischen begattet, legt jeder weibliche Falter 200–300 Eier an die Knospen, aus denen im Frühjahr die gelbgrünlichen, durch buckelnd-spannende Fortbewegung typischen Räupchen schlüpfen. Vor allem an Buche, Hasel, Zierkirsche und Gartensträuchern durchlöchern sie mit ihrem Fraß die jungen Blätter. An Spinnfäden seilen sie sich zum Frühlingsende hin ab und verpuppen sich in der obersten Bodenschicht. Viele werden zwar bis dahin von Vögeln verzehrt, aber der zu große Rest macht oft eine Bekämpfung erforderlich. Das Anbringen von Leimringen um den Stamm im September zum Fang der Weibchen hat nur bei einzeln stehenden Bäumen Aussicht auf Erfolg. Eine Austriebspritzung wirkt zuverlässig gegen Eier und Jungraupen. Zur Bekämpfung am jungen Grün eignen sich die biologisch wirkenden Bacillus-thuringiensis-Mittel, auch wenn die Räupchen erst mal Schadfraß anrichten müssen, damit das Bakteriengift in ihren Körper gelangt.

Eine Vielzahl anderer Schmetterlingsraupen wie **Gespinstmotten, Wickler** und **Miniermotten** haben die verschiedenen krautigen und verholzenden Zierpflanzen des Gartens zur Nahrung. Manche sind dabei recht spezialisiert, wie die **Fliedermotte**, andere Arten sind nicht so wählerisch. Balkon- und Terrassenpflanzen werden oft besonders heimgesucht, weil die zum Licht fliegenden Falterweibchen sich an diesen niedergelassen hatten. Jungräupchen verursachen oberflächlichen Schabefraß. Ältere Larven fressen flächig so viel vom Blatt weg, daß nur die gegenüberliegende Außenhaut pergamentartig übrigbleibt (Fensterfraß). Man kann demnach von dem Fraßbild direkt auf das Alter der Raupen schließen.

Jungraupen reagieren in der Regel empfindlich auf die meisten Insektizide, die gegen beißende Kerfe (Insekten) zugelassen sind. Ältere Raupen werden von vielen Mitteln nicht ausreichend erfaßt. Dafür sind sie größer und daher leichter abzusammeln. Behaarte Raupen sollte man grundsätzlich nur mit Gummihandschuhen anfassen, da von ihren Gifthaaren unangenehme Allergien ausgehen können.

Zweiflügler

Mücken und **Fliegen** gehören zur Gruppe der **Zweiflügler**, die sich durch Ausbildung nur des Vorderflügelpaares auszeichnet. Die hinteren Flügel sind zu stummeligen Steuerungsorganen umfunktioniert. Mücken besitzen immer vielgliedrige Fühler, ihre wurmförmigen Larven immer einen Kopf. Die Fühler der Fliegen sind sehr kurz und deshalb kaum sichtbar. Ihre Larven sind die allseits bekannten kopf- und beinlosen Maden.

Die **Stechmücken** sind zwar keine Pflanzenschädlinge, werden aber dem Menschen lästig. Jeder Gegenstand, der im Sommer nur 8–10 Tage lang Regenwasser enthält, genügt als Brutstätte für diese Plagegeister. Vorratsbehälter für Gießwasser müssen abgedeckt werden, damit die Weibchen keine Eier ablegen können.

Die großen **Stelzenmücken (Wiesenschnaken)** mit den langen, leicht abbrechenden Beinen sind, im Gegensatz zu ihren Larven, vollkommen harmlos. Die bis zu 3 cm langen Larven können im Rasen und an Blumen starke Wurzelfraßschäden anrichten. Nachts und bei Regenwetter verlassen sie zuweilen den Boden und kriechen auf der Erdoberfläche umher. Das ist auch eine ideale Gelegenheit, sie zu vernichten. Igel und Amseln als natürliche Feinde schaffen das allein nicht.

Die **Minierfliegen** werden wegen ihrer Kleinheit (zirka 3 mm lang) als Pflanzenschädiger meist nicht erkannt. Sie legen ihre Eier an die Unterseite von Blättern ab. Die daraus schlüpfenden Maden bohren sich in das Blatt ein und fressen zwischen den Außenhäuten der Ober- und Unterseite das Blattinnere aus. Als Schadbild entstehen dadurch hellgelbe bis silbrige Flecken oder Linien (Minen).

Edelwicke, Heckenkirsche (Lonicera), Margeritenbäumchen und vor allem Stechpalme (Ilex) werden in letzter Zeit besonders heftig von Minierfliegen heimgesucht. Hält man ein befallenes Blatt gegen das Licht, kann man außer den Kotpunkten auch meist die Fliegenmade erkennen. Abpflücken und Vernichten minierter Blätter ist bei schwachem Befall durchaus erfolgversprechend. Systemisch wirkende Insektizide töten die Larven im Blattinnern sicher ab, wenn die Blattunterseiten gezielt behandelt werden.

Schadnager

Unter den Nagetieren richten Kaninchen, Wühlmäuse und Feldmäuse im Garten die größten Pflanzenschäden an.

Kaninchen gehören zwar zum jagdbaren Wild, dürfen aber trotzdem nicht gefangen und getötet werden. Da hilft nur, das Grundstück mit einer kaninchensicheren Einzäunung zu umgeben oder Gehölze mit schützenden Kunststoffhosen zu versehen. Im Handel gibt es wirksame Vergrämungsmittel, die auf die Gehölze gestrichen oder gespritzt werden.

Die **Wühlmaus** gilt noch immer als Gartenfeind Nr. 1 – weniger wegen der von ihr angerichteten Schäden als wegen ihrer schwierigen Bekämpfung. Mit zirka 17 cm Länge ist sie erheblich größer als die mit ihr verwandte **Feldmaus**, die selten länger als 10 cm wird. Die Ohren sind fast im Fell versteckt, der Kopf ist stumpf. Wühlmäuse leben in einem weit verzweigten Gangsystem. Die Gänge besitzen im Querschnitt eine hochovale Form (im Gegensatz zu der durch seitliches Wühlen bedingten querovalen des **Maulwurfs**). Die Erde wird in unregel-

Schaden im Rasen, verursacht durch die Larven der Stelzenmücken

Miniergänge im Blatt, verursacht durch Minierfliegenlarven

Wühlmaus

mäßigen Erhebungen hochgedrückt. Im Gegensatz dazu erkennt man Gangsysteme von Feldmäusen an den Mauselöchern. Während die Wühlmaus nur selten ihr unterirdisches Ganglabyrinth verläßt, hält sich die Feldmaus nur tagsüber dort auf. Mit eintretender Dämmerung wird sie lebhaft und tut sich an überwiegend oberirdischen Pflanzenteilen gütlich. Die Wühlmaus dagegen frißt unter der Erdoberfläche an der Rinde und an den Wurzeln von Bäumen, Sträuchern und Rosen.
Wühlmäuse werfen 3–4mal im Jahr 2–7 Junge, die ihrerseits bereits nach 2 Monaten wieder geschlechtsreif werden. Lange und strenge Winter sowie kalte und feuchte Herbst- und Frühjahrszeiten hindern die rasante Entwicklung der Schadnager. Schneereiche Winter dagegen begünstigen sie, da sie unter der Schneedecke ungestört ihrer pflanzenschädigenden Lebensweise nachgehen.
Von den vielen Patentrezepten, die zur Bekämpfung von Wühl- und Feldmäusen bekannt sind, hat sich eigentlich nur das Einbinden von Gehölzen beim Pflanzen in ein enges Drahtgeflecht oder Umgeben des Wurzelballens mit Glaswolle (Baugeschäft) bewährt. Wühlmausabweisende Pflanzen (Kaiserkrone, Wolfsmilch, Hundszunge, Knoblauch) werden nicht von den Schädigern befressen. Ihre Abschreckstoffe (Repellents) reichen erfahrungsgemäß jedoch nicht aus, ganz gleich, ob sie zwischen die gefährdeten Kulturen oder als Barriere gepflanzt werden.
Vor jeder Bekämpfungsmaßnahme ist eine Verwühlprobe unerläßlich. Man muß schließlich wissen, welcher Teil des Gangsystems noch „bewohnt" ist. Man öffnet dazu an 10–20 Stellen über den ganzen Garten verstreut die Wühlmausgänge auf jeweils zirka 20 cm Länge. Die Wühlmaus pflegt diese Öffnungen „bewohnter" Gänge in kurzer Zeit zu verwühlen. Die am folgenden Tag noch nicht geschlossenen Löcher bleiben bei der Bekämpfung unberücksichtigt.
Folgend werden die wichtigsten Bekämpfungsmöglichkeiten von Wühlmäusen aufgezeigt.

Für Geübte am sichersten ist immer noch der Fang mit Fallen. Besonders bewährt hat sich die „Bayerische Drahtfalle". Bei Gängen in lockerem Boden (den ein guter Garten ja aufweist!) und bei flach verlaufendem Gangsystem gelingt der Fallenfang allerdings selten. Der Wühlmausgang wird geöffnet und mit einem Pflanzholz so geweitet, daß die Falle etwa zur Hälfte hineingeschoben werden kann. Das äußere Ende der Falle drückt man ein wenig in den Boden, damit sie von der Maus nicht herausgedrückt wird. Die Falle muß ganz empfindlich eingestellt werden. Danach wird die Stelle vorsichtig mit einem Brettchen, Dachziegel oder ähnlichem abgedeckt. Die gegen Licht und Luftzug sehr empfindliche Wühlmaus umgeht sonst den Gang vor der Falle oder schiebt ihn zu. Noch zwei Tips: neue Fallen läßt man vor der ersten Verwendung einige Zeit im Freien liegen, damit sie den Fabrikationsgeruch verlieren. Auch Hände oder Gummihandschuhe haben einen Eigengeruch, der sich durch Abreiben mit Erde vor dem Fallensetzen beseitigen läßt.
Die chemische Bekämpfung hat im Sommer eigentlich nur mit Begasungsmitteln Erfolg. Die Anwendung muß exakt nach Vorschrift erfolgen – und das nicht nur, weil die Phosphorwasserstoff entwickelnden Präparate äußerst giftig sind. Nur bei strikter Einhaltung der Vorsichtsmaßnahmen können sie gefahrlos eingesetzt werden, weil in der Gebrauchsanweisung auch jahrzehntelange Erfahrungen enthalten sind. Noch ein Tip: aus lockerem Boden entweicht das todbringende Gas sofort. Eventuell muß vor Einsatz von Begasungsmitteln durch Walzen der Oberfläche für „Bodenschluß" gesorgt werden. Auch die Bekämpfung mit Hilfe der Abgase von Benzinmotoren (Moped oder Rasenmäher!) setzt einen dichten Boden voraus. Oft führt die Einleitung der Auspuffgase für die Dauer von zirka 5 Minuten tatsächlich zu besonders guten Erfolgen, weil die Gase mit Druck in die Gänge geleitet werden.
Ködermittel werden in der Winterzeit gut angenommen, im Sommer ist die Konkurrenz frischer Pflanzen zu groß.

Rasen, Rosen, Rabatten und Gehölze sind die wesentlichen Elemente des Ziergartens. Im folgenden werden die häufigsten Zierpflanzen unserer Gärten vorgestellt, wobei die Aufnahmen zeigen, wie schön gesunde Pflanzen aussehen können. Voraussetzungen dafür sind geeignete Standortwahl, optimale Bodenverhältnisse und richtige Pflegemaßnahmen.
Die an den einzelnen Pflanzen auftretenden Krankheiten, Schädlinge und Schaderreger werden mit ihren Symptomen beschrieben (und teilweise im Bild vorgestellt), mögliche Maßnahmen zu ihrer Bekämpfung und natürlich auch zu ihrer Vermeidung aufgezeigt.

Weiträumige Gartenanlage

DAS ZIERPFLANZEN-BREVIER

Rasen

RASEN

Ein guter Rasen sollte aus einer Gräsermischung bestehen, die für den betreffenden Standort, die Bodenart und die angestrebte Nutzung geeignet ist. Der Handel bietet solche Fertigmischung an. Man unterscheidet:

Zierrasen: Darunter versteht man einen farbintensiven, kurz gehaltenen, teppichartigen Rasen ohne Wildpflanzen. Diese Rasenform ist in bezug auf Düngung, Schadpflanzenbekämpfung und Schnitt sehr pflegeintensiv.

Gebrauchsrasen: Dieser Rasen kann – muß aber nicht – kurz gehalten werden und ist gegenüber Standort- und Bodenbedingungen nicht sonderlich empfindlich. Er wird im Hinblick auf die Verwendung den Alltagsansprüchen einer Familie als freundlich grüne, von der einen oder anderen Wildpflanze durchsetzte Nutzfläche gerecht.

Spiel- und Sportrasen: Dieser Rasen muß stark belastbar sein; das wird durch die Auswahl der Grasarten und durch besondere Pflegemaßnahmen garantiert.

Oft sind Standorte im Hinblick auf Bodenverhältnisse, Klimagegebenheiten und Lichtangebot nicht so beschaffen, daß die Saatgutfertigmischungen verwendet werden sollten, aber in guten Samenfachgeschäften kann man sich Saatgut nach eigenen Wünschen mischen lassen. In den nachfolgenden Tabellen sind bewährte Mischungsverhältnisse, getrennt nach Verwendungszweck und Standortbedingungen, aufgeführt.

Spiel- und Sportrasen (Anteil der Grasarten in Gewichtsprozent)

Grasarten	Standort feucht	Standort trocken
Agrostis cappilaris (syn. A. tenuis)	10	10
Agrostis stolonifera	10	
Cynosurus cristatus	10	10
Festuca nigrescens (syn. F. rubra ssp. commutata)		20
Festuca ovina		10
Festuca rubra	20	
Lolium perenne	10	10
Poa annua	10	10
Poa pratensis	30	30
	100	100

Fertigmischungen: Loretta, Hausgartenmischung, Lamberts Teppichrasen

Gebrauchsrasen (Anteil der Grasarten in Gewichtsprozent)

Grasarten	Standort feucht	Standort trocken	Schattenlage unter Nadelgehölzen	Schattenlage unter Laubgehölzen
Agrostis cappilaris (syn. A. tenuis)	5		10	10
Agrostis stolonifera				10
Avenella flexuosa (syn. Deschampsia flexuosa)			30	
Festuca nigrescens (syn. F. rubra ssp. commuta)	20	20		30
Festuca ovina	20	20	35	10
Festuca rubra	20	20		
Lolium perenne			25	
Poa nemoralis				30
Poa pratensis	35	40		
Poa trivialis				10
	100	100	100	100

Fertigmischungen: Montana, Tiergartenmischung, Dauergartenmischung

Zierrasen (Anteil der Grasarten in Gewichtsprozent)

Grasarten	Anteil
Agrostis	15 - 20
Festuca nigrescens (syn. F. rubra ssp. commutata)	30 - 40
Festuca rubra	55 - 40
	100 - 100

Fertigmischungen: Englischer Luxusrasen, Windsor, Fürst-Pückler-Zierrasen

Standortansprüche und Eigenschaften der wichtigsten Rasen-Grasarten						
Botanischer Name Deutscher Name	Ansprüche an Boden/Standort	Blatt-breite	Horst-bildend	Ausläufer-bildend	Wasser bedarf	Belast-barkeit
Agrostis cappilaris (syn. A. tenuis) Rotes Straußgras	sandige Böden/ kalkarme Lagen	fein	ja	ja	groß	mittel
Agrostis stolonifera Weißes Straußgras	schwere Böden/ feuchte Lagen	mittel		ja	groß	mittel
Avenella flexuosa (syn. Dschampsia flexuosa) Drahtschmiele	nährstoffreiche, grund-wassernahe Böden, kalkfliehend	schmal	ja		gering	groß
Cynosurus cristatus Kammgras	schwere, verdichtete Böden	breit	ja		mittel	mittel
Festuca nigrescens (syn. F. rubra ssp. commutata) Trüger. Rotschwingel	stickstofffliehend; schwach saure Böden/mäßig feuchte Lagen	fein	ja		mittel	mittel
Festuca ovina Schafschwingel	trockene, magere Böden	fein	ja		gering	gering
Festuca rubra Rotschwingel	wie voriger	schmal		ja	gering	mittel
Lolium perenne Deutsches Weidelgras	nährstoffreiche, schwere Böden	mittel	ja	ja	mittel	sehr groß
Poa nemoralis Hainrispe	nährstoffreiche Böden/ halbschattige Lagen	mittel	ja	ja	mittel	mittel
Poa pratensis Wiesenrispe	mäßig trockene Standorte; stickstoffliebend	breit		ja	gering	groß
Poa trivialis Gemeines Rispengras	feuchte Standorte	mittel		ja	mittel - groß	mittel

Düngung

Unüberschaubar ist die Zahl von Düngemitteln, die speziell für den Rasen auf dem Markt sind. Aus diesem Grunde sollen weniger die Handelsdünger selbst, sondern vielmehr das notwendige Grundwissen über die Ernährung des Rasens besprochen werden.

Ein neu angelegter Rasen benötigt eine Grunddüngung. Später müssen die durch die Mahd von der Fläche entnommenen Nährstoffe in Form von Dünger wieder ersetzt werden. Von den drei Düngemittel-Typen (siehe Seite 75) kommen bei der Rasenpflege den organisch-mineralischen und den rein mineralischen Düngern die größte Bedeutung zu. Die Hauptnährstoffe Stickstoff (N), Phosphor (P) und Kalium (K) sollten in Rasendüngern im Verhältnis 3 : 1 : 1 enthalten sein (3 Teile Stickstoff, 1 Teil Phosphor, 1 Teil Kalium).

Da Rasenflächen entsprechend ihrer Verwendung unterschiedlich oft gemäht werden, also auch unterschiedlich viele Nährstoffe verbrauchen, muß die Düngermenge entsprechend angepaßt werden. Folgende Mengen an Reinnährstoff sind pro Jahr als Anhaltspunkt von den einzelnen Grundnährstoffen erforderlich: N: 10–40 g/m^2; P: 4–8 g/m^2; K: 8–16 g/m^2; Mg: 2–4 g/m^2.

Dünger gibt es als Kurz- und Langzeitdünger. Bei **Kurzzeitdüngern** ist der Stickstoff als Nitrat oder Ammoniumsalz enthalten. Diese Dünger wirken sehr schnell, ihre Wirkung kann bei leichten Böden aber bereits nach 2–3 Wochen nachlassen. Wegen ihrer hohen Wasserlöslichkeit ist die Verätzungsgefahr durch diese Dünger groß, so daß die Ausbringung nur vor Niederschlägen oder Beregnung erfolgen sollte.

Bei **Langzeitdüngern** liegen die Nährstoffe entweder in komplizierten chemischen Verbindungen vor, die sich nur langsam zersetzen, oder die Dünger sind mit einer Kunststoffhülle ummantelt (Depotdünger), aus der sie in 3–4 Wochen von der Bodenfeuchte herausgelöst werden. Auch organische Dünger aus Tierhörnern oder Knochen stellen Langzeitdünger dar, da die

organische Substanz erst im Laufe von 6–8 Wochen durch die Mikroorganismen des Bodens zu einer pflanzenaufnehmbaren Form umgewandelt wird. Langzeitdünger wirken länger, ätzen nicht und enthalten meist noch die für die Blattgrünbildung erforderlichen Elemente Eisen und Magnesium.
Gedüngt werden sollte während der ganzen Vegetationsperiode. Die **Frühjahrsdüngung** erfolgt im April/Mai nach der Bodenlüftung (Sand streuen und vertikutieren) mit einem Langzeitdünger. In der folgenden Zeit soll die Nährstoffentnahme bei der Mahd durch Ausbringung von Kurzzeitdüngern kompensiert werden. Im August führt eine **Sommerdüngung** mit einem länger wirkenden Mehrnährstoff-Dünger zur Kräftigung der Grasnarbe vor dem Winter. Wenn im Spätherbst (Bodentemperatur anhaltend unter 10° C) überhaupt noch gedüngt wird, dann sollte ein Langzeitdünger mit geringem Stickstoffanteil verwendet werden.

Pflanzenschutzmaßnahmen

Der Unkrautbekämpfung kommt bei Anlage und Erhaltung von Rasenflächen eine besondere Bedeutung zu. **Vor der Raseneinsaat** müssen Unkräuter – vor allem die ausdauernden Wurzelunkräuter – mechanisch, durch Vorkultur oder chemisch entfernt werden, da sie für die jungen Gräser eine lebensbedrohende Konkurrenz darstellen. Mechanische Vernichtung erfolgt durch Hacken, Fräsen oder Herausstechen. Die Vorkultur mit Gründüngungspflanzen dient nicht nur der biologischen Bodenlockerung, sondern drängt hartnäckige Unkräuter und Ungräser (zum Beispiel die Quecke) zurück. Die chemische Beseitigung von Konkurrenten erfolgt durch ein Glyphosat-Mittel, nach dessen Anwendung bis zur Aussaat eine Frist von 3 Wochen einzuhalten ist. Falls trotz vorheriger Unkrautbekämpfung noch Samenunkräuter keimen,

Wirkung gebräuchlicher Herbizide auf Rasenunkräuter

Wirkstoff Präparat	Ampfer	Ehrenpreis	Fingerkraut	Gänseblümchen	Gemeines Hornkraut	Günsel	Gundermann	Habichtskraut	Kleine Braunelle	Kriechender Hahnenfuß	Löwenzahn	Schafgarbe	Vogelmiere	Wegerich-Arten	Weißklee
Ioxynil + Dichlorprop Rasen-Certrol	-	+		-	+	+	+		+	+	-	-	+	+	+
MCPA terrasan-Rasenunkrautvernichter Streupulver Fleur-Unkraut-Streu	+										+			+	
MCPA + Dicamba Rasen-Hedomat Rasen-Unkrautvernichter Banvel M Rasen-Unkraut-Vernichter Combi-Fluid Rasen-Utox	+	-	+	+				○	○	○	+	+	+	+	+
2,4 D- + MCPP-Ester Celamerck Unkrautstab	+										+			+	
2,4 D + Dicamba + Dünger Dicamba + MCPA Rasendünger Spieß mit Unkrautvernichter terrasan-Rasendünger mit Unkrautvernichter		-	+	+	+	+	-		+	+	+	-		+	+
Chlorflurenol + MCPA + Dünger Lord Spezialrasendünger mit Unkrautvernichter Substral Rasendünger mit Unkrautvernichter	+	+		+						+	+		+	+	

\+ Wirkstoff tötet das Unkraut sicher ab
○ Wirkstoff erfaßt das Unkraut nicht sicher oder weniger gut, so daß wenigstens eine Wiederholung der Bekämpfungsmaßnahme erforderlich ist
\- Wirkstoff erfaßt das Unkraut gar nicht oder nicht ausreichend

Ehrenpreis

Weidewegerich

Kriechender Hahnenfuß

können diese **3 Monate nach der Saat** ab dem 5-Blatt-Stadium der Gräser mit Spezialherbiziden bekämpft werden.
Der erste Schnitt wird in der Regel ausgeführt, wenn die Blätter sich zu neigen beginnen, das heißt, bei einer Länge von zirka 10 cm. Nach diesem ersten Schnitt kann ein Bromfenoxim-Präparat ohne Gefahr einer Rasenschädigung eingesetzt werden.
Ursachen der späteren Verunkrautung sind vor allem Nährstoffmangel und Trockenheit. Der Schnitt des Rasens selbst steht auch in Verbindung mit Wachstum und Gedeihen von Unkräutern: Wird der Rasen sehr kurz gehalten, so verlieren die Gräser ihre Konkurrenzkraft gegen niedrig wachsende Kräuter, die sonst durch die Schattenwirkung der Gräser unterdrückt würden. Wird der Schnitt dagegen vernachlässigt und bleibt der Rasen zu lang, so werden hochwachsende Unkräuter deutlich bevorzugt. Durch ihre Breitblättrigkeit haben sie eine viel größere Assimilationsfläche als Gräser und verdrängen diese. Der goldene Weg dürfte demnach in der Mitte liegen!
Kulturmaßnahmen wie Bodenlockerung, Rasenlüftung und gezielte Düngung haben immer Vorrang vor der chemischen Unkrautbekämpfung. Düngung mit Jauche, Gülle und Hühnermist unterdrückt die Gräser und fördert „Wiesenblumen". Dagegen sind Spezialdünger so abgestimmt, daß sie die verschiedenen Ober- und Untergräser, die zusammen erst den Rasen ausmachen, gezielt fördern. Eine Bekämpfung – ob mechanisch durch Jäten oder Ausstechen oder chemisch – sollte in jedem Fall erfolgen, ehe der Rasen flächig verunkrautet ist. Der Herbizideinsatz sollte immer nur eine Notlösung sein.
Die Bekämpfung von Unkräutern ist oft schwieriger als die von Schädlingen, weil man „die" Unkräuter schlechthin nicht fassen kann. Zur Anwendung kommen sogenannte Wuchsstoffherbizide oder Spezialwirkstoffe, die in jedem einzelnen Fall nach dem zu bekämpfenden Unkraut auszuwählen sind. Es gibt keinen Wirkstoff beziehungsweise kein Mittel, das die zirka 15 wichtigsten Rasenunkräuter gleich gut bekämpft. In der Tabelle auf seite 115 sind die häufigsten Rasenunkräuter den gebräuchlichsten Herbiziden gegenübergestellt.
Voraussetzung für die Wahl des geeigneten Unkrautbekämpfungsmittels ist jedoch, daß man das Unkraut kennt.
Besonders Quecke und Moos können dem Rasen arg zusetzen. Wohl dem, der die **Quecke** bereits vor der Rasenneuanlage auf der Fläche hat, denn dann kann er die Quecke mit Glyphosat 100%ig vernichten. Wenn er diese Spezialbehandlung versäumt hat oder die Quecke sich erst später ansiedelt, gibt es kein Herbizid, mit dem er sie bekämpfen kann, ohne die Gräser des Rasens nicht ebenso zu schädigen. Dann hilft nur ständiger Schnitt!
Moos im Rasen ist eigentlich immer das Anzeichen einer nicht optimalen Pflege. Tritt es im Sommer auf, ist neben Sauerstoffarmut des Bodens und Lichtmangel meist der Nährstoffgehalt im Boden so weit abgesunken, daß weder Unkräuter noch Gräser wachsen. Im Frühjahr dagegen ist das Vorkommen von Moos beinahe eine „natürliche" Konsequenz winterbedingter, nicht optimaler Kulturbedingungen. Ein Vierteljahr lang konnte die Grasnarbe nicht gepflegt werden, so daß sie sich durch Licht- und Luftmangel, Schneedruck und Staunässe zu einem undurchdringlichen Filz entwickelt hat. Es ist vielen Rasenfreunden nicht bekannt, daß praktisch alle auf dem Markt befindlichen Moosbekämpfungsmittel als Wirkstoff Eisen-(II)-Sulfat enthalten und sich nur in dessen Anteil unterscheiden. Die unkrauttötende Wirkung dieser Eisenverbindung gilt im allgemeinen als sehr mäßig, gegen Moos allerdings ist sie gut. Ein Bekämpfungserfolg von Dauer ist dennoch nur zu erzielen, wenn man den Gräsern ausreichende Konkurrenzkraft verleiht, indem man den Boden vor dem Einsatz des Mittels gründlich lüftet (vertikutiert) und mit Nährstoffen versorgt. Letzteres wird bei einer Vielzahl von Moosbekämpfungsmitteln durch Zusatz eines Rasendüngers erleichtert.

Hauptschädlinge	
Schadbild	Ursache
Boden platzförmig hügelig	Ameisen (s. Seite 118)
Boden gangförmig hügelig	Wühlmaus (s. Seite 119)
zwischen Gräsern 1-2 cm breite und ebenso hohe Erdhäufchen	Regenwurm (s. Seite 118)
zwischen Gräsern kindskopfgroße Erdhügel	Maulwurf (s. Seite 119)
Gräser, unregelmäßig verteilt, vergilben und sterben ab	Bodenschädlinge (s. Seite 119)

Schäden und Krankheiten	
Schadbild	Ursache
Rasen im Frühjahr unregelmäßig hell verfärbt; Gräser wie mit Reif bedeckt	Schneeschimmel (s. Seite 117)
Rasen im Herbst wie verbrannt, auf den Gräsern rote, 3-5 cm lange Auswüchse	Herbstrot (s. Seite 118)
Rasen horstweise dort geschädigt, wo Unkraut stand	Herbizide (s. Seite 117)
Gräser mit gelben bis orangefarbenen Pusteln besetzt; Rasen insgesamt gelb	Gelbrost (s. Seite 118)
Rasen mit streifenförmigen oder halbkreisförmigen Verfärbungen; Ätzschäden	zu hohe Dünger-konzentration (s. Seite 117)
Rasen mit kreisrunden, vergilbten Stellen; Harnschäden	Urin von Hunden oder Katzen (s. Seite 117)
Rasen mit konzentrisch heller und dunkler gefärbten Ringen; in Ringen erscheinen Hutpilze	Hexenring (s. Seite 118)
grüner Belag zwischen den Gräsern	Algen (s. Seite 118)

Moos

Nichtparasitäre Schäden

Ätzschäden durch Mineraldünger

Im Rasen sind mißfarbene Stellen vorhanden, die in ihrem Muster der Art der Düngerausbringung entsprechen: beim Ausstreuen mit der Hand kommt es zu bogenförmigen Überdüngungsschäden, bei nicht korrekter Ausbringung mit dem Streuwagen zu streifenförmigen Verfärbungen.

Abhilfe: Beim Streuen den Dünger mit Sand mischen und möglichst dünn im Hin- und Hergang sowie gekreuzt dazu ausbringen. Eine intensive Beregnung nach dem Düngen ist wichtig.

Harnschäden

Der Urin von Hunden und Katzen, die mit viel Eiweiß gefüttert werden, ist für viele Pflanzen zu scharf. Durch Benetzung werden Gräser vor allem an den von den Tieren mehr oder minder regelmäßig besuchten „Stammplätzen“ verätzt und geschädigt.

Abhilfe: Wenn man die Tiere nicht von der Rasenfläche fernhalten kann, sollte man die bevorzugten Stellen regelmäßig und reichlich wässern, um die Ätzwirkung des Harnstoffs zu reduzieren.

Herbizidschäden

Nur die Unkrautbekämpfungsmittel können schadlos eingesetzt werden, die zur Bekämpfung breitblättriger Unkräuter auf Rasen zugelassen wurden. Schäden an Gräsern sind von diesen Rasen-Herbiziden nicht zu erwarten - wenn sie vorschriftsgemäß ausgebracht werden.

Abhilfe: Vor Anwendung des Unkrautbekämpfungsmittels auf der Packung nachlesen, ob das Mittel bei Gräsern zugelassen und wie das Präparat einzusetzen ist.

Parasitäre Schäden

Schneeschimmel

Der Pilz Fusarium nivale breitet sich mit seinem Geflecht auf der Gräseroberfläche aus, es kommt zum Schneeschimmel. Günstigste Witterungsvoraussetzungen für Infektion und Entwicklung findet der Pilz unter einer geschlossenen Schneedecke. Zunächst verfärben sich die Gräser nestweise von fahlem Grün bis braun; die Blätter welken und sind wie mit einem grauweißen Pilzbelag überzogen. Der Durchmesser der Nester reicht von 1 cm bis Handtellergröße. Der Pilz dehnt sich besonders schnell aus, wenn vor dem Winter kein Schnitt durchgeführt wurde.

Bekämpfung: Später und kurzer Herbstschnitt verringert die Befallswahrscheinlichkeit; im Frühjahr den Rasen lüften und düngen.

Herbstrot
Auf dem Rasen zeigen sich (vorzugsweise im Herbst) kreisförmige Schadherde, verursacht durch den Schadpilz Corticium fuciforme. Im Bereich dieser Stellen sind die Blätter der Gräser abgestorben und weisen eingetrocknete Stellen auf, aus denen starre, nadeldünne, 3–5 cm lange korallenrote Pilzstränge herausragen, die bei feuchtem Wetter gelatineartig werden. Später vertrocknen die Pilzkörper, zerbrechen und verbreiten den Pilz.
Bekämpfung: Durch ausgewogene (nicht stickstoffbetonte) Düngung kann ein Befall in Grenzen gehalten werden.

Rostpilze
Von den vielen Rostarten, die ihren Namen von den ungeheuer großen Mengen farbiger Vermehrungskörper (Sporen) haben, hat der Gelbrost (Puccinia- und Uromyces-Arten) in den letzten Jahren bei einigen empfindlichen Rasenfertigmischungen besondere Bedeutung erlangt. Nach vorangegangener Trockenperiode werden im Herbst so viele maisgelbe Sporen gebildet, daß die ganze Rasenfläche orangegelb unterlegt erscheint.
Abhilfe: An häufig geschnittenem Rasen kommen Rostpilze in viel geringerem Umfang vor als an hochgewachsenen Gräsern. Gleichmäßiger Schnitt, Beregnung und ausgewogene Düngung wirken einem Rostbefall entgegen.

Hexenringe
Der Name beschreibt das Schadbild: Von einem Zentrum aus breitet sich das Pilzgeflecht unterirdisch strahlenförmig aus und durchdringt die oberen 20 cm des Bodens. Mehrmals im Jahr bilden die Pilze (vor allem der Nelkenschwindling) im Kreis angeordnete, zahlreiche Fruchtkörper aus. Der Rasen kümmert über dem von dem Pilzgeflecht durchwucherten Boden und wird in der Nähe der Hutpilze durch dessen Ausscheidungen gedüngt. Dadurch entstehen die farblichen Zonen.

Bekämpfung: Lüftung des Bodens und Düngung mit schwefelsaurem Ammoniak (Ammoniumsulfat) drängen den Pilz zurück. Zusätzlich kann durch Begießen mit einer Saprol-Lösung gezielt bekämpft werden.

Fadenalgen
In dichter Grasnarbe kann es bei niederschlagsreicher Witterung zu üppigem Wachstum angewehter Algen kommen, so daß die Bodenoberfläche zwischen den Gräsern von einer dichten, grünen Schleimmasse durchsetzt ist. Nach dem Abtrocknen bleibt ein grünschwarzer Belag zurück.
Abhilfe: Nach dem Abtrocknen den Rasen sanden und vertikutieren sowie zurückhaltender düngen.

Ameisen
Die von den Ameisen, vor allem der Rasenameise Tetramorium, aus dem unterirdischen Nest getragenen Sand- und Erdkrümel bilden zwischen den Gräsern flächige Kuppeln. Der Rasen wird unansehnlich hügelig. Ein zusätzlicher Schaden an den Gräsern entsteht durch Benagen und Durchbeißen der Wurzeln.
Bekämpfung: Das Ausgießen von Ameisennestern hat nur eine örtlich und zeitlich sehr begrenzte Wirkung. Am nachhaltigsten wirken noch spezielle, nützlingsschonende Insektizide, die in das Nest gegossen beziehungsweise über die Erdnester gespritzt werden.

Regenwurm
Die mitunter in großen Mengen ausgestoßenen, 1–2 cm großen Erdhäufchen sollten eigentlich niemanden stören. Für den Rasenliebhaber sind sie wertvollster Dünger, der 3–4mal mehr für Pflanzen aufnehmbare Nährstoffe enthält als normale Gartenerde. Die Regenwürmer lockern mit ihren langen, senkrechten Gängen den Boden auf und stabilisieren mit ihren Ausscheidungen das Gangsystem.

Hexenringe

Regenwurmkot

Abhilfe: Kein Natur- und Gartenfreund vernichtet Regenwürmer! Aus diesem Grunde sieht er auf seinem Rasen auch nicht gern Amseln oder duldet dort nur ungern die sonst nützlichen Maulwürfe, da diese den Regenwürmern nachstellen. Wen die Erdhäufchen zu sehr stören, der kann die Regenwürmer durch flaches Klopfen (Schall) mit dem flachen Spaten an die Oberfläche locken und sofort in Kompost- oder Gartenerde eingraben, damit sie nicht vom UV-Anteil des Tageslichtes getötet werden. Auch die nachts durch Regenschauer aus ihren Gängen getriebenen Regenwürmer sterben auf Gartenwegen, Terrassen oder ähnlichem den Lichttod, wenn sie nicht rechtzeitig das schützende Dunkel erreichen. Der Einsatz chemischer Mittel gegen Regenwürmer ist ökologisch unsinnig! Auch das Spritzen oder Gießen von Mitteln, die die Regenwürmer lähmen oder in tiefere Erdschichten vertreiben, ist auf Dauer ohne Sinn – sie kommen doch wieder.

Bodenschädlinge

Der Rasen wird unregelmäßig verteilt flächig gelb bis braun und läßt sich wie ein Teppich abnehmen, da die Wurzeln abgefressen wurden. Verursacher sind die bodenbewohnenden Larven (Engerlinge, Drahtwürmer, Purks) völlig harmloser Insekten.

Bekämpfung: Stare, Igel, Spitzmäuse und Maulwürfe sind natürliche Feinde dieser Schädlinge und sollten deshalb geschützt und gepflegt werden. Eine chemische Bekämpfung mit lindanhaltigen Präparaten hat nur Sinn, wenn die Befallsfläche vor der Behandlung gemäht, gesandet, vertikutiert und der Wirkstoff durch anschließende ausgiebige Beregnung in den Wurzelbereich geschwemmt wird.

Feldmaus und Wühlmaus

Beide Mäuse sind eng miteinander verwandt und daher im Aussehen sehr ähnlich: grau bis graubraun, kleine Ohren, kurzer Schwanz. Die Wühlmaus wird jedoch bis 170 mm lang, die Feldmaus bleibt immer unter 100 mm.

Beide Mausarten leben in einem weitverzweigten Gangsystem unter der Grasnarbe. Die Gänge besitzen im Querschnitt eine hochovale, rundliche Form. Der Rasen selbst wird nur wenig geschädigt. Den Hauptschaden verursachen diese Mäuse als Wurzelfraß an Bäumen, Sträuchern und anderen Zierpflanzen, die im oder in der Nähe des Rasens stehen.

Bekämpfung: Siehe Seite 108.

Maulwurf

Maulwurf

Der große Nutzen des Maulwurfs als Insektenfresser wird in Frage gestellt, wenn keine schädlichen Insektenlarven oder Schnecken im Rasen vorhanden sind. Dann frißt der Maulwurf Regenwürmer, täglich ein Mehrfaches seines eigenen Gewichtes! Die Wühlarbeit als Anzeichen verstärkter, vom Hunger getriebener Nahrungssuche ist im Rasen mehr lästig als schädlich; die Maulwurfshügel bleiben dennoch ein ständiges Ärgernis. Nach Neufassung der Bundesartenschutzverordnung vom 25. 8. 1980 ist der Maulwurf unter besonderen Artenschutz gestellt und darf nicht mehr verfolgt oder getötet werden!

Abhilfe: Der äußerst geruchssensible Maulwurf kann durch sehr stark duftende, in das Gangsystem eingebrachte Vergrämungsstoffe unschwer in die Nachbarschaft vertrieben werden. Durch 30 cm tiefes Eingraben von Maschendraht in den Boden der Umzäunung wird der Rückkehr des ungewollten Gastes ein Riegel vorgeschoben.

Rosen

ROSE

Die Gattung Rosa umfaßt weit über 100 Arten und ist in den gemäßigten und wärmeren Gebieten der nördlichen Erdkugel weit verbreitet. Das erste nachweisliche Zeugnis findet sich im 2. Jahrhundert v. Chr. in der mit Rosenornamenten versehenen „Freske von Knossos" auf der Insel Kreta. Etwa 500 v. Chr. genoß die Rose am Hofe des Kaisers von China höchsten Rang. In diese Zeit wird auch der Ursprung der Damaszenerrose im Orient und dem heutigen Bulgarien als Quelle für das kostbare Rosenöl angesetzt. Im 1. Jahrtausend n. Chr. wird die Rose zum Sinnbild des Marienkultes erhoben. Seit dem Mittelalter ist die Rose die heilige Blume Persiens.
Die europäische Rosenzüchtung kommt 1789 durch die Einführung der leuchtend rot blühenden Bengalrose aus Ostasien in Gang. Seitdem haben berühmte Rosenzüchter in Frankreich, Großbritannien und auch in Deutschland immer wieder noch farbenfrohere, noch besser duftende, noch schönere Rosen hervorgebracht.
Heute unterscheidet man unter den Kulturrosen folgende Gruppen:

Edelrosen (Schnittrosen)

Teerosen: ursprünglich sehr frostempfindliche Sorten, die inzwischen alle von den folgenden Typen ersetzt wurden

Remontanten: Kreuzung aus öfterblühenden Teerosen und einmalblühenden Sorten; sie blühen erst sehr reich und remontieren (nachblühen) dann bis zum Frost; Rückschnitt auf halbe Trieblänge

Teehybriden: Kreuzung zwischen Teerosen und Remontantrosen; nicht so frostempfindlich; farben- und formenreichste Edelrosengruppe; Schnitt auf 3–6 Augen

Pernet-Rose (Lutea-Hybriden): Kreuzung aus Remontantrosen mit Rosa lutea; gelbe, bronze- und kupferfarbene Blütenfarben

Polyantha-Rosen: Kreuzung von Teerosen beziehungsweise Teehybriden mit Rosa multiflora; Schnitt je nach Trieb auf 3–6 Augen; stärker wachsende Sorten sollten weniger geschnitten werden

Polyantha-Rosen (im engeren Sinne): kleinblumige, in großen Dolden blühende Sorten

Polyantha-Hybriden: noch in Dolden blühend, aber schon mit großen Einzelblüten

Floribunda-Rosen: edelrosengleiche Blüten in Büscheln oder in großen Dolden; starker Wuchs

Zwerg-Polyantha-Hybriden: fast ununterbrochen den ganzen Sommer blühende, kleinwüchsige Sorten; Schnitt im Frühjahr ziemlich kurz

Wild- und Parkrosen: Als Parkrosen werden Selektionen verschiedener Sorten bezeichnet, die höher und strauchartig wachsen; der Name „Park" weist auf die besondere Verwendung als Solitärgewächs hin; vor dem Pflanzen unbedingt auf 6–8 Augen zurückschneiden; später besteht die Pflege – soweit sie den Schnitt angeht – nur im Auslichten überflüssigen und trockenen Holzes; alle Wild- und Parkrosen weisen außer schönen Blüten zierende Früchte (Hagebutten) auf, denen Naturheilkraft zugeschrieben wird.

Kletterrosen (Trauerrosen): kletternde Sorten, die zum Beranken von Lauben und Pergolen, Säulen und Mauern, alten Bäumen und Böschungen sehr vielseitig Verwendung finden; die „trauernden" (hängenden) Formen sind in der Regel auf Hochstamm veredelte Kletterrosen; der Schnitt beschränkt sich auf einen kräftigen Pflanzschnitt (6–10 Augen), während später nur schwächliches Holz und überständige alte Triebe gestutzt oder abgeschnitten werden; sie ertragen Temperaturen bis zirka –15 °C; besonders in Ostwindlagen empfiehlt sich ein Winterschutz aus Fichtenreisig

Pflanzung und Kultur

Der Boden für Rosen sollte tiefgründig sein und aus lehmiger Erde bestehen. Wichtig ist ein guter Wasserabzug im Untergrund und zum Schutz der Wurzeln vor Trockenheit ein ausreichender Humusgehalt. Der pH-Wert (Säuregehalt) kann durch Kalkzufuhr oder Torfgaben auf den Optimalwert um 7,0 eingestellt werden.
Die günstigste Pflanzzeit ist der November. Das Pflanzloch wird dem Umfang der Wurzeln entsprechend ausgehoben. Vor dem Pflanzen werden die Wurzeln bis auf etwa 20 cm eingekürzt. Es muß so tief gepflanzt werden, daß die Veredelungsstelle in jedem Fall 5 cm unter die Erdoberfläche kommt. Um einen guten Kontakt zwischen Boden und Wurzeln zu erreichen, wird danach kräftig angegossen. (Tieferes wie oberflächlicheres Pflanzen führt unweigerlich zu Ausfällen.) Danach werden die Rosen zirka 25 cm hoch mit Erde angehäufelt (Winterschutz); die Einebnung erfolgt erst im Frühjahr, wenn die Augen austreiben.
Bei Frühjahrspflanzungen – bis Ende Mai möglich – werden die oberirdischen Triebe auf 3–5 Augen eingekürzt, um ein günstiges Verhältnis von wasserverdunstenden Blättern und den durch die Pflanzung geschwächten Wurzeln zu erhalten. Eine Düngung für frisch gepflanzte Rosen kann bestenfalls in Form verrotteten Kompostes erfolgen, mit dem man den Bo-

den um die Pflanze abdeckt. Rasenschnitt eignet sich wegen der Gefahr des Luftabschlusses und nachfolgender Fäulnis nicht. Von den verschiedenen Rindensubstraten kann Rindenhumus wegen seiner fortgeschrittenen Verrottung durchweg empfohlen werden.
Die spätere Ernährung kann durch organische und mineralische Dünger erfolgen. Spezialdünger berücksichtigen die besonderen Ansprüche der Rosen. Als salzempfindliche Kulturpflanze reagiert die Rose auf Übersalzung des Bodens durch Einrollen und Verfärben der Blätter.
Ein Winterschutz, zum Beispiel mit Reisig, ist bei allen Rosen angebracht. Wenigstens sollte die Veredlungsstelle durch Anhäufeln (bei Hochstämmen durch Eingraben der Krone nach dem Umbiegen) geschützt werden.

Vermehrung

Üblicherweise werden Rosen in Baumschulen oder im Gartenfachhandel erworben, vor allem wegen der Garantie für gesundes Wachstum und edle Blüte. Diese Rosen sind, soweit es sich um Edel- oder Polyantha-Rosen handelt, alle veredelt. Veredlung bedeutet, daß ein Auge (Knospe) der gewünschten Sorte im Juli/August mit einem T-Schnitt in die Rinde eines einjährigen Rosenwildlings (Veredlungsunterlage) eingeschoben und mit Bast oder Wundverschluß geschützt wird. Im folgenden Frühjahr treibt die Knospe des okulierten (lat. oculus = Auge) Edelreises aus und wächst sortentypisch weiter. Der Wildling wird oberhalb der Veredlungsstelle abgeschnitten.
Bei Kletter- und Wildrosen schneidet man im August jung verholzte Triebe von etwa 20 cm Länge; die untere Schnittstelle soll möglichst knapp unter einem Auge liegen. Dann werden eventuell vorhandene Blätter zurückgenommen und die obere Schnittstelle mit einem Wundpflegemittel bestrichen. An einem halbschattigen Standort in feuchten Boden gesteckt, der mit Sand und Torf angereichert wurde, ziehen diese Steckhölzer willig Wurzeln und treiben im folgenden Frühjahr aus. Dieselbe Form der Vermehrung gelingt bei den meisten stärker treibenden Edel- und Polyantha-Rosen.
Bei kriechenden Rosenformen bewurzeln sich häufig die auf dem Boden aufliegenden Triebe und brauchen dann nur von der Mutterpflanze getrennt zu werden. Seitliche Ausläufer vieler Rosen kann man im Boden festheften, wo sie dann meist schnell Wurzeln bilden.
Die aus der Unterlage von Edelrosen immer wieder einmal herauswachsenden Wildtriebe, die man leicht an dem helleren und mit mehr Fiederblättchen (Einzelblätter an einem Stiel) ausgestatteten Laub erkennt, werden in der Regel möglichst bald und tief abgeschnitten, weil sie der Edelrose nur Kraft nehmen. Man kann sie bewurzeln lassen und als Unterlage für eigene Veredlungen benutzen.

Krankheiten und Schäden

Schadbild	Ursache	Abhilfe
schlechtes Wachstum der Haupttriebe, Blätter kleinbleibend; Pflanze bleibt im Wachstum zurück	Bodenmüdigkeit auf Flächen, wo bereits Rosen gestanden haben	Wechsel der Anbaufläche; eventuell Bodenentseuchung durch Fachunternehmen
Trieb wächst schlecht; gallenartige Wucherung am Wurzelhals und/oder an Wurzeln (Wurzelkropf)	Bodenbakterium Agrobacterium	Entfernung des Kropfes nur vorübergehende Lösung; Pflanzen sollten beseitigt werden
Triebe kümmern oder sterben ab; an ihrer Basis braune Flecken, an denen die Rinde vertrocknet und aufreißt	Stammkrebs oder Rindenfleckenkrankheit, verursacht durch den Schadpilz Coniothyrium	befallene Triebe bis ins gesunde Holz zurückschneiden und vernichten; bei starkem Befall Austriebsspritzung mit Kupfer
Blätter werden insgesamt gelbgrün oder gelb; Blattadern bleiben grün	Chlorose oder Bleichsucht durch verdichteten Boden und Staunässe oder Eisenmangel durch zu hohen Kalkgehalt des Bodens	Boden lockern, für Wasserabzug sorgen; Ausbringen von Eisendünger (Chlorosemittel)
auf Trieben, Knospen und Blüten mehlartiger Belag	Echter Mehltaupilz Sphaerotheca	vorbeugend: Wahl resistenter Sorten; Rückschnitt befallener Triebe; stickstoffarm düngen; Spezialfungizid ausbringen
gelbbraune Flecken auf den Blattoberseiten, unterseits an diesen Stellen grauer Schimmelbelag	Falscher Mehltaupilz Pseudoperonospora	Spezialfungizid ausbringen
auf Blattoberseiten helle Flecken; unterseits stecknadelkopfgroße, gelbe, im Herbst schwärzliche Pusteln (Sporenlager); bei starkem Befall Blattfall	Rosenrost Phragmidium	Wahl wenig anfälliger Sorten; stickstoffarme Düngung; Spezialfungizid anwenden
blattoberseits rundliche, sternförmige, bis mehrere cm große Flecken, die anfangs bräunlich, später schwarzviolett sind; Blätter welken und fallen ab	Sternrußtau Diplocarpon	abgefallene Blätter vernichten; wiederholte Behandlung mit Spezialfungizid

Rindenfleckenkrankheit, verursacht durch den Schadpilz Coniothyrium

Echter Mehltau

Sternrußtau

Widerstandsfähigkeit von Rosensorten gegenüber Rosenmehltau und Sternrußtau

Die einzelnen Pflanzenarten und -sorten erweisen sich gegenüber pilzlichen Schaderregern als unterschiedlich anfällig. Die Züchter bemühen sich daher, Pflanzen mit großer Widerstandsfähigkeit gegen Krankheiten zu erzielen. Rosenmehltau und Sternrußtau haben bestimmte Klimaansprüche, so daß man „Befallslagen" deutlich von solchen Gegenden trennen kann, in denen diese Pilzkrankheiten in der Mehrzahl der Jahre überhaupt nicht auftreten. Dort kann man getrost auch eine anfällige Rosensorte pflanzen.

Nun ist die Widerstandsfähigkeit von Pflanzen gegen pilzliche Parasiten nichts Festgefügtes, sondern vielmehr stetigen Wandlungen unterworfen. Im Laufe der Zeit gelingt es dem Pilz meist, sich einer bis dahin resistenten Wirtspflanze zu bemächtigen. Andererseits reagieren die einzelnen Sorten auch nicht einheitlich. Man stellt je nach Ort der Vermehrung deutlich unterschiedliche Rassen fest.

Angaben über Anfälligkeiten sind daher immer mit viel Unsicherheiten behaftet. Man ist sicher nicht gut beraten, wenn man geringe Anfälligkeitsunterschiede herausstellt. Andererseits bieten die vielen Beobachtungen, die in eine solche Übersicht eingegangen sind, eine wertvolle Orientierungshilfe, soweit es sich um deutliche Empfindlichkeit beziehungsweise Widerstandsfähigkeit handelt. In die folgende Übersicht wurden deshalb nur Rosensorten aufgenommen, bei denen geringe Anfälligkeit beziehungsweise häufig starker Befall beobachtet wurden.

Die Masse der im Handel befindlichen Rosensorten liegen in ihrem Verhalten gegenüber dem Rosenmehltau und dem Sternrußtau als den mit Abstand häufigsten und bedeutendsten Pilzkrankheiten sicherlich zwischen den Extremen. Überhaupt ist der Gartenfreund immer gut beraten, vor der Pflanzung bestimmter Rosensorten deren Wachstumseigenschaften und Krankheitsanfälligkeit in einem nahegelegenen Rosarium, Rosengarten oder Park zu beobachten.

Anfälligkeit von Rosensorten für Echten Mehltau und Sternrußtau

Rosensorte	Echter Mehltau		Sternrußtau	
	anfällig	wenig anfällig	anfällig	wenig anfällig
Aberich		+		
Ahoi	+			
Alain	+			
Alex. v. Humboldt		+		
Americana				+
Allotria	+			
Arlene Francés	+			
Atlantik			+	
Atombombe		+		
Attraktion			+	
Baby Goldstar				+
Baccara			+	
Bad Nauheim		+	+	
Blessings		+	+	
Brandenburg	+			
Bucaneer		+		
Capistrano		+		
Capri	+			
Caramba		+		+
Caribia		+		
Carina	+			
Champs-Elysées	+			
Charles Mallerin	+			
Charleston				+
Chorus		+	+	
Christian Dior	+			
Circus		+		
City of Belfast		+		
Cläre Grammerstedt			+	
Conr. Ferd. Meyer		+		
Coronado		+		
Dacapo			+	
Dearest	+			
Degenhardt				+
Dorothy Perkins				+
Düsseldorf	+			
Elfe		+		
Elysium	+			
Ena Harkness	+		+	
Erotika	+			+
Escapade		+		
Esther Ofarim		+		
Europeana	+		+	
Fashion	+			
Feuerzauber		+		
Feurio		+	+	
Fidelio	+			
Flammentanz		+		+
Frankfurt a.M.		+		
Frau Anni Beaufais			+	
Frau Astrid Späth	+			
Frensham			+	
Friesia		+		

Polyantha-Hybride „Lilli Marleen“

Anfälligkeit von Rosensorten für Echten Mehltau und Sternrußtau

Rosensorte	Echter Mehltau		Sternrußtau	
	anfällig	wenig anfällig	anfällig	wenig anfällig
Gay Gondrons		+		
Geisha			+	
Gelbe Holstein				+
Glenfiddich		+		
Golden Slippers				+
Goldene Sonne		+		
Golden Glow		+		
Goldilocks		+	+	
Goldkrone			+	
Goldjuwel	+			
Goldschatz			+	
Gretel Greul	+		+	
Gruß an Bayern		+	+	
Gruß an Koblenz		+		+
Guinee	+			+
Hamburg	+			
Hansestadt Bremen			+	
Happy Wanderer		+		
Heinz Erhardt	+			
Herzog v. Windsor		+		
Highlight	+			
Horrido	+			
Illusion		+		
Ilse Krohn sup.		+		

Teehybride „Michèlle Meilland“

Floribunda-Rose „Prominent“

Anfälligkeit von Rosensorten für Echten Mehltau und Sternrußtau

Rosensorte	Echter Mehltau		Sternrußtau	
	anfällig	wenig anfällig	anfällig	wenig anfällig
Insel Mainau			+	
Interflora		+		
Irish Summer		+		+
Jana		+		
Josephine Bruce	+			
Karl Herbst		+		
Kassel				+
Kerry Gold		+		
Kimono			+	
Kölner Karneval			+	
Königin d. Rosen		+		
Komfort			+	
Konfetti		+		
Korona			+	
Lady X		+		+
La Paloma		+		
Lavendula				+
Lichtkönigin Lucia		+		+
Lilli Marleen	+			
Little Buckawo			+	
Lucy Cramphorn		+		
Lunds Jubiläum		+		
Mabella			+	
Mannheim				+

Anfälligkeit von Rosensorten für Echten Mehltau und Sternrußtau

Rosensorte	Echter Mehltau		Sternrußtau	
	anfällig	wenig anfällig	anfällig	wenig anfällig
Marc Guillot	+			
Marina			+	
Maxim	+			
Melina		+	+	
Mercedes	+		+	
Michèlle Meilland			+	
Montana		+		
Moonspritze		+		
Morgensonne		+		
Morning Jewel		+		
Neues Europa	+			
Norita		+		
Olymp. Feuer			+	
Oklahoma				+
Orange Triumph	+			
Papa Meilland	+			
Paprika			+	
Pascali		+		
Paul's Scarlet Climber		+		
Peter Frankenfeld				+
Pharaon	+		+	
Pineapple Poll			+	
Playboy		+	+	
Prominent	+			

Anfälligkeit von Rosensorten für Echten Mehltau und Sternrußtau				
Rosensorte	Echter Mehltau		Sternrußtau	
	anfällig	wenig anfällig	anfällig	wenig anfällig
Pußta	+			
Red Star		+	+	
Reinolds Rheingold			+	
Resolut	+			
Rimosa	+			
Rob Roy		+	+	
Rodeo			+	
Roelof Buisman Rose	+			
Rosamunde			+	
Rosa Wien	+			+
Rosemary-Rose	+			
Rosenfee		+		
Rosenmärchen		+		
Rose von Kiese				+
Rote Flamme		+		
Roter Stern	+			
Royal Albert Hall		+		
Royal Dane		+		
Ruth Leuwerik	+			
Sabine		+		
Sahara	+			
Samba	+			
Sankt Florian		+		
Sarabande			+	
Sauerlandperle			+	
Scarlet	+			
Scherzo		+	+	
Silber Jubilee			+	
Solo	+			
Sonia Meilland			+	
Stadt Bottrop			+	
Stadt Neuß		+		+
Stadt Rosenheim		+		
Stadt Wuppertal			+	
Starina	+			
Super Star	+			
Surain		+		
Susan				+
Sutters Gold	+			
Sympathie		+		
Tatjana		+		
The Fairy		+		+
TipTop	+		+	
Zom Tom		+		
Topsi		+	+	
Traumland			+	
University d'Orléans				+
Uwe Seeler	+		+	
Valeta			+	
Virgo	+			
Walzertraum			+	
Western Sun	+			
Zambra	+			

Große Rosenblattlaus

Hauptschädlinge		
Name	Symptome	Bekämpfung
Große Rosenblattlaus	bis 4 mm große, grüne oder rotbraune Insekten, die in Gruppen an den Triebspitzen sitzen; keine Flucht bei Annäherung	Spezialinsektizid anwenden
Rosenzikade	Blätter dicht mit weißlichen „Nadelstichen" belegt; blattunterseits 3–4 mm lange, schmale, gelbliche Insekten, die bei Annäherung wegspringen (Larven) oder in Schwärmen auffliegen	Rückschnitt junger Triebe im Herbst, in deren Rinde die Eier überwintern; bei Einsatz eines Insektizids Blattunterseiten benetzen

Blattschaden, verursacht durch die Rosenzikade

Fraßbild, verursacht durch Blattschneidebienen

Schadbild durch die Blattroll-Rosenblattwespe

Hauptschädlinge		
Name	**Symptome**	**Bekämpfung**
Blattwanzen	jüngere Blätter mit punktförmigen braunen Saugstellen, ältere mit Löchern oder verkrüppelt	Rosen an sonnigen Standorten besonders gefährdet; Bekämpfung mit einem Insektizid nur bei Feststellung der Schädlinge sinnvoll; wenn das Schadbild sichtbar ist, ist eine Bekämpfung zu spät
Rosentriebbohrer	Triebspitzen welken und verdorren; in Spalten der Triebe zirka 12 mm lange, gelbliche Larven sichtbar, die das Stengelmark ausfressen	bei Befallsfeststellung Rückschnitt der Triebe bis in den gesunden Teil
Rosenblattwespe	bis 10 mm lange, grünliche Larven befressen die Oberseite der Blätter teilweise so, daß die Außenhaut der Unterseite pergamentartig übrigbleibt (Fensterfraß)	Junglarven mit Insektizid bekämpfen; ältere Larven abstreifen und vernichten

Hauptschädlinge		
Name	**Symptome**	**Bekämpfung**
Blattroll-Rosenblattwespe	röhrenförmiges Einrollen der Blätter; Larve im Blattwickel	zusammengerollte Blätter abschneiden und vernichten
Blattschneidebiene	Blätter am Rand rund oder oval „ausgestanzt“, Bienen tragen Blatteile als Nistmaterial ins Nest	Schaden für die Rose unerheblich, deshalb Bienen nicht bekämpfen!
Dickmaulrüßler	Blätter mit typischem Kerbfraß an den Rändern durch nächtlichen Fraß des zirka 1 cm großen, schwarzgrauen Käfers; gleich große, elfenbeinfarbene, gekrümmte Larven befressen Wurzeln, so daß die Rosen welken	Käfer mit Spezialinsektiziden bekämpfen; bei Erscheinen des Schadbildes Ausgraben der Rose und Absammeln der Larven erfolgversprechend.

RABATTEN

LÖWENMAUL

Die meisten Sorten des Hohen Löwenmauls aus der Familie der Rachenblütler (Scrophulariaceae) werden in vielfarbigen Prachtmischungen angeboten. Als Rabattenpflanzen und als Füller im Staudenbeet kommen sie ganz besonders gut zur Wirkung.

Die Aussaat erfolgt entweder im Frühjahr in Schalen oder Anfang Juni an Ort und Stelle. Bei der Direktsaat müssen die Pflanzen nach dem Auflaufen ausgedünnt werden (20 Pflanzen/m^2). Auch der Kauf von Jungpflanzen ist möglich.

Das Löwenmaul erreicht eine Wuchshöhe von 20–50 cm; an zugigen Standorten legen sich die Pflanzen leicht um.

Hauptschädling		
Name	Symptome	Bekämpfung
Blattläuse	Blätter kräuseln sich; Blattlausansammlungen an den Trieben	nützlingsschonendes Insektizid verwenden

Krankheiten		
Schadbild	Ursache	Abhilfe
blattoberseits gelbliche Flecken, unterseits an diesen Stellen rotbraune Rostpusteln; befallene Pflanzen kümmern	Rostpilz Puccinia	resistente Sorte wählen; kranke Blätter beseitigen; bei umfangreicherem Auftreten spezielles Fungizid verwenden
Stengel- und/oder Blütenfäule	Grauschimmelpilz Botrytis	kranke Pflanzen entfernen; größerer Pflanzenabstand; trockener halten; spezielles Fungizid anwenden

Blüte von Antirrhinum

Blattschaden durch Rostpilze

Antirrhinum

AKELEI

Diese aus der Familie der Hahnenfußgewächse (Ranunculaceae) stammende Staude ist für einen sonnigen oder halbschattigen Standort in feuchtem, nicht staunassem Boden geeignet. Die Vermehrung erfolgt durch Aussaat reifer Samen im Juli/August oder im März ins Frühbeet.
Die Akelei erreicht eine Höhe von 50–70 cm; 5 Pflanzen/m^2 sind ausreichend.

Besonderer Hinweis
Alle Teile der Akelei sind schwach giftig.

Schädlinge		
Name	Symptome	Bekämpfung
Minierfliegenlarve Phytomyza	weiße, geschlängelte oder flächige Miniergänge in den Blättern	befallene Blätter vernichten
Blattwespenlarven Pristivora	grünliche Raupen fressen an den Blättern	Laven absammeln und vernichten

Hauptkrankheit		
Schadbild	Ursache	Abhilfe
Blätter zunächst mit dunkelbraunen Flecken, die später schwarz werden und absterben	Blattfleckenkrankheit durch Schadpilz Marssonina	bei ersten Befallszeichen Spritzung mit speziellem Fungizid

Aquilegia

Blattschaden, hervorgerufen durch Minierfliegenlarven

Blattflecken, hervorgerufen durch Schadpilz Marssonina

MARGERITE

Die Margerite ist eine ausgezeichnete Zier- und Schnittstaude aus der Familie der Korbblütler (Asteraceae). Sie liebt freie, sonnige Lagen und einen tiefgründigen Boden.
Die Vermehrung erfolgt durch Stecklinge.
Chrysanthemum erreicht eine Höhe von 60–80 cm, die Blütezeit erstreckt sich von Mai bis Juni.

Blattschaden durch Minierfliegenlarven

Hauptschädlinge		
Name	Symptome	Abhilfe
Minierfliegenlarven	auf den Blättern helle Miniergänge, in denen sich 3–5 mm lange Fliegenmaden befinden	bei Auftreten der ersten Miniergänge Pflanzen mit speziellem Insektizid behandeln; befallene Blätter vernichten
Blattwanzen	mißgebildete, verkrüppelte Blätter und Triebe; durchlöcherte Blätter	Saugschäden erscheinen lange nach Beginn der Schädigung; Bekämpfungsmaßnahmen sind dann nicht mehr sinnvoll
Larven der Schaumzikade	Schaumnester an jungen Trieben und Knospen (Kuckucksspeichel); darin saugende, grünliche Larve	Larven absammeln; nur bei starkem Auftreten mit speziellem Insektizid spritzen

Chrysanthemum

Chrysanthemum

Dahlie

Dahlien sind Knollengewächse aus der Familie der Korbblütler (Asteraceae), deren Wurzelstöcke frostfrei im Keller überwintert werden müssen. Die Knollen werden im Mai gepflanzt, damit die jungen Triebe erst nach den Eisheiligen aus der Erde kommen. Nach Abfrieren des Laubs im Herbst erfolgt das Einwintern.

Dahlia

Hauptschädlinge		
Name	Symptome	Bekämpfung
Ohrwürmer	Zentrum der Blüten zerfressen; Blätter mit Lochfraß und zerschlissenen Fraßrändern	mit umgekehrt aufgehängten Blumentöpfen und Holzwolle darin fangen
Saugschäden durch Blattwanzen	Blätter verkrümmt mit mehr oder minder regelmäßigen Löchern in der Blattspreite	Schädigung liegt bei Erscheinen des Schadbildes so lange zurück, daß Bekämpfungsmaßnahmen nicht mehr sinnvoll sind
Zikaden	kleine weiße Sprenkel auf den Blättern (Weißfleckigkeit); blattunterseits gelblichgrüne, 3 mm lange Insekten	bei Massenauftreten Spritzung mit speziellem Insektizid
Larve der Schaumzikade	schaumige Masse in den Blattachseln; darin grünliche Larve	Larven absammeln; bei Massenauftreten spezielles Insektizid anwenden

Krankheiten		
Schadbild	Ursache	Abhilfe
Blätter längs der Blattadern gelblichgrün gescheckt; Blüten oft verkümmert oder verkrüppelt oder Pflanze wirkt gestaucht; verstärkte Bildung von Seitentrieben oder ring- und zickzackartige Muster auf den Blättern	virusbedingte Krankheiten: Dahlienmosaik, Stauche, Blattfleckenvirose	übertragende Blattläuse bekämpfen; keine Knollen kranker Pflanzen verwenden; befallene Pflanzen entfernen, um Ausbreitung zu verhindern
blumenkohlartige oder kropfartige Wucherungen am Wurzelhals; Pflanzen sind geschwächt	Bakteriengalle, Bakterienkrebs	kranke Pflanzen und Knollen vernichten
grünlichgelbe, später graubraune, im Durchmesser bis 1 cm große Blattflecken; treten zuerst an unteren Blättern auf, später auch am Stengel	Schadpilz Entyloma	bei Auftreten der ersten Krankheitssymptome Spritzung von Blattfleckenfungizid
vor allem an den Blüten, aber auch auf Blättern und am Stengel mißfarbene Faulstellen mit grauem Schimmelrasen	Grauschimmelpilz Botrytis	Pflanzen ausdünnen, bei Erscheinen der ersten Symptome mit speziellem Fungizid behandeln

Blattfleckenkrankheit, hervorgerufen durch den Schadpilz Entyloma

Nest (Kuckucksspeichel) der Schaumzikadenlarve

Ohrwurm, an Blüte fressend

Rittersporn

Der zur Familie der Hahnenfußgewächse (Ranunculaceae) gehörende Rittersporn ist eine mehrjährige Pflanze. Gekaufte Jungpflanzen, die im März in tiefgründigen, nährstoffreichen Boden gesetzt werden, erreichen erst nach 2–3 Jahren ihre volle Gestalt und blühen dann auch zum ersten Mal. Der Rittersporn kann, je nach Sorte, eine Höhe bis zu 1,8 m erreichen. Die Blütezeit ist im Juni und Juli sowie im September.
Will man Delphinium selbst vermehren, so sät man im September in Schalen aus. Diese müssen im Freien überwintert werden, da die Pflanze zu den Frostkeimern gehört.

Krankheiten		
Schadbild	Ursache	Abhilfe
Blätter mit gelbgrünen Verfärbungen längs der Blattadern oder gelbliche Ring- oder Wellenmuster auf der Spreite	Viruserkrankung	Vernichtung befallener Pflanzen, um Verschleppung durch Insekten zu verhindern; eine Heilung ist nicht möglich
auf den Blättern mehlartiger Belag; Blütenknospen bleiben geschlossen und trocknen ein	Echter Mehltau	Wahl widerstandsfähiger Sorten; sonst Spritzungen mit Mehltaumitteln

Delphinium

Echter Mehltau

GLADIOLE

Unter den Schwertliliengewächsen (Iridaceae) ist die Gladiole eine Knollenpflanze mit einer Vielzahl von Sorten. Die Knollen werden vom Frühjahr an in 14tägigen Abständen bis in den Juni hinein 10–15 cm tief in gute Gartenerde gelegt. Offene und sonnige Lagen sind für ein gutes Gedeihen wichtig.

Hauptschädlinge		
Name	Symptome	Bekämpfung
Gladiolenblasenfuß	Blätter weiß-silbrig schimmernd; Saugstellen mit dunklen Kotpunkten; Blätter verbräunen und sterben ab; auf den Blüten weißliche, unregelmäßige Flecken	Behandlung der Pflanzen mit speziellem Insektizid; Bekämpfung der Thripse auf dem Winterlager mit insektizidem Staub
Schnecken	auf den Blättern längsstreifige Fraßstellen und Schleimspuren	Schneckenkorn streuen oder Bierfallen aufstellen

Krankheiten		
Schadbild	Ursache	Abhilfe
länglich-braune Faulstellen an Blättern, Blüten und am Stengelgrund; darauf mausgrauer Pilzbelag; stark befallene Pflanzen sterben ab	Grauschimmel Botrytis	bei erstem Auftreten Pflanzen mit speziellem Fungizid behandeln
auf den Blättern bis 5 mm große rundliche, braungerandete Flecken; Pflanzen welken und sterben; befallene Knollen schrumpfen zu harten, mumienartigen Gebilden	Hartfäule Septoria	bei ersten vereinzelten Blattflecken Behandlung mit speziellem Fungizid

Blütenschaden, hervorgerufen durch den Gladiolenblasenfuß

Schadbild bei Grauschimmelbefall

Schneckenfraß

Gladiolus

CHRISTROSE

Die Kultur der aus der Familie der Hahnenfußgewächse (Ranunculaceae) stammenden Christrose ist in tiefgründigem, gut durchlässigem, feuchtem Boden möglich. Helleborus bevorzugt den Halbschatten, zum Beispiel unter Sträuchern, fühlt sich aber auch in sonniger Lage wohl. Am Standort sollte kalkreicher Boden vorhanden sein.
Eine Vermehrung ist durch Teilung der ganzen Pflanze im März leicht durchzuführen.

Hauptkrankheiten		
Schadbild	Ursache	Abhilfe
Blätter mit 1–3 cm großen, unregelmäßigen schwarzbraunen Flecken, Blätter vergilben und sterben vorzeitig ab	Schwarzfleckenkrankheit durch Schadpilz Coniothyrium	befallene Blätter entfernen und vernichten; bei stärkerem Auftreten mehrfache Behandlung mit einem Blattfleckenfungizid

Helleborus niger

Schwarzfleckenkrankheit, hervorgerufen durch den Schadpilz Coniothyrium

Helleborus orientalis

HORTENSIE

Aus der Familie der Steinbrechgewächse (Saxifragaceae) sind in unseren Gärten 2 Arten weit verbreitet.

Bei Hydrangea macrophylla, der großblumigen Hortensie aus Japan, schneidet man nur älteste Zweige im März zurück. Bei zu starkem Rückschnitt setzt sie 1 Jahr mit der Blüte aus. Durch Ausbringen von Kali-Alaun oder Ammoniak färbt sich die normalerweise rosa Blüte leuchtend blau. Umgekehrt bewirkt Kalkzusatz auf Böden, auf denen die Blüten blau ausgebildet werden, eine Umfärbung nach Rosa.

Hydrangea arborescens, die Strauchhortensie aus Nordamerika, liebt nährstoffreichen, feuchten Boden in geschützter Lage. Ein Rückschnitt im Winter fördert den Blütenreichtum.

Hauptschädlinge		
Name	Symptome	Bekämpfung
Spinnmilben	leicht rötliche Flecken auf den Blättern; blattunterseits 0,5 mm große, braune Insekten	Spritzung mit speziellen Insektiziden

Schäden und Krankheiten		
Schadbild	Ursache	Abhilfe
Blätter färben sich gelbgrün bis gelb; Wachstum stockt	Chlorose (Eisenmangel)	Eisendünger ausbringen
weißlichgrauer bis grauvioletter, mehliger Belag auf Blattunter-, teilweise auch auf Oberseiten	Echter Mehltau	widerstandsfähige Sorte wählen; bei erstem Auftreten mit speziellem Fungizid behandeln
Stengel mit Faulstellen; darauf mausgrauer Pilzrasen	Grauschimmel Botrytis	zu feuchte Kultur und zu engen Stand beseitigen; Spritzung mit speziellen Fungiziden

Eisenmangel (Chlorose)

Hydrangea

Hydrangea macrophylla

LILIEN

Zur Gattung Lilium aus der Familie der Liliengewächse (Liliaceae) gehören etwa 90 Arten. Dies sind überwiegend winterharte, mehrjährige Zwiebelpflanzen, die sich aber stark in Größe, Blütezeit und -farbe sowie Standortansprüchen unterscheiden.

Hauptschädling		
Name	Symptome	Bekämpfung
Lilienhähnchen (Blattkäfer)	streifiger Blattfraß durch mit Kot bedeckte, schleimige Insektenlarven oder ziegelrote Käfer	Käfer „kräht" bei Anfassen durch Reiben der Flügeldecken; Käfer und Larven absammeln und vernichten

Hauptkrankheiten		
Schadbild	Ursache	Abhilfe
auf Blütenknospen und Blüten winzige braune Tupfen, die zu gelbbraunen, eingesunkenen Flecken heranwachsen; faulende Knospe öffnet sich nicht oder ist in der Entfaltung gestört; bei zu dichtem Bestand können in windgeschützten Lagen Blätter, Stengel und Blüten völlig in Fäulnis übergehen	Grauschimmel Botrytis	besonders anfällig sind weißblühende Lilien; Bestand lichten; bei ersten Befallszeichen Behandlung mit speziellem Fungizid

Lilium

Lilienhähnchen

Lilium

MALVE

Sowohl die ausdauernde Malve (Malva) als auch die 2jährige Stockrose (Althaea) gehören zur Familie der Malvengewächse (Malvaceae).

Malven brauchen einen kräftigen, gut mit Nährstoffen versorgten Boden, viel Platz, Sonne und einen leichten Windschutz.

Die Direktsaat sollte im Juni oder Juli erfolgen. Im Oktober – nicht später – wird die Malve an den endgültigen Standort verpflanzt, da sie sehr lange Pfahlwurzeln ausbildet und ein späteres Versetzen Schwierigkeiten mit sich bringen kann.

Hauptkrankheit		
Schadbild	Ursache	Abhilfe
Blattunterseite (vor allem ab dem 2. Standjahr) dicht mit braunen Rostpusteln bedeckt, Blätter welken und sterben ab	Malvenrost Puccinia	befallene Blätter im Herbst des 1. Standjahres sowie die ersten 4 neu erscheinenden im Folgejahr vernichten; beim Auftreten erster Pusteln Spritzung mit speziellem Fungizid

Malvenrost

Althaea, Stockrose

Malva, Malve

PFINGSTROSE

Unter den Pfingstrosengewächsen (Paeoniaceae) ist die Paeonie mit ihrer Blüte im Juni einer der schönsten Frühjahrsblüher. Berücksichtigt man ihren Wunsch nach einer warmen, sonnigen und geschützten Lage und gutem, tiefgründigem Boden, so kann man nach 3–4 Jahren erstmalig mit einer Blüte rechnen. Die Pflanzen werden zwischen 60 und 100 cm groß. Als Pflanztermin sind die Monate August-November geeignet. Die Wurzelstöcke dürfen jedoch höchstens 5 cm mit Erde bedeckt werden, sonst wird die Pfingstrose nicht blühen.

Besonderer Hinweis
Blüten und Früchte sind schwach giftig!

Krankheiten		
Schadbild	Ursache	Abhilfe
junge Triebe welken; am Grund, wenig über dem Boden, wird sie braun bis schwarzbraun verfärbt; Blütenstiele faulen; Blütenknopsen öffnen sich meist gar nicht, sondern faulen und vertrocknen	Grauschimmelfäule, Botrytis-Stengelfäule	Befall oft Folge zu dichten Unterwuchses oder dichter Nachbarschaft; auslichten, nicht stickstoffbetont düngen; vorbeugend nach dem Austrieb mit speziellen Fungiziden behandeln
blattoberseits violett umrandete Flecken, blattunterseits hellbraune Rostpusteln	Paeonienrost	bei ersten Befallszeichen mit speziellem Fungizid spritzen
auf den Blättern und Stengeln Blattflecken mit purpurfarbener Umrandung und pergamentartiger Innenfläche, die häufig ausbricht	durch Schadpilz Septoria erzeugte Blattfleckenkrankheit	bei ersten Anzeichen Blattfleckenfungizid spritzen; Ernährung und Wasserführung überprüfen

Paeonia

Paeonia

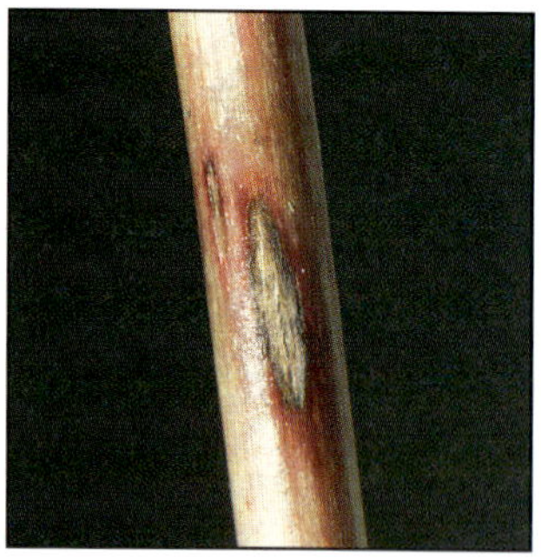

Botrytis-Stengelfäule

Grauschimmel (Botrytis) an Stengel und Blüte

FLAMMENBLUME, PHLOX

Der bekannteste Vertreter der Sperrkrautgewächse (Polemiaceae) ist die Flammenblume. Phlox braucht einen gut gedüngten und auch etwas feuchteren Standort sowie eine sonnige Lage. Von der Sortenwahl hängt die Wuchshöhe (zwischen 70 und 120 cm) sowie die Blütezeit ab, die zwischen Mai und September liegt.
Die Pflanzzeit für Phlox ist der April. Zu diesem Zeitpunkt kann die Pflanze auch durch Teilen der Wurzelstöcke vermehrt werden.

Krankheiten		
Schadbild	Ursache	Abhilfe
mehlig-weißer Belag auf den Blättern, die welken und schließlich vertrocknen	Echter Mehltau	bei ersten Befallszeichen Mehltaufungizid spritzen; mehltauresistente Sorten wählen
Triebe verkürzt und verdickt; Blätter wellig verdreht oder fadenartig verschmälert; Blüte verkümmert	Stockkrankheit, hervorgerufen durch Stengelälchen (Fadenwürmer)	Wahl widerstandsfähiger Sorten; kranke Pflanzen entfernen und vernichten

Phlox drummondii

Echter Mehltau

Phlox subulata

TULPE

Die am weitesten verbreiteten Frühjahrsblüher sind die Tulpen aus der Familie der Liliengewächse (Liliaceae). Ihre Beliebtheit ist unter anderem auf ihre Formenvielfalt zurückzuführen. So gibt es kleinbleibende, nur 10 cm hoch werdende Sorten und solche, die eine Höhe von bis zu 80 cm erreichen. Neben einfach und gefüllt blühenden Hybriden sind auch zweifarbige und die mit gefransten Blütenrändern bekannten Papageien-Tulpen verbreitet.
Die Pflanzzeit liegt zwischen September und Dezember, die Pflanztiefe beträgt, je nach Zwiebelgröße, 10 bis 15 cm. Die Blüte erscheint zwischen März und Juni.

Tulipa

Tulipa

Hauptschädling		
Name	Symptome	Bekämpfung
Schnecken	Blätter mit langovalen Fraßflecken: Fenster- bis Lochfraß	Bierfallen aufstellen

Krankheiten		
Schadbild	Ursache	Abhilfe
Stengel verkrüppeln, bleiben im Wachstum zurück; Blätter sind verdreht und oft zerfetzt; auf Stengeln und Blättern graues Pilzgeflecht; auf Blüten glasig-dunkle, graubraune, faulige Flecken; auf unterirdischen Stengelteilen und den Zwiebeln 1-2 mm große, schwarze Dauerkörper (Sklerotien)	Grauschimmel (Tulpenfeuer), verursacht durch Schadpilz Botrytis	Feuchtigkeit, Frost, einseitige Stickstoffdüngung begünstigen Befall; bei Befall mehrfach Botrytis-Mittel ausbringen
Tulpenzwiebeln treiben im Frühjahr nicht aus; die kurzen grünen Sprosse, die aus der Zwiebel herausragen, faulen und sterben ab; zwischen den Zwiebelschalen dichtes, watteartiges Pilzgeflecht mit schwarzen, senfkorngroßen Dauerkörpern; Schadpilz befällt vom Boden her die Zwiebel durch ihren oberen, spitzen Teil	Schadpilz Sklerotium verursacht Graufäule der Zwiebel	Boden ist auf Jahre verseucht; mindestens 5 Jahre lang dürfen weder Tulpen noch Hyazinthen, Narzissen oder andere Blumenzwiebeln am verseuchten Standort gepflanzt werden

Grauschimmel (Botrytis)

Zwiebelschaden, verursacht durch den Pilz Botrytis

Laubgehölze

AHORN

Die Gattung Acer aus der Familie der Ahorngewächse (Aceraceae) ist sehr formenreich. Vom Zwerggehölz bis zum hohen Baum finden wir alle Zwischenstufen.
Die Ahorngewächse stellen keine besonderen Ansprüche an den Standort.

Hauptschädlinge		
Name	Symptome	Bekämpfung
Blattläuse	blattoberseits klebriger Honigtau; unterseits dichte Läusekolonien	bei starkem Befall Blattlausmittel verwenden
Gallmilben	auf der Oberseite der Blätter „Pocken" sichtbar; unterseits an diesen Stellen dichte Haarpolster	keine Bekämpfung möglich

Teerfleckenkrankheit, verursacht durch den Schadpilz Rhytisum

Acer palmatum

Krankheiten		
Schadbild	Ursache	Abhilfe
im Sommer schwarze Flecken auf den Blättern	Teerfleckenkrankheit durch Schadpilz Rhytisum	Laub einsammeln und vernichten
Knospen treiben nicht aus	Zweigsterben, hervorgerufen durch Schadpilz Stigmina	Rückschnitt kranker Zweige bis ins gesunde Holz
Absterben von Ästen, darauf organgerote Pusteln	Schadpilz Nectria cinnabarina	Rückschnitt befallener Triebe; Wundpflege
auf den Blättern mehlartiger Belag, vor allem beim Feldahorn	Ahornmehltau	Fungizid gegen Echte Mehltaupilze ausbringen

Besonderer Hinweis
Eschenahorn (Acer negundo), Japanischer Ahorn (A. palmatum) und Silberahorn (A. saccharinum) sind für die Kübelhaltung geeignet.

Acer platanoides

BIRKE

Zu den Birkengewächsen (Betulaceae) mit der Gattung Betula zählen sowohl zierlich belaubte, sommergrüne Laubbäume als auch Sträucher. Im Frühling schmückt reicher Kätzchenbehang die Bäume; im Herbst fällt die gelbe Blattfärbung auf. Schön anzusehen ist auch die Rinde: teils papieren glatt, teils borkig derb; schneeweiß, gelblich, rosa oder rot.
Alle Arten sind ausgesprochene Lichtbäume und vertragen keine Beschattung. Gegenüber den Bodenverhältnissen sind sie recht anspruchslos. Betula pendula (B. verrucosa) verträgt sehr viel Trockenheit, B. nigra und B. nana gedeihen noch ausgezeichnet in feuchten Lagen.

Rinde von Betula nigra

Betula pendula

Hauptschädlinge		
Name	Symptome	Bekämpfung
Blattläuse	auf den Blättern klebriger Honigtau; blattunterseits dichte Läusekolonien	Schädlinge mit Wasser abspritzen oder Spezialmittel anwenden
Minierfliegen	Fraßgänge der Maden im Blattinnern	gesunde Bäume nehmen keinen Schaden, daher keine Bekämpfung notwendig
Gallmilben	blattunterseits dichte „Haarpolster“	keine Beeinträchtigung der Bäume
Birkenblattroller, Zigarrenwickler	3-5 mm große Rüsselkäfer befresssen Blätter so, daß sie sich einrollen; in Blattwickeln sitzen die Käferlarven	befallene Blätter vernichten

Krankheiten		
Schadbild	Ursache	Abhilfe
vogelnestartiger Mißwuchs der Zweige	Schadpilz Taphrina	im Winter „Hexenbesen“ mit Tragast ausschneiden
blattoberseits gelbe Flecken, unterseits an entsprechenden Stellen orangerote Pusteln; Blätter vergilben und fallen ab	Rostpilz Melampsoridium	Bekämpfung meist nicht erforderlich

Besonderer Hinweis
Bei der Unterpflanzung mit Stauden und anderen Gehölzen ist zu bedenken, daß die Birken oberflächlich wurzeln und dadurch starke Konkurrenten für andere Pflanzen sind.

Schadbild bei Befall durch Rostpilz

WALDREBE

Bei allen Clematisarten und -sorten aus der Familie der Hahnenfußgewächse (Ranunculaceae) empfiehlt es sich, den Boden mit Gehölzen oder Bodendeckern zu bepflanzen, so daß die Wurzelregion stets beschattet und kühl ist. Reine Süd- oder Nordlagen sind für Clematis nicht geeignet.
Die Alpenwaldrebe C. alpina und die Anemonenwaldrebe C. montana werden nach der Blüte geschnitten, die Goldwaldrebe C. tangutica sowie die Hybriden im Frühjahr.

Besonderer Hinweis
Clematis alpina ist für die Kübelhaltung geeignet.

Hauptkrankheit		
Schadbild	Ursachen	Abhilfe
an Stengeln und Blättern braune Flecke; Pflanzenteile welken und sterben oberhalb der Befallsstelle ab	Clematiswelke; verursacht durch Schadpilze der Gattungen Coniothyrium, Fusarium und Verticillium	Entfernen kranker Pflanzen; Verletzungen und Staunässe vermeiden
weißer Belag auf den Blättern	Echter Mehltau	spezielles Fungizid anwenden; Bodentrockenheit vermeiden

Hauptschädlinge		
Name	Symptome	Bekämpfung
Schnecken	Fraßschäden am Austrieb; Schleimspuren	Schneckenkorn streuen oder Bierfallen stellen
Blattläuse	Triebspitzen verkrüppelt; Schädlinge blattunterseits	Spezialinsektizid anwenden
Blasenfüße, Spinnmilben	Blätter mit silbernen Punkten übersät, Blätter vertrocknen	Blattunterseiten mit Spezialinsektizid behandeln
Ohrwürmer	Blüten und Blätter befressen; Fraßränder faserig gesplissen	Fallen ausbringen und gefangene Ohrwürmer beseitigen

Clematis alpina

Clematis-Hybride

Echter Mehltau

Perückenstrauch

Der aus der Familie der Sumachgewächse (Anacardiaceae) stammende Perückenstrauch ist wegen seiner fedrigen, perückenartigen Fruchtstände von hohem Zierwert.

Besonderer Hinweis
Cotinus ist auch für die Kübelhaltung geeignet.

Krankheiten		
Schadbild	Ursache	Abhilfe
auf den Blättern weißer, abwischbarer Belag	Echter Mehltau	Spezialfungizid anwenden
Zweige welken, Blätter bleiben hängen	Wirtelpilz Verticillium	Rückschnitt befallener Zweige; Pflege der Schnittwunden

Cotinus

Schadbild bei Befall durch den Pilz Verticillium

FELSENMISPEL

Die Gattung Cotoneaster, die zur Familie der Rosengewächse (Rosaceae) gehört, umfaßt sowohl niedrig- als auch hochwachsende Arten und wird in erster Linie wegen ihrer besonderen Schönheit als Fruchtstrauch angepflanzt. Alle Sorten werden von Bienen beflogen. Viele zeichnen sich durch immergrüne Belaubung, manche durch prächtige Herbstfärbung aus.
Die niedrigwachsenden Arten sind als Bodendecker für Steingärten oder als Grabbepflanzung gut zu verwenden.

Hauptkrankheit		
Schadbild	Ursache	Abhilfe
einzelne Triebe oder Zweige welken und verdorren wie „verbrannt“	Feuerbrandkrankheit durch Bakterium Erwinia amylovora	schon bei Befallsverdacht Meldung an Ortspolizeibehörde; Vernichtung befallener Gehölze

Hauptschädlinge		
Name	Symptome	Bekämpfung
Blutläuse	unter weißen Wachsausscheidungen sitzen Läuse, die Wucherungen verursachen (Blutlauskrebs)	Rückschnitt befallener Zweige; Spritzung mit speziellem Insektizid
Schildläuse	komma-, schuppen- oder warzenförmige beziehungsweise halbkugelige „Schilde“ auf Blättern und Trieben	Austriebsspritzung mit speziellem Insektizid; im Sommer Behandlung mit Sommeröl

Besonderer Hinweis
Manche Cotoneasterarten, wie C. salicifolius var. floccosus und C. cornubia, sind besonders anfällig gegen die bakterielle Feuerbrandkrankheit.

Feuerbrand, hervorgerufen durch das Bakterium Erwinia amylovora

Feuerbrandkrankheit: hakenförmig gekrümmter Endtrieb („Spazierstock“)

Cotoneaster salicifolius var. floccosus

Cotoneaster dammeri

WEISSDORN, ROTDORN, HAGEDORN

Die zur Familie der Rosengewächse (Rosaceae) gehörende Gattung Crataegus umfaßt 4–5 m hoch werdende, stadtklimafeste Büsche. Sie brauchen für ein optimales Wachstum leichte bis mittelschwere Böden in sonniger bis halbschattiger Lage. Crataegus ist kalkliebend.

Besonderer Hinweis
Crataegus ist so empfänglich für den Feuerbrand, daß er als Fangpflanze gilt!

Frucht von Crataegus

Crataegus

Hauptschädling		
Name	Symptome	Bekämpfung
Gespinstmotten	Gespinste mit gelblich-weißen, schwarz gepunkteten, zirka 1 cm langen Raupen, die Kahlfraß verursachen	Austriebsspritzung; bei Auftreten spezielles Insektizid anwenden; auch Bekämpfung mit biologisch wirkendem Mittel

Krankheiten		
Schadbild	Ursache	Abhilfe
auf den Blättern kleine braune Flecken; später Blattfall	Blattfallkrankheit durch Schadpilz Diplocarpon	bei ersten Befallszeichen spezielles Fungizid anwenden
blattoberseits gelbe Flecken, an entsprechenden Stellen auf der Unterseite gelbliche oder rötliche Fruchtkörper; Zweige mit gallenartigen Anschwellungen	Weißdornrost	keine Wacholderarten in die Nähe von Weißdorn pflanzen, da der Pilz wirtswechselnd ist
Triebe und Blätter wie mit Mehl bestäubt; Blätter verkrüppeln	Echter Mehltau	bei ersten Befallsanzeichen mit Spezialfungizid spritzen und Rückschnitt befallener Triebe
einzelne Triebe oder Zweige welken und verdorren wie „verbrannt“	Feuerbrandkrankheit durch Bakterium Erwinia amylovora	schon bei Befallsverdacht Meldung an Ortspolizeibehörde; Vernichtung befallener Gehölze

Feuerbrand, verursacht durch das Bakterium Erwinia amylovora

Echter Mehltau

Gekrümmter Endtrieb („Spazierstock“)

SEIDELBAST, STEINRÖSCHEN, KELLERHALS

Die Gattung Daphne aus der Familie der Seidelbastgewächse (Thymelaeaceae) umfaßt kleine, sommer- oder immergrüne Sträucher mit meist stark duftenden Blüten. Die beerenartigen Früchte sind giftig!

Daphne blagayana ist ein kleiner und immergrüner Strauch, der als einziger Vertreter ein Kalkflieher ist; die anderen Arten bevorzugen durchlässigen, kalkhaltigen Boden und einen sonnigen Standort. Bei diesen Arten legt man bei kalkarmem Boden während des Pflanzens einen Kalksandstein unter den Wurzelballen!

Krankheiten		
Schadbild	Ursache	Abhilfe
Blätter fahlgrün bis gelblich mit wellen- oder ringförmigem Fleckenmuster; bei stärkerem Befall mangelhafte Blütenbildung	Mosaikvirus	nur indirekte Maßnahmen durch Verbesserung der Standortbedingungen möglich: ausreichende Feuchte, Kalksandstein, ausgeglichene Düngung
auf Blättern und Stielen zirka 1 mm große, braune, schwielenartige Flecken, daraus entwickeln sich später weiße Sporenmassen; Blattfall	Blattfallkrankheit durch Schadpilz Marssonina	Fallaub sammeln und vernichten; für ausreichende Bodenfeuchte sorgen

Daphne cneorum

Schadbild bei Befall durch Mosaikvirus

ROTBUCHE

Als einziger Vertreter aus der Familie der Buchengewächse (Fagaceae) hat Fagus sylvatica eine herausragende Stellung als prächtiger Wald- und Parkbaum sowie als beliebtes Heckengehölz. Buchen erreichen in Einzelstellung eine Höhe von bis zu 40 m und eine respektable Breite. Wegen ihres kupfer- und purpurfarbenen Laubes ist die Blutbuche ganz besonders beliebt.
Buchen reagieren empfindlich auf schweren Boden, Staunässe und Spätfröste. Als Hecke gepflanzt, erreichen sie nach 3 Jahren 120 cm Höhe, nach 6 Jahren 200 cm.

Hauptschädlinge		
Namen	**Symptome**	**Bekämpfung**
Gallmilben	weißliche Haarfilze längs der Seitennerven oder fleckig verteilt auf der Blattunterseite	nur bei Massenbefall an jungen Buchen, mit speziellem Insektizid bekämpfen
Gallmücken	auf den Blättern 4–12 mm große, walzen- oder kegelförmige Gallen; darin winzige Larven	da die Buche keinen Schaden nimmt, ist eine Bekämpfung nicht sinnvoll
Buchenwollaus (zirka 1 mm groß)	auf der Rinde linsenförmige Schildläuse, die an Stelle des Schildes einen dichten Pelz aus Wachsfäden besitzen	Austriebsspritzung oder spätere Behandlung mit Sommeröl
Wollige Buchenlaus (zirka 2 mm groß)	gekräuselte Blätter; auf der Unterseite dichte Kolonien weißwolliger Blattläuse	Spritzung mit einem systemischen Insektizid im Mai/Juni
Buchenspringrüßler	Blätter mit schrotschußartigem Lochfraß; Larve frißt im Blatt Gangminen, die zu ausgedehnten Platzminen werden	Bekämpfung des Käfers mit speziellem Insektizid

Wollige Buchenlaus

Lochfraß durch den Buchenspringrüßler (oben); Minierfraß durch dessen Larven (unten)

Fagus sylvatica

Forsythie, Goldglöckchen

Zu den Ölbaumgewächsen (Oleaceae) gehört die Forsythie, ein sommergrüner Strauch, der vor dem Blattaustrieb schön gelb blüht. Für die Verwendung als dichte Hecke ist die Forsythie gut geeignet: 120 m Höhe nach 3 Jahren, bis 180 cm und höher nach 6 Jahren.

Besonderer Hinweis
Dieser Strauch liebt einen sonnigen Standort, ist stadtklimafest und für die Kübelhaltung geeignet.

Schäden und Krankheiten		
Schadbild	Ursache	Abhilfe
brettförmige Verbreiterung von Zweigen	Verbänderung; Herkunft unbekannt	zurückschneiden
an den Trieben älterer Pflanzen Geschwülste mit rauher, rissiger Oberfläche	Bakterienkrebs durch Corynebacterium	scharfer Rückschnitt befallener Zweige
Blätter werden kraus, Blattstiele und Zweige schwarz	Bakterienseuche durch Pseudomonas	Pflanzen gegen scharfen Wind abschirmen; Kupferspritzung nach der Blüte
Zweige welken plötzlich während der Blüte; Gefäße im Querschnitt verbräunt	Welkekrankheit durch Wirtelpilz Verticillium	kranke Sträucher roden und vernichten; bei Neuanpflanzung Ortswechsel

Forsythia

Verbänderung

Gefäßverbräunung, verursacht durch den Pilz Verticillium

STECHPALME

Unter den Stechpalmengewächsen (Aquifoliaceae) finden wir sowohl sommer- als auch immergrüne Vertreter. Alle Ilexarten und -formen gedeihen in halbschattiger und schattiger Lage. Der Boden sollte humusreich und ausreichend feucht sein. Bei einem zusagenden Standort sind sie stadtklimafest.

Besonderer Hinweis

Fast alle Ilexarten sind zweihäusig: man muß deshalb zur Erzielung des Beerenschmuckes immer weibliche und männliche Gehölze zusammenpflanzen!

Hauptschädlinge		
Name	Symptome	Bekämpfung
Schildläuse	auf Blättern und Zweigen kleine Schilde; darunter und am Rand oft weiße Wachsgebilde	Spritzung mit Sommeröl oder Austriebsspritzung
Blattminierfliegen	geschlängelte, helle Larvenminiergänge in den Blättern; befallene Blätter werden gelb und fallen ab	befallene Blätter absammeln und vernichten

Frucht von Ilex aquifolium

Blattschaden durch Minierfliegenlarven

Ilex aquifolium

MAHONIE

Aus der Familie der Sauerdorngewächse (Berberidaceae) kommt die Mahonie, ein kaum größer als 1 m werdender, vieltriebiger immergrüner Strauch. Die Mahonie stellt keine besonderen Ansprüche an den Boden und gedeiht sowohl in sonnigen als auch in schattigen Lagen; gegen Oberflächenverdichtung ist sie empfindlich.

Besonderer Hinweis
Mahonia ist auch für die Kübelhaltung geeignet.

Krankheiten		
Schadbild	Ursache	Abhilfe
Blätter oberseits mit großen, dunklen Flecken	Blattfleckenkrankheit durch Schadpilz Phyllosticta	bei Auftreten der ersten Symptome spezielles Fungizid anwenden; Standortbedingungen überprüfen
blattoberseits rote Flecken; an den entsprechenden Stellen an der Unterseite gelbe, später braune Pusteln	Mahonienrost durch Rostpilz Puccinia	widerstandsfähige Pflanzen bevorzugen; bei Befall Rückschnitt im Herbst; im Frühjahr mehrfach mit speziellem Fungizid behandeln
blattoberseits abwischbarer mehlartiger Belag	Echter Mehltau	bei Auftreten der ersten Symptome Spezialmittel gegen Echte Mehltaupilze einsetzen

Frucht von Mahonia bealii

Mahonia

Echter Mehltau

ZIERKIRSCHE, ZIERPFLAUME, MANDELBÄUMCHEN

Die zu den Rosengewächsen (Rosaceae) gehörende Gattung Prunus umfaßt viele Arten und Formen, die durch die Schönheit ihrer Blüte und durch ihre große Blühwilligkeit einen herausragenden Platz unter den Blütengehölzen einnehmen. Prunussorten können in jeden guten, tiefgründigen Gartenboden mit ausreichendem Kalkgehalt gepflanzt werden. Abgesehen von den immergrünen Formen lieben alle eine vollsonnige Lage.

Prunus, Zierkirsche

Prunus, Zierkirsche

Hauptschädlinge		
Name	Symptome	Bekämpfung
Frostspanner-raupen	Blatt- und Blütenfraß im Frühjahr durch sich spannend und buckelnd fortbewegende Raupen, die sich bei Gefahr an Fangfaden abseilen	Anbringen von Leimringen am Stamm gegen die flugunfähigen Schmetterlingsweibchen für die Zeit von Oktober bis März; Spritzung gegen die Raupen mit biologisch wirkendem Mittel möglich (s. Seite 189)
Dickmaul-rüßler	Blätter immergrüner Prunusarten mit typischem Schartenfraß; Käfer frißt nur nachts	nächtliches Absammeln der flugunfähigen Käfer, Spritzung befallener Pflanzen mit speziellem Insektizid

Schäden und Krankheiten		
Schadbild	Ursachen	Abhilfe
an Schnittstellen, Frostrissen oder Wunden Gummifluß	verschiedene; häufig zu feuchter Standort	für gleichmäßige Wasserführung sorgen; Schadstellen ausschneiden und mit Wundpflegemittel verstreichen
Blüten und Jungtriebe welken plötzlich, verdorren und sterben	Spitzendürre, verursacht durch Schadpilz Monilia	vor allem bei Mandelbäumchen und manchen Zierkirschen; Rückschnitt spitzendürrer Zweige; anfällige Bäume mit speziellem Fungizid in die volle Blüte spritzen

Prunus, Zierkirsche

Spitzendürre, verursacht durch den Schadpilz Monilia

FEUERDORN

Der zu den Rosengewächsen (Rosaceae) gehörende Feuerdorn ist ein wertvoller, immergrüner Zierstrauch, dessen glänzendgrüne Belaubung ihn das ganze Jahr über ziert. Bis in den Winter trägt der Feuerdorn gelbe, rote oder orangefarbene Beeren. Alle Sorten lieben einen durchlässigen Boden und eine warme, sonnige Lage.

Krankheiten		
Schadbild	Ursache	Abhilfe
Blätter, Zweige und Früchte mit olivbraunen bis schwärzlichen Flecken	Schorfpilz Spilocaea, der sich in feuchten Lagen und regenreichen Sommern epidemieartig vermehrt	in feuchten Regionen resistente Formen bevorzugen; sonst vorbeugende Spritzung mit Schorffungiziden nach dem Austrieb
Welken und Verdorren von Blättern und Zweigen, die wie „verbrannt" wirken	Feuerbrandkrankheit durch Bakterium Erwinia amylovora	Befallsverdacht umgehend Ortspolizeibehörde melden; bei festgestelltem Befall Gehölz vernichten

Besonderer Hinweis
Pyracantha ist eine Bienen- und Vogelpflanze, die stadtklimafest und für die Kübelhaltung geeignet ist.

Pyracantha-Hybride „Soleil d'Or"

Schorf

Pyracantha coccinea

RHODODENDRON

Die Gattung Rhododendron aus der Familie der Heidekrautgewächse (Ericaceae) umfaßt zirka 900 kleinere, aber auch baumartige, meist immergrüne, flachwurzelnde Sträucher. Neben Rhododendron gehören auch Azaleen dazu. In bezug auf Wuchs, Blatt und Blüte sind sie sehr variabel.
Die Kultur sollte auf humosem, gut durchlässigem, nicht zu trockenem und kalkfreiem Boden erfolgen. Ein Schutz gegen Wind und Wintersonne sowie eine leicht beschattete Lage ist für ein gutes Gedeihen notwendig.

Rhododendron-Blüte

Rhododendron

Hauptschädlinge		
Name	Symptome	Bekämpfung
Weiße Fliegen, Rhododendron-Mottenschildlaus	blattunterseits zirka 1 mm große, ovale, ungeflügelte, gelbliche Larven; erwachsene Insekten stieben bei Berührung wie Funken davon	Spritzung mit speziellem Insektizid; Blattunterseiten gründlich benetzen
Netzwanzen	blattunterseits 3–4 mm große Insekten mit glasartig durchsichtigem Vorderrücken und verbreiterten, netzartigen Deckflügeln; Blätter oberseits gelb gesprenkelt, unterseits mit braunen Kotflecken verschmutzt	wie oben
Rhododendronzikaden	Blätter und Triebe mit gelblichen Flecken; blattunterseits 5–6 mm lange, flügellose Larven mit großem Sprungvermögen	Spritzung mit speziellem Insektizid
Dickmaulrüßler	Blätter mit typischen Fraßscharten; der zirka 1 mm lange, schwarzgraue Rüsselkäfer frißt nachts; die 10 mm langen elfenbeinfarbenen Larven fressen an den Wurzeln	Zur Bekämpfung der Käfer spezielles Insektizid anwenden; bei Welke Pflanzen ausgraben, Erde sieben und Larven auslesen

Schäden und Krankheiten		
Schadbild	Ursache	Abhilfe
Blätter vergilben, Adern bleiben grün	Chlorose durch Magnesiummangel	pH-Wert prüfen; Magnesiummangel durch Bittersalz oder Kieserit beheben
Endknospen der Triebe braun; Blätter glanzlos eingerollt; Region der Mittelrippe braun; Zweige welken und sterben ab	Zweigsterben durch Schadpilz Phytophthora	befallene Zweige unterhalb der Befallszone abschneiden und vernichten; Wundpflege
auf den Blättern braune bis schwarze, rot oder schwarz gerandete Flecken	Blattfleckenpilze	da überwiegend geschwächte Pflanzen befallen werden, Standort verbessern; sonst Spritzung mit speziellem Fungizid

Blattschaden durch Blattfleckenpilze

Zweigsterben, hervorgerufen durch den Pilz Phytophthora

Mottenschildlaus

Charakteristisches Schadbild des Dickmaulrüßlers

ESSIGBAUM, SUMACH

Zur Familie der Sumachgewächse (Anacardiaceae) gehört die Gattung Rhus, die sommergrüne, baumartige Sträucher umfaßt, deren Blütenrispen, Fruchtkolben und Herbstlaub besonderen Zierwert besitzen.
Rhus gedeiht in jedem guten Gartenboden in möglichst warmer Lage.

Hauptkrankheiten		
Schadbild	Ursache	Abhilfe
plötzliche Welke von Zweigen oder Ästen; Blätter bleiben während des Laubfalls hängen	Schadpilz Verticillium	Rückschnitt bis ins gesunde Holz; Wundpflege

Besonderer Hinweis
Der Essigbaum neigt zu starker Schößlingsbildung. Die Schößlinge können durch Einpudern mit Brennesselgranulat oder Bespritzen mit Weedex beziehungsweise Filatex von der Basis her zum Absterben gebracht werden.

Rhus

Schadbild bei Befall durch den Pilz Verticillium

Frucht von Rhus

ZIERJOHANNISBEERE

Die Gattung Ribes aus der Familie der Steinbrechgewächse (Saxifragaceae) umfaßt sommergrüne, meist mittelhohe Sträucher. Ihre Früchte sind meist saftige Beeren, die teilweise eßbar und auch wohlschmeckend sind.
Die Kultur ist in jedem Gartenboden, der nicht zu naß und/ oder zu schwer ist, möglich. Sonnige bis halbschattige Lagen werden bevorzugt.

Schäden und Krankheiten		
Schadbild	Ursache	Abhilfe
Blattränder hellen auf, biegen sich nach oben und trocknen ein	Kalium-mangel	Bodenuntersuchung; nachdüngen mit schwefelsaurem Kali oder Patentkali
Blätter mit mehl-artigem Belag; die später vertrocknen und absterben	Amerikanischer Stachelbeer-mehltau	Sträucher durch Winter-schnitt lichten; Mehltau-mittel spritzen
auf Blattunterseite gelbbraune Pusteln	Säulenrost	Rostpilz wechselt obligatorisch zur Weymouthskiefer, wo er den nicht bekämpfbaren Blasenrost verursacht. Bekämpfung mit speziel-lem Fungizid an der Johannisbeere möglich

Ribes

Besonderer Hinweis
Wegen der Gefahr der Förderung des Weymouthskiefern-blasenrostes keine Pflanzung von Zierjohannisbeeren in der Nähe 5nadeliger Kiefern!

Durch Säulenrost verursachte Blattpusteln

WEIDE

Die Weidengewächse (Salicaceae) sind durch die Gattung Salix mit sommergrünen Bäumen vertreten, die wegen ihrer Wuchsform (Trauerweide, Zickzackweide, Drachenweide) oder wegen ihres Trieb- und Kätzchenzierwertes gern in Gärten kultiviert werden. Als früheste Bienenweide sind sie sehr geschätzt.
Weiden gedeihen am besten auf nicht zu trockenen Standorten.

Hauptschädlinge		
Name	Symptome	Bekämpfung
Blattkäfer und deren Larven	Blattfraß vom Rand- bis zum Skelettierfraß	Spritzung mit speziellem Insektizid
Weiden-schaumzikade	an Trieben Schaumnester (Kuckucksspeichel); darin grünliche, wehrlose Larve; Schäden und Absterben von Trieben nur bei Massenbefall	Spritzung nur bei Massenbefall mit speziellem Insektizid sinnvoll

Salix alba

Krankheiten		
Schadbild	Ursache	Abhilfe
mehlartiger, grauer Belag auf den Blättern, die vertrocknen und abfallen	Weiden-mehltau	bei starkem Befall spezielles Fungizid anwenden
auf den Blättern dunkelbraune, schorfige Flecken; Triebspitzen verbräunen und sterben ab	Weidenschorf	befallene Zweige zurückschneiden und vernichten; vor allem in nassen Jahren alle 2–3 Wochen bei Befall spezielles Fungizid anwenden
blattunterseits rotgelbe, stäubende Pusteln	Weidenblatt-rost	bei starkem Befall ab Juli spezielles Fungizid anwenden; in der Regel genügt Vernichtung des abgefallenen kranken Laubs

Besonderer Hinweis
Weiden werden von einer Vielzahl anderer Schädlinge heimgesucht, deren Bekämpfung jedoch in der Regel nicht erforderlich ist.

Blattpusteln, verursacht durch den Weidenblattrost

EBERESCHE, VOGELBEERE, MEHLBEERE

Die Kultur der Eberesche aus der Familie der Rosengewächse (Rosaceae) ist in jedem nicht zu armen und nicht zu feuchten Boden in sonniger wie halbschattiger Lage möglich. Die Früchte werden von vielen Vögeln gern gefressen.

Hauptschädling		
Name	Symptome	Bekämpfung
Gallmilben	Blätter oben und unten mit 1–2 mm großen, kugeligen Gallen bedeckt, die zunächst blaßgrün, später bräunlich sind; darin Gallmilben (nur 0,2 mm groß)	Baum leidet nicht unter Befall, daher keine Bekämpfung notwendig

Hauptkrankheit		
Schadbild	Ursache	Abhilfe
während des Sommers auf der Oberseite der Blätter rötlichgelbe bis braunrote Flecken; blattunterseits an entsprechenden Stellen braunrote Pusteln	wirtswechselnder Rostpilz, der auf Wacholdernadeln kleine gelbe Pusteln hervorruft, die zu Nadelfall führen	keine Dichtpflanzung von Wacholder und Vogelbeere

Blattschaden durch Gallmilben

Blüte von Sorbus

Sorbus aucuparia

FLIEDER

Die wegen ihrer farben- und duftreichen Frühlingsblüte beliebten Sträucher aus der Familie der Ölbaumgewächse (Oleaceae) gedeihen in jedem guten, humosen, aber nicht nassen Boden in warmer Lage.

Hauptschädling		
Name	Symptome	Bekämpfung
Fliedermotte	Blätter im Mai/Juni und Juli/August mit hellen, später braunen, blasig vertrocknenden Minen; darin Räupchen	minierte Blätter abpflücken und vernichten

Hauptkrankheiten		
Schadbild	Ursache	Abhilfe
nach Spätfrösten oder starken Niederschlägen Triebe mit braunen Flecken; Triebe knicken und welken; Blätter mit hellen Stellen, die sich verfärben und eintrocknen	Fliederseuche (Feuchter Brand), durch Bakterien verursacht	stickstoffarm düngen; vor dem Austrieb Kupfermittel tropfnaß spritzen

Besonderer Hinweis
Da Flieder meist auf einer Unterlage veredelt gekauft werden, müssen durchgetriebene Unterlagen und Wasserschößlinge entfernt werden.

Syringia

Raupe der Fliedermotte

SCHNEEBALL

Aus der Familie der Geißblattgewächse (Caprifoliaceae) stammt die Gattung Viburnum mit ihren sommergrünen Sträuchern, die wegen ihrer ansehnlichen Blütendolden oder ballartigen Blütenstände gerne gepflanzt werden.
Die Kultur ist in jedem guten, durchlässigen Gartenboden in vorwiegend sonniger, nicht zu nasser Lage problemlos.

Hauptschädling		
Name	Symptome	Bekämpfung
Blattkäfer	Blätter siebartig durchlöchert; eventuell brauner Käfer oder dessen Larven sichtbar	Spritzung mit speziellem Insektizid

Fraßschaden, verursacht durch Blattkäfer

Hauptkrankheiten		
Schadbild	Ursache	Abhilfe
Blätter mit braunen, dunkelrot gerandeten Flecken; vorzeitiger Laubfall	Blattflecken-krankheit durch Schadpilz Phoma	bei ersten Anzeichen Spritzung mit einem speziellen Fungizid

Frucht von Viburnum opulus

Viburnum lantana

NADELGEHÖLZE

TANNE

Die Gattung Abies aus der Familie der Kieferngewächse (Pinaceae) ist mit etwa 40 Arten vertreten. Ihr Wuchs ist regelmäßig pyramidal, die Zweige sind rundlich und glatt, die Nadels verbleiben mehrere Jahre am Baum.

Tannen gedeihen am besten in tiefgründigen, nahrhaften Böden in luftfeuchter Lage. Am schönsten entwickeln sie sich bei freiem Stand, wo sie bis zum Boden beastet sind und grün bleiben.

Krankheiten		
Schadbild	Ursache	Abhilfe
ab Ende Mai Nadeln mit gelblichweißen Pusteln; sie werden hellgrün und fallen vorzeitig ab	Tannenrost Pucciniastrum	bei geringem Befall an jungen Bäumen im Frühsommer 2-3 Spritzungen mit einem Rostfungizid
Triebspitzen hängen rotbraun verfärbt nach unten	Triebsterben durch Grauschimmel	bei Austrieb Spritzung mit speziellem Fungizid

Hauptschädlinge		
Name	Symptome	Bekämpfung
Weißtannentrieblaus	gelbgrüne Blattläuse saugen an den jungen Nadeln; Nadeln verkrümmt; Triebe sterben ab; Braunfärbung ähnlich wie bei Spätfrosteinwirkung	vor dem Austrieb Behandlung mit Austriebsspritzmittel
Tannentrieblaus	Nadeln krümmen sich und werden gelb; befallene Triebe und Stämme mit weißes Wachs ausscheidenden Blattläusen besiedelt	im Mai/Juni Behandlung mit speziellem Insektizid

Tannentriebläuse

Frucht von Abies koreana

Abies

SCHEINZYPRESSE

Eine der beliebtesten Heckenpflanzen ist die Scheinzypresse aus der Familie der Zypressengewächse (Cupressaceae). Bei einem regelmäßigen Schnitt erreicht sie nach 3 Jahren eine Höhe von etwa 100 cm, nach 6 Jahren ungefähr 200 cm. Der Standort sollte sonnig bis halbschattig sein, bevorzugt werden sandige Lehmböden. Der Schnitt erfolgt im späten Frühjahr nach dem Austrieb.

Hauptschädlinge

Name	Symptome	Bekämpfung
Spinnmilben	Bäume bleiben im Wachstum zurück; Belaubung wird fahlgrün; zwischen den Nadeln hauchdünne Gespinste	Spezielles Insektizid anwenden
Thujaminiermotte	im Mai „Blättchen" von der Spitze her gelbbraun; darin mit Kotkrümeln gefüllte Gänge und grünliche, zirka 3 mm lange Raupe; Ende Juni erscheinen die Falter; ab Ende August Jungraupen der Folgegeneration in den Trieben	Mitte Juni und Anfang Juli je 1 Spritzung mit speziellem Insektizid gegen die Falter; Austriebsspritzung mit viel Brühe gegen die Jungraupen

Hauptkrankheit

Schadbild	Ursache	Abhilfe
Nadeln oder Schuppen heller, später braun vertrocknend; Pflanzen sterben ab; Wurzeln und unterer Teil des Stammes faulen	Wurzel- und Stammfäule durch Schadpilz Phytophthora cinnamomi	bei beginnendem Befall spezielles Fungizid ausbringen

Chamaecyparis lawsonniana

Schaden, verursacht durch die Raupe der Thujaminiermotte: Falter links, Puppe rechts

Schadbild bei Befall durch die Nadelholzspinnmilbe

WACHOLDER

Der Formenreichtum der mehr als 60 Wacholderarten, die zu den Zypressengewächsen (Cupressaceae) gehören, geht von flacher bis mittelhoher Kriechform über dichte oder aufgelokkerte Busch- bis zu säulenartiger Baumform.

Wacholder stellen keine besonderen Ansprüche an den Boden, sie wachsen sowohl an trockenen als auch an feuchten Standorten, in sonniger bis halbschattiger Lage.

Juniperus chinensis

Juniperus

Hauptschädlinge		
Name	Symptome	Bekämpfung
Nadelholz-spinnmilben	Nadeln mit hellen Saugstellen; die sich graubraun verfärben; an hauchdünnen Gespinsten Milben und ihre Larven	Spezielles Fungizid anwenden
Schildläuse	linsenförmige oder halbkugelige Gebilde auf der Rinde und an den Trieben, die sich mit einer Nadel abheben lassen; klebriger Honigtau beziehungsweise schwarzer Rußtau an den Trieben	vor dem Austrieb Spritzung mit Austriebsspritzmittel, im Sommer mit Sommeröl
Raupen verschiedener Kleinschmetterlinge	im Frühjahr und Spätsommer fressen zirka 8 mm lange Raupen gesellig in Gespinstnestern zwischen Nadelresten	Spritzung mit speziellem Insektizid; wird der Befall früh erkannt, ist der Einsatz eines biologisch wirkenden Mittels möglich (s. Seite 189)
Wacholder-miniermotte	Absterben der Triebspitzen; in den Trieben minierende Räupchen	Bekämpfung der Falter Ende Mai mit speziellem Insektizid

Krankheiten		
Schadbild	Ursache	Abhilfe
gelatineartig weiche, orangefarbene Gebilde auf stellenweise geschwollenen Stamm- oder Zweigteilen	wirtswechselnder Rostpilz; Zwischenwirte sind: Birne, Eberesche und Weißdorn	Zwischenwirtspflanzen nicht in die Nähe pflanzen
einzelne Zweigabschnitte oder ganze Triebe gelb bis dunkelbraun verfärbt, die später absterben	Schadpilz Kabatina	Nährstoffversorgung überprüfen; nachdüngen mit Magnesium; im Spätsommer vorbeugend spritzen mit speziellem Fungizid

Durch die Wacholderminiermotte verursachtes Schadbild

Wirtswechselnder Rostpilz Wacholdergallenrost

LÄRCHE

Die Gattung Larix, die zu den Kieferngewächsen (Pinaceae) gehört, umfaßt 10 Arten, die im Herbst ihre Nadeln abwerfen. Larix bevorzugt etwas feuchten, tiefgründigen und gut durchlüfteten Boden.

Hauptschädlinge		
Name	Schadbild	Bekämpfung
Grüne Fichtengallenlaus	an den Nadeln wegen ihrer weißen Wachsausscheidungen wie Schneeflocken aussehende Blattläuse; Nadeln sind fleckig, verkrümmen und fallen vorzeitig ab	wirtswechselnd zwischen Fichte und Lärche; die Japanische Lärche (Larix kaempferi) wird nicht befallen; bei Befall Spritzung mit speziellem Insektizid
Lärchenminiermotte	im Herbst Nadeln von der Spitze her miniert und Blattgrün durch zirka 5 mm lange Raupen ausgefressen, die den ausgehöhlten Nadelteil später abbeißen und – mit dem Hinterteil wie in einem Säckchen steckend – frei umherkriechen; nach Überwinterung im zeitigen Frühjahr Fraß an Kurztrieben	Austriebsspritzung im August oder normale Schädlingsbekämpfung (jeweils mit speziellem Insektizid); Japanische Lärche wird bevorzugt befallen!
Lärchenblasenfuß (Thrips)	zirka 1 mm lange Insekten saugen an Trieben und Langtriebnadeln; Nadeln werden grau, kümmern und fallen vorzeitig ab; Endtriebe verkrüppeln: Verbuschung der Krone	Spritzung mit speziellem Insektizid, Thripse bevorzugen Europäische Lärche (Larix decidua)

Frucht von Larix decidua

Larix decidua

Grüne Fichtengallenlaus

FICHTE

Die Kieferngewächse (Pinaceae) stellen mit der Gattung Picea zirka 40 beliebte Arten, die sowohl als schmückende Wald- und Nutzgehölze als auch als Heckenpflanze Verwendung finden.

Besonderer Hinweis
Die Zwergformen der Pinaceae mit ihrem oft malerischen Wuchs sind für Steingarten und Kübelhaltung gut geeignet. Die Fichte ist anspruchsloser als die Tanne und liebt einen mittelschweren, nicht zu trockenen Boden.

Picea pungens

Picea omorika

Hauptschädlinge		
Name	Symptome	Bekämpfung
Fichtengallenläuse	am Grund der Maitriebe grüne, ananasförmige Gallen mit 2–4 mm langen Jungläusen darin	keine Dichtpflanzung mit Europäischer Lärche (Larix decidua), da Gallenläuse wirtswechselnd; Voraustriebspritzung mit ölhaltigen Insektiziden, im August Spritzung mit speziellem Insektizid
Fichtenröhrenlaus Sitkafichtenlaus	Nadeln der unteren Alttriebe verbräunen; Bäume verkahlen von unten und von innen her; vor allem nach milden Wintern Massenauftreten an Blaufichte (Picea pungens), Sitkafichte (P. sitchensis) und auch Rotfichte (P. rubens)	Spritzung der unteren 3–4 m Baumhöhe mit systemisch wirkendem Insektizid
Nadelholzspinnmilben	Nadeln mit hellen Flecken; später grau verfärbt; zwischen hauchdünnen Gespinsten 0,5 mm große, braune Spinnen sichtbar	Spritzung mit speziellem Insektizid im Mai/Juni

Schäden und Krankheiten		
Schadbild	Ursache	Abhilfe
junge Triebe welken und hängen herab; sie sind mit einem graugrünen Pilzrasen überzogen	Grauschimmelpilz Botrytis	sparsam düngen; im Folgejahr bei Austrieb Spritzung mit speziellem Fungizid
kleinere Zweige oder ganze Äste mit gelben oder braunen Nadeln, die vertrocknen und abfallen; oft treiben geschädigte Knopsen kümmerlich aus	Frostschäden	wenn gesunde Äste aus getrieben haben, unansehnliche trockene Zweige ausschneiden
an Zweigspitzen, aber auch an 2–3jährigen Trieben viele helle, verbräunende und absterbende Nadeln; nur an der Serbischen Fichte Picea omorika	Ursachenkomplex „Omorikasterben"	P. omorika nicht auf saure oder zur Staunäss neigende Standorte pflanzen; junges Pflanzgut verwenden; Substra zur Bodenlockerung mi Sand oder Styromull ve mischen; kalihaltige Dünger meiden; Spritzung mit 2%iger Bittersalzlösung; Düngung mit zirka 500 g Kieserit je Pflanze

Gallen, hervorgerufen durch Fichtengallenläuse

Durch Sitkafichtenlaus verursachter Schaden

Durch Nadelholzspinnmilben verursachtes Schadbild

KIEFER

Die Gattung Pinus aus der Familie der Kieferngewächse (Pinaceae) ist mit zirka 80 Arten langnadeliger Gehölze vertreten. In der Wuchsform ist sie sehr vielgestaltig: vom hohen Baum mit pyramidaler oder schirmförmig abgeflachter Krone bis zu flach über den Boden kriechenden Formen ist alles vertreten.
Kiefern sind die anspruchslosesten Nadelgehölze. Auch auf ärmsten Böden, wenn sie nicht zu schwer und wasserundurchlässig sind, kann man sie pflanzen.
Ein vollsonniger Standort ist unabdingbare Voraussetzung für ein gutes Wachstum.

Fruchtstand von Pinus mugo

Pinus wallichiana

Pinus pumila

Hauptschädlinge		
Name	Symptome	Bekämpfung
Europäische Kiefernwollaus oder Strobenrindenlaus	auf der Rinde jüngster Zweige oder an Maitrieben weiße Wolläuse	vor Austrieb Spritzung mit ölhaltigem Insektizid, nach Austrieb mit speziellem Insektizid
Kiefernknospentriebwickler	Raupenfraß an treibenden Knospen; Triebe ausgehöhlt, die vertrocknen oder verkrüppelt wachsen	Abschneiden und Verbrennen befallener Triebe und Knospen; Behandlung der Knospenquirle im Juni/Juli und September/Oktober mit speziellem Insektizid

Krankheiten		
Schadbild	Ursache	Abhilfe
im April/Mai werden die Nadeln von 1–7jährigen Kiefern fleckig; Abwurf abgestorbener Kurztriebe	Kiefernschütte durch Schadpilz Lophodermium	für lichten Standort und beste Kulturbedingungen sorgen, abgefallene Nadeln sammeln und vernichten
an der Rinde große blasige, hellgelbe Sporenlager	wirtswechselnder Rostpilz	keine Johannisbeeren in die Nähe pflanzen, da Ribesarten Zwischenwirtspflanze; dort „Säulenrost" auf Blattunterseiten

Verkrüppelter Trieb, verursacht durch die Raupe des Knospentriebwicklers

Raupe des Knospentriebwicklers

Stammschaden an der Weymouthskiefer, hervorgerufen durch den Pilz Cronartium

Durch den Pilz Lophodermium verursachtes Schadbild

DOUGLASFICHTE, DOUGLASIE

Pseudotsuga aus der Familie der Kieferngewächse (Pinaceae) ist in unseren Gärten nur durch die Art P. menziesii aus Nordamerika vertreten. Sie ist ein großer, fichtenähnlicher Baum, der in allen Böden gedeiht; Ausnahmen: ganz magerer Sand und schwerer Ton.

Hauptkrankheit		
Schadbild	Ursache	Abhilfe
im Sommer an Nadeln gelbgrüne, später rostrote Flecken; Nadelfall an vorjährigen Trieben	Gemeine, rostige Douglasienschütte durch Schadpilz Rhabdocline	bei Befall Jungbäume im Mai/Juni mehrfach mit speziellem Fungizid behandeln

Hauptschädling		
Name	Symptome	Bekämpfung
Douglasienwollaus	Nadeln von zahlreichen weißwolligen Läusen besetzt; Krümmung und Abfall der Nadeln	wirtswechselnd zur Fichte (Picea), deshalb keine Dichtpflanzung zu Fichten; Bekämpfung vor Austrieb mit ölhaltigem Insektizid, bei akutem Befall mit speziellem Insektizid

Douglasienschütte, verursacht durch den Pilz Rhabdocline

Douglasienwolläuse

Pseudotsuga menziesii

Frucht von Pseudotsuga menziesii

EIBE

Die Eibe (Taxus) aus der Familie der Eibengewächse (Taxaceae) ist ein Nadelgehölz mit vielen „schlafenden" Knospen, die das Austreibe- und Reproduktionsvermögen dieser Konifere erklären.
Eiben vertragen Sonne wie Schatten; die Kultur ist in sandiglehmigen, kalkhaltigen Böden optimal. Trockene und heiße sowie zur Staunässe neigende Standorte sind unbedingt zu meiden.

Hauptschädlinge		
Name	Symptome	Bekämpfung
Knospengallmilbe, Taxusgallmilbe	6–9 mm lange, eiförmige Gallen, darin 0,2 mm große Milben; Knospen stark verdickt; Neuaustrieb mißgestaltet	Rückschnitt und Vernichtung befallener Triebe
Eibennapfschildlaus	an den Nadelunterseiten dunkelbraun glänzende Schilde; im Sommer Honig- und Rußtau an den Nadeln	Spritzung mit speziellem Insektizid oder ölhaltigem Mittel

Schadbild bei Befall durch die Knospengallmilbe

Taxus baccata

Frucht von Taxus baccata

LEBENSBAUM

Die Gattung Thuja mit 6 Arten, alle in Nordamerika und Ostasien beheimatet, gehört zu den Zypressengewächsen (Cupressaceae). In unseren Gärten ist vor allem T. occidentalis, der Abendländische Lebensbaum, verbreitet.
Thuja wächst in jedem Boden, wenn er nur etwas feucht ist. Optimal ist sandig-lehmiger Boden und freie, sonnige Lage. Gegen Staub und Emissionen ist der Lebensbaum wenig empfindlich. Er verträgt einen Schnitt (im späten Frühjahr nach dem Austrieb!) wie kaum ein anderes Nadelgehölz.

Thuja orientalis

Hauptschädlinge		
Name	Symptome	Bekämpfung
Thujaminiermotte	im Mai „Blättchen“ von der Spitze her gelbbraun verfärbt, darin mit Kotkrümeln gefüllte Gänge und grünliche, zirka 3 mm lange Raupen; Ende Juni erscheinen die Falter; ab Ende August Jungraupen der Folgegeneration in den Trieben	Mitte Juni und Anfang Juli je 1 Behandlung mit speziellem Insektizid gegen die Falter; Austriebspritzung mit viel Brühe gegen die Jungraupen
Zypressenblattlaus	an Nadeltrieben große Blattläuse; Rußtaubildung	Austriebspritzung; bei Befall spezielles Insektizid anwenden
Napfschildlaus	auf jungen Trieben kleinere, braune, höckerartige Schilde	ab Ende Juli 2- bis 3mal mit ölhaltigem Insektizid

Trieb- und Zweigsterben, hervorgerufen durch den Pilz Kabatina

Durch die Raupen der Miniermotte verursachtes Schadbild

Hauptkrankheit		
Schadbild	Ursache	Abhilfe
zunächst Blattschuppen, dann Triebe und Zweige gelbbraun bis braun verfärbt, oft nur im Spitzenbereich der Zweige; nachfolgend Absterben	Trieb- und Zweigsterben durch Schadpilz Kabatina	3 Spritzungen im Abstand von jeweils 2 Wochen ab Mitte Mai mit speziellem Fungizid

Napfschildläuse

Das neue Pflanzenschutzgesetz verlangt die Beachtung des Integrierten Pflanzenschutzes und definiert ihn wie folgt:
„Integrierter Pflanzenschutz ist eine Kombination von Verfahren, bei denen unter vorrangiger Berücksichtigung biologischer, biotechnischer, pflanzenzüchterischer sowie anbau- und kulturtechnischer Maßnahmen die Anwendung chemischen Pflanzenschutzes auf das notwendige Maß beschränkt wird.“
Die Anwendung chemischer Pflanzenschutzmittel stellt immer die letzte Möglichkeit der Schädlingsbekämpfung dar. Ist sie aber unumgänglich, so muß die Ausbringung der Mittel unbedingt fachgerecht erfolgen.

Marienkäfer frißt Blattlaus

Bekämpfung von Pflanzen-krankheiten und Schädlingen

Pflanzenschutz bei Anzucht, Stecklingsvermehrung und Jungpflanzenkultur

Um die Vermehrung von Pflanzen nicht zu einem Glücksspiel werden zu lassen, sollte man einige Grundregeln des Pflanzenschutzes kennen und beachten.

Keimlinge, Stecklinge oder Jungpflanzen sind von Natur aus schwach und können sich nicht gegen ihre Hauptfeinde, die bodenbürtigen Pilze, wehren. Für die Vermehrung kommt deshalb ausschließlich abgepackte Anzuchterde oder Pflanzsubstrat in Frage, die keim- und pilzfrei sind.

Ebenso sauber und steril wie die Erde müssen die Gefäße sein, in denen die Anzucht oder Vermehrung stattfinden soll – und nur bei neuen Behältnissen kann man da sicher sein. Wiederverwendete Töpfe, Schalen oder Pikierkästen werden ½ Stunde in eine Desinfektionslösung getaucht und danach gründlich gewässert. Jede Drogerie führt geeignete Desinfektionsmittel. Unterläßt man die Entseuchung bereits benutzter Gefäße, so werden sich die darin möglicherweise befindlichen Überdauerungsstadien von Schadpilzen ungehemmt, ja verstärkt vermehren, weil in dem sterilen Substrat keine natürlichen Feinde vorhanden sind.

Zusätzliche Sicherheit garantiert die Verwendung von Pilzbekämpfungsmitteln, denn aus der Luft, mit dem Gießwasser oder mit Gerätschaften können immer wieder Pilzsporen in die Kulturgefäße gelangen. Kein Saatgut sollte ungebeizt in den Boden kommen, damit Schadpilze, deren mikroskopisch kleine Vermehrungskörper häufig bereits dem Samenkorn anhaften, sich in der Kultur nicht breitmachen können. Das Saatgut schüttelt man mit Polyram-Combi oder Phytox-Super in einem Gefäß gründlich durch und siebt dann das überschüssige Fungizid in die Originalpackung zurück. Stecklinge und Jungpflanzen taucht man vor dem Pflanzen in eine Euparen- oder Polyram-Combi-Brühe und gießt sie im folgenden Monat einmal wöchentlich mit dieser Flüssigkeit.

Mechanische Verfahren

Vor der Anwendung chemischer Mittel sollte immer der Versuch stehen, den vermuteten Schaderreger auf anderem Wege auszuschalten.

Von **pilzlichen Schädigern** befallene Pflanzenteile – kenntlich am Mehltau, Pilzrasen, Sporenlager oder Blattnekrosen – sollten möglichst umgehend entfernt und vernichtet werden, ehe die Krankheit auf die übrigen, noch gesunden Pflanzenteile übergreifen kann. Für diesen Abfall kommt der Komposthaufen nicht in Frage, weil Fortpflanzungs- oder Überdauerungsstadien von Schadpilzen die Kompostierung überstehen können. Kranke Pflanzenteile gehören daher auf jeden Fall in den Müll.

Die mechanische Ausschaltung von Zwischenwirten sollte nicht erst als Bereinigungsmaßnahme erfolgen. Bereits bei der Planung (Wahl der Pflanzenart und des Standorts) muß der Gartenfreund die Dichtpflanzung von Haupt- und Nebenwirten bestimmter Schaderreger (Rostpilze, wirtswechselnde Nadelholzgalläuse) vermeiden.

Fressende Schädlinge hinterlassen ein eindeutiges Schadbild, auch wenn sie selbst nicht gefunden werden. Bei Erscheinen ihres Fenster-, Loch- oder Kerbfraßes an den Blättern muß man sich auf die Suche nach dem Verursacher machen. Wird er nicht gefunden, kann es sich um einen nachtaktiven Schädling handeln, und die Jagd muß auf die späten Abendstunden verlegt werden. Schnecken, Asseln, Ohrwürmer, Eulenraupen oder Dickmaulrüßler sind die wichtigsten, das Tageslicht meidende Schädiger. Solange man den Verursacher nicht kennt, ist der Einsatz eines Schädlingsbekämpfungsmittels wegen seiner spezifischen Wirkung nicht sinnvoll. Oft kann man die Schädlinge in künstliche Verstecke locken und dann vernichten, so daß weitere Bekämpfungsmaßnahmen nicht nötig sind. Schneckenfang in Bierfallen und das Absammeln von Eulenraupen und Dickmaulrüßlern von Brettchen, flachen Steinen, Dachziegeln oder ähnlichem, die man als Unterschlupfmöglichkeit zwischen die Pflanzen auf die Beete gelegt hatte, sind bewährte mechanische Bekämpfungsverfahren.

Chemischer Pflanzenschutz

In der Bundesrepublik darf ein Präparat als Pflanzenschutzmittel nach dem Pflanzenschutzgesetz von 1986 nur in den Verkehr gebracht werden, wenn es von der Biologischen Bundesanstalt im Einvernehmen mit dem Bundesgesundheitsamt und dem Umweltbundesamt als solches zugelassen ist. Ein zugelassenes Pflanzenschutzmittel muß die Zulassungsnummer tragen und ist in der Regel durch ein aufgedrucktes Dreieck mit der Ährenschlange (dem „Markenzeichen" der Biologischen Bundesanstalt) gekennzeichnet. Die Zulassung erhält ein Präparat nur dann, wenn durch intensive Prüfungen bewiesen ist, daß es ausreichend wirkt und bei bestimmungsgemäßer und sachgerechter Anwendung keine schädlichen Auswirkungen für die Gesundheit von Mensch und Tier und auf den Naturhaushalt hat.

Wird ein zugelassenes Pflanzenschutzmittel gewerbsmäßig vertrieben, müssen nach dem Pflanzenschutzgesetz folgende Mindestangaben auf den Behältnissen und abgabefertigen Packungen aufgedruckt sein:

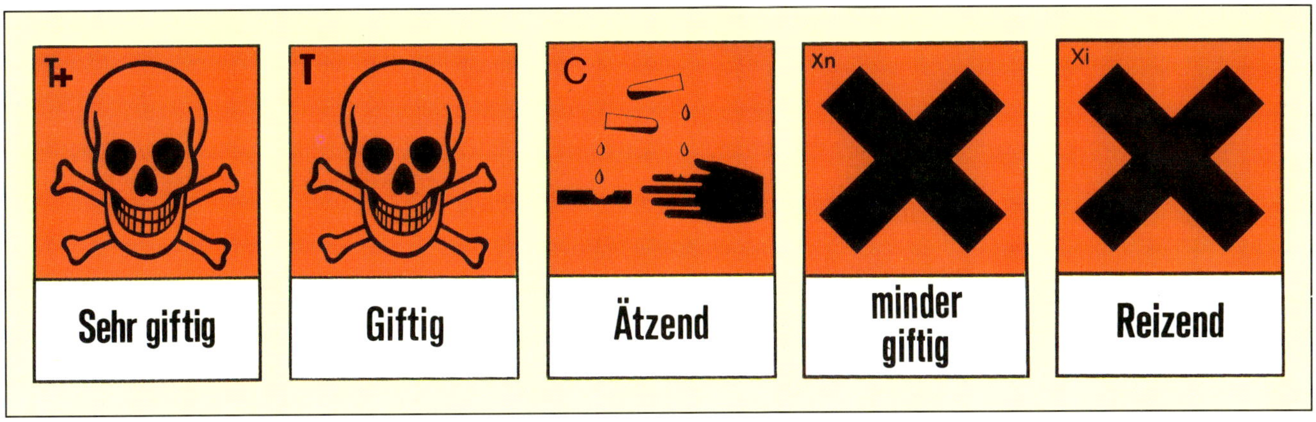

Gefahrensymbole

- Bezeichnung (Name) des Mittels
- Art und Menge der wirksamen Bestandteile (Aktivsubstanz)
- Zulassungsnummer
- Firma (Hersteller oder Vertreiber)

sowie in der aufgedruckten oder als Beipackzettel hinzugefügten Anwendungsvorschrift:

- Zweck, Art und Zeit der Anwendung
- aufzuwendende Menge (Dosis)
- einzuhaltende Wartezeit in Tagen nach der Anwendung (bei Zulassung an Pflanzen, die der Nahrung dienen)
- Hinweise auf die Gefahren, die bei der Lagerung oder Anwendung auftreten können
- das Verfallsdatum (bei Mitteln mit beschränkter Haltbarkeit)
- die von der Biologischen Bundesanstalt bei der Zulassung eventuell vorgeschriebenen weiteren Anwendungsbeschränkungen

Der Aufdruck dieser Angaben ist im Rahmen des Zulassungsverfahrens genehmigungspflichtig. Als Bekämpfungsziel darf zum Beispiel nur aufgedruckt werden, was vorher im Pflanzenschutzversuch amtlich geprüft wurde. Einen „Etikettenschwindel" gibt es daher bei Pflanzenschutzmitteln nicht. Der Anwender kann sich darauf verlassen, daß das Mittel gegen die bezeichneten Zielorganismen hinreichend wirkt.

Bei Präparaten, die speziell zur Anwendung an Zierpflanzen zugelassen wurden, enthält die Anwendungsvorschrift überdies Hinweise auf die Pflanzenverträglichkeit. Zierpflanzenarten und -sorten, von denen das Präparat gut vertragen wird, beziehungsweise bei denen mehr oder minder starke Schäden oder Empfindlichkeiten beobachtet wurden, sind hier aufgeführt. Für den Zierpflanzengärtner ist diese Positiv-Negativ-Liste oft eine besonders wichtige Information, da sie ihn vor Verlusten seiner mitunter wertvollen Pflanzen schützt.

Pflanzenschutzmittel sind chemische Stoffe, die bei Mißbrauch oder Unvorsichtigkeit für den damit in Berührung kommenden Menschen zur Gefahr werden können. Entsprechend dem Grad ihrer **akuten Giftigkeit** (Schädigung unmittelbar nach einmaliger Aufnahme durch Mund, Haut oder Atmungsorgane) werden Pflanzenschutzmittel nach der Gefahrstoff-Verordnung in verschiedene Gefährdungsklassen oder aber als ungiftig eingestuft.

Die **Gefahrensymbole** der zu kennzeichnenden Pflanzenschutzmittel sind folgend angegeben. Dabei werden 5 Gefährdungsklassen unterschieden:

Sehr giftig: schwarzer Totenkopf auf orangefarbenem Grund; Kennbuchstabe T+

Giftig: schwarzer Totenkopf auf orangefarbenem Grund; Kennbuchstabe T

Ätzend: schwarze ätzende Flüssigkeit; Kennbuchstabe C (derzeit kein Pflanzenschutzmittel im Handel)

Mindergiftig: schwarzes Andreaskreuz auf orangefarbenem Grund; Kennbuchstaben Xn

Reizend: schwarzes Andreaskreuz auf orangefarbenem Grund; Kennbuchstaben Xi

Als allgemeiner Grundsatz der Pflanzenschutzberatung gilt, daß sehr giftige und giftige Präparate (mit T+ und T gekennzeichnete Mittel) in der Regel wegen der mit der Anwendung und Aufbewahrung verbundenen möglichen Gefahren nicht in die Hand des Hobbygärtners gehören.

In der Tabelle der für den Pflanzenschutz an Zierpflanzen im Garten geeigneten Insektizide (siehe Seite 193) finden sich wegen ihrer speziellen Wirkung trotzdem einige in diese Gefährdungsklassen gehörende Gifte. Daher werden die wichtigsten gesetzlichen Vorschriften für den Handel mit giftigen Pflanzenschutzmitteln nachfolgend aufgeführt:

- Pflanzenschutzmittel dürfen nur in einer zur Abgabe an Verbraucher bestimmten Packung in den Verkehr gebracht werden. Es ist also nicht gestattet, Pflanzenschutzmittel aus abgabefertigen Packungen in irgendwelche andere Behältnisse umzufüllen.

- Der Verkäufer muß zu der Annahme berechtigt sein, daß der Käufer das giftige Pflanzenschutzmittel zur Bekämpfung von Schadorganismen in zuverlässiger Weise benutzen will.
- An Personen unter 18 Jahren dürfen giftige Pflanzenschutzmittel nicht abgegeben werden.
- Über die Abgabe von giftigen Pflanzenschutzmitteln sind im Einzelhandel Aufzeichnungen zu führen, die Angaben über Art und Menge des Mittels, das Datum der Abgabe, den Verwendungszweck, den Namen und die Anschrift des Erwerbers und den Namen des Abgebenden enthalten. Der Empfang des giftigen Pflanzenschutzmittels ist vom Erwerber durch Unterschrift zu bestätigen.
- Gifte mit dem Kennbuchstaben T+ und T sind stets so unter Verschluß aufzubewahren, daß nur sachkundige Personen Zugang haben.

Sachgerechte Durchführung einer Pflanzenschutzmaßnahme

Wahl des Mittel und Einkauf

Nach dem neuen Pflanzenschutzgesetz muß der Verkäufer den Käufer von Pflanzenschutzmitteln über ihre Anwendung sachgerecht unterrichten und darüber hinaus einen Sachkundenachweis vorweisen können. Trotzdem sollte jeder, der Pflanzenschutzmittel anwenden will, vor Betreten eines Gartenfachgeschäftes wissen, welchen Schaderreger er zu bekämpfen hat und welches Präparat er zu diesem Zweck kaufen möchte.

Die Wahl des Mittels richtet sich nach dem Bekämpfungsziel, der Giftigkeit, der Anwendungsart, der Packungsgröße, der Pflanzenverträglichkeit und natürlich auch nach dem Preis.

Entsprechend ihrer Bestimmung interessieren den Hobbygärtner besonders die folgenden Pflanzenschutzmittel.

Fungizide: Mittel gegen pilzliche Schaderreger. Sie verhindern auf der Pflanzenoberfläche das Keimen von Pilzsporen oder hemmen ein Ausbreiten des Pilzes in oder auf der Pflanze.

Insektizide: Mittel, die über Atmung, Berührung oder Fraß gegen Schadinsekten wirken.

Akarizide: Mittel, die pflanzenschädigende Milben abtöten. Eine Anzahl insektizider Stoffe hat gleichzeitig eine Wirkung gegen verschiedene Milbenstadien. Diese Eigenschaft ist aber in jedem Fall auf der Packung aufgedruckt.

Für die Behandlung von Problemunkräutern wurde auf die Herbizide (Unkrautbekämpfungsmittel) hingewiesen (siehe Seite 92). Zur Bekämpfung von Schnecken sind Molluskizide im Handel, auf die im Kapitel „Tierische Schaderreger" (siehe Seite 92) eingegangen wurde.

In der Bundesrepublik sind **Bakterizide** (Präparate zur Bekämpfung von Bakterienkrankheiten) und **Virizide** (Präparate zur Bekämpfung von Viruserkrankungen) nicht zugelassen. Die Ähnlichkeit und nahe Verwandtschaft der pflanzenschädigenden (phytopathogenen) Arten mit solchen, die den Menschen angreifen (humanpathogenen) ist recht groß. Es sind jedoch keine Erreger bekannt, die sowohl Pflanzen als auch Menschen befallen. Man befürchtet aber, daß mit dem Einsatz solcher Mittel zur Bekämpfung von pflanzlichen Schaderregern auch die Abwehrkräfte des Menschen geschwächt werden könnten.

Die chemischen Pflanzenschutzmittel setzen sich aus dem **Wirkstoff** (Aktivsubstanz) und **Beistoffen** (oder **Begleitstoffen**) zusammen. Letztere vereinfachen die Anwendung (zum Beispiel Granulate) oder machen die Wirkung sicherer, indem sie die Verteilung des Spritzbelags auf der Pflanzenoberfläche und seine Haftfähigkeit verbessern. Spritzmittel werden als flüssige Konzentrate (Lösungen oder Emulsionen) oder als Spritzpulver zur Herstellung der Behandlungsflüssigkeit (das „Pirimor-Granulat zum Auflösen in Wasser" ist eine Ausnahme!) gehandelt. Wegen der Schwierigkeit beim Abmessen kleiner Mengen wird der Hobbygärtner in der Regel flüssige Pflanzenschutzmittel bevorzugen.

Ölhaltige Spritzmittel (Austriebsspritzmittel, Sommeröle) oder Seifen (Neudosan, eigene Schmierseifenrezepturen) zerstören die vor Nässe und Verdunstung schützende Wachsschicht auf der Insektenhaut oder verstopfen die Atmungsorgane dieser Schädlinge. Die systemische Eigenschaft eines Pflanzenschutzmittels, das heißt seine Fähigkeit, sich im Innern der Pflanze nach Aufnahme über die Blätter oder über die Wurzeln auszubreiten, ist unabhängig von der Darreichungsform: Metasystox und Dimethoat sind systemisch wirkende Stoffe in flüssiger Form, Croneton wird als Granulat angeboten. Bei diesen Präparaten wird der Wirkstoff von der Pflanze aufgenommen und verteilt, so daß sein tödlicher Effekt in allen Gewebebereichen nachgewiesen werden kann. Durch Aussaugen des Pflanzensafts nehmen die Schädlinge das Gift auf und gehen zugrunde.

Bekämpfungsziel: Die wichtigsten pilzlichen und tierischen Schaderreger wurden gesondert oder an den betreffenden Pflanzen besprochen und Möglichkeiten zu ihrer Bekämpfung aufgezeigt. Im Tabellenteil (siehe Seite 193) folgt eine Zusammenstellung der für den Einsatz auf Rasen, an Rosen oder in Rabatten beziehungsweise an Laub- und Nadelgehölzen zugelassenen Pilzbekämpfungsmittel (Fungizide) und Mittel gegen Insekten und pflanzenschädigende Milben (Insektizide und Akarizide), soweit sie in kleineren Abpackungen im bundesdeutschen Handel (siehe Seite 193), in Österreich (siehe Seite 193) oder in der Schweiz (siehe Seite 197) verfügbar sind. Angaben zu ihrer Wirkungsbreite und Einordnung in Gefährdungsklassen sind dort ebenfalls zu finden. Diese Übersichten

können aber weder vollständig noch besonders lange „auf dem letzten Stand“ sein. In Österreich und in der Schweiz werden jährlich Verzeichnisse der zugelassenen Pflanzenschutzmittel veröffentlicht, in der Bundesrepublik in unregelmäßigen Zeitabständen mehrmals im Jahr. Die die Zulassung betreffenden Veränderungen werden im Bundesanzeiger bekanntgegeben. Ein nicht mehr zugelassenes Pflanzenschutzmittel muß nicht schlecht oder sogar bedenklich gewesen sein. Meistens ist die gesetzliche Frist für die Zulassung abgelaufen und von der Firma aus patentrechtlichen oder vertriebstechnischen Gründen nicht wieder beantragt worden.
Der Gartenfreund sollte sich deshalb aus der betreffenden Übersicht das Mittel seiner Wahl aussuchen. Im Fachgeschäft wird er das Präparat oder vielleicht auch das Folgeprodukt erhalten.
Giftigkeit: Für viele Käufer ist die Giftigkeit beziehungsweise die Gefährlichkeit eines Pflanzenschutzmittels wichtigstes Kriterium. Dies sollte besonders für den Hobbygärtner gelten, denn meist werden die Mittel im mehr oder minder engen Siedlungsbereich eingesetzt. Außerdem ist der Bedarf bei der einzelnen Behandlung in der Regel so gering, daß auch bei der kleinsten Packung immer Reste beziehungsweise angebrochene Behältnisse übrig bleiben, deren gefahrlose Lagerung sichergestellt sein muß. Es klingt banal, ist aber so: **Je ungiftiger das eingekaufte Pflanzenschutzmittel, um so gefahrloser der Umgang damit und um so einfacher später seine Beseitigung!**
Packungsgröße und **Preis:** Kein Pflanzenschutzmittel wird durch Lagerung besser! Je kleiner die Packung ist, um so geringer ist der nicht benötigte Rest des Mittels. Leider sind die kleineren Gebinde im Verhältnis zu den größeren teurer und damit unwirtschaftlicher.

Schutzkleidung

Für die Arbeit mit Pflanzenschutz- und Schädlingsbekämpfungsmitteln sind die auf dem Etikett und in der Gebrauchsanleitung empfohlenen Schutzvorkehrungen für den Anwender genauestens zu beachten. Als Schutzmaßnahmen können – je nach Gefährlichkeit des Mittels – Schutzhandschuhe, -kleidung, -brille und Atemschutz vorgeschrieben sein. Auch bei nicht giftigen Präparaten ist der Hautkontakt zu vermeiden – vor allem beim Umgang mit dem unverdünnten Mittel. Wasserundurchlässige Handschuhe und eine Schutzbrille sind neben der eigentlichen Schutzkleidung das mindeste.

Abmessen des Mittels

Vor dem Ansetzen der Spritzflüssigkeit sollte der Mengenbedarf kalkuliert werden, damit möglichst keine Reste übrig bleiben.
Der umsichtige Gartenfreund notiert sich nach Beendigung der Spritzmaßnahme den tatsächlichen Bedarf für das nächste Mal!

Mengenbedarf an Spritzflüssigkeit für verschiedene Objekte

Fläche/Objekt	Behandlungsflüssigkeit
Rasen	0,5 l/10 m^2
Rosen, Rabatten (bis 0,5 m Höhe)	1 l/m^2
Büsche	1 l/Busch
Hecke (bis 2 m Höhe)	1 l/laufender Meter
Bäume (je nach Größe)	5–10 l/Baum

Die Spritzbrühe wird, wenn möglich, im Freien angesetzt; auf keinen Fall sollten solche Arbeiten in bewohnten Räumen durchgeführt werden. Das Dosieren von Pflanzenschutzmitteln ist wegen des meist geringen Bedarfs leichter gesagt als getan. Die folgende Tabelle zeigt übliche Anwendungskonzentrationen gängiger Präparate auf und den tatsächlich benötigten Aufwand für die drei Spritzbrühemengen 0,5, 1,0 und 5,0 l. Da sich pulverförmige Spritzmittel unter 10 g selbst mit einer guten Briefwaage nur ungenau abwiegen lassen, greifen Gartenfreunde lieber zu Flüssigpräparaten. Diese lassen sich mit 1- oder 2-ml-Einmalspritzen (für wenig Geld in Apotheken oder Drogerien erhältlich) sehr genau dosieren.
Manche Pflanzenschutzmittel werden auch in Portionsmengen, zum Teil sogar mit der Handspritze kombiniert, angeboten. In diesem Fall erübrigt sich ein Abmessen oder Abwiegen; da bei häufigen Anwendungen das Präparat jedoch gewechselt werden sollte, stellt sich das Problem der genauen Dosierung erneut.

Aufwand von Spritzmitteln in g beziehungsweise ml für verschiedene Mengen Behandlungsflüssigkeit

Konzentration	Spritzbrühe		
in %	0,5 l	1,0 l	5,0 l
0,01	0,05	0,1	0,5
0,02	0,1	0,2	1,0
0,05	0,25	0,5	2,5
0,1	0,5	1,0	5,0
0,15	0,75	1,5	7,5
0,2	1,0	2,0	10,0

Ausbringung von Pflanzenschutzmitteln

Für Pflanzenschutzmaßnahmen im Haus- oder Kleingarten sind eine Vielzahl handlicher Stäube- und Spritzgeräte im Handel. Amtlich geprüfte und anerkannte Geräte sind durch das Dreieck mit der Ährenschlange gekennzeichnet.

Beim Ausbringen der Mittel muß das Einatmen des Spritznebels vermieden werden. Selbstverständlich verbieten sich Essen, Trinken und Rauchen bei einer solchen Tätigkeit.
Leider wird es sich oft nicht vermeiden lassen, daß Spritzbrühereste übrig bleiben. Restmengen von Fungiziden und Insektiziden sollten über der behandelten Kultur ausgebracht werden. Schwieriger ist es bei Herbiziden. Die Mittel gegen Problemunkräuter sollten grundsätzlich nur in Halblitermengen angesetzt werden, so daß geringe Reste auf die Unkräuter gespritzt oder stark verdünnt in die Kanalisation kommen dürfen. Das Aufheben solcher Brühen in Flaschen oder irgendwelchen Behältnissen ist wegen der Verwechslungsgefahr nicht nur leichtfertig, sondern bringt auch nichts, denn die zuverlässige Wirkung des Mittels geht schnell verloren.
Alte oder überlagerte Pflanzenschutzmittel, die mit einem Totenkopf und dem Kennbuchstaben T oder T+ gekennzeichnet sind, müssen über die Sondermüllsammlung oder eine Hausmülldeponie entsorgt werden. Anders eingestufte Pflanzenschutzmittel können zum normalen Hausmüll.

Sprays

Eine Sonderrolle nehmen die fungiziden und insektiziden Sprays ein. Schwierigkeiten beim Abmessen des Präparats oder bei der Beseitigung von Brühresten gibt es bei diesen Mitteln nicht. Bei der Vielzahl der angebotenen Pflanzenschutzsprays sollte man vor dem Kauf in jedem Fall wissen, wen oder was man bekämpfen will. Häufig sind in Sprays fungizide und insektizide Wirkstoffe kombiniert; sie haben nur dann Sinn, wenn wirklich beide Arten von Schaderregern auf den Pflanzen sind.
Bei Spraydosen sind die Preisunterschiede manchmal gewaltig. Ohnehin sind die Sprühflaschen wegen der druckfesten Behältnisse und des Treibgases recht teuer – auf ihren Inhalt bezogen. Auf jeder Spraydose findet man Angaben über den erforderlichen Mindestabstand zwischen Düse und der zu behandelnden Pflanze, der eingehalten werden muß, will man nicht Ätz- und Unterkühlschäden an der Pflanze riskieren.

Nach der Behandlung

Alle Gegenstände, die mit dem Pflanzenschutzmittel in Berührung kamen (Gummihandschuhe, Dosierhilfen, Spritze etc.), sind unter fließendem Wasser gründlich zu reinigen.
Leere Packungen dürfen in den Hausmüll, ebenso leere Spraydosen nach dem Entweichenlassen des Treibgases.
Verbliebene Pflanzenschutzmittel sind, vor Kindern und Haustieren geschützt, in einem möglichst luftigen, aber frostsicheren sowie trockenen Raum (und selbstverständlich nicht in der Nähe von Lebensmitteln) aufzubewahren. Bewährt hat sich der Kauf oder Eigenbau eines verschließbaren „Gift"-Schränkchens, das zur Lagerung von T-Mitteln ohnehin gesetzlich vorgeschrieben ist.

Besonders im Gewächshaus, aber auch im Freiland, haben sich Gelbtafeln als Bekämpfungsmaßnahme bewährt

Biotechnische Bekämpfungsverfahren

Maßnahmen dieser Art liegen zwischen den besprochenen physikalisch-chemischen Bekämpfungsmöglichkeiten und einer wirklich biologischen Bekämpfung mit Einsatz von Lebewesen. Als biotechnisch werden Maßnahmen bezeichnet, bei denen natürliche Reaktionen der Schädlinge auf physikalische oder chemische Reize ausgenützt werden, um ihre Population (Gesamtheit aller Lebewesen einer Art) bis zur Bedeutungslosigkeit zu verringern.
Lichtfanggeräte, die sogenannten **Schwarzlichtfallen**, locken Fluginsekten mit UV-reichem Licht an ihre elektrisch geladenen Gitter, wo diese dann direkt verglühen. Diese Fallen mögen in Bäckereien und Fleischereien gegen Wespen und Fliegen ihre Berechtigung haben, aber ihr Einsatz im Freien ist ökologisch unverantwortlich und zudem sinnlos, weil sie dort praktisch keine Schädlinge und auch keine lästigen Mücken anlocken, sondern nur erhaltenswerte Glieder der Lebensgemeinschaft unserer Gärten vernichten.
Gelbtafeln oder **weiße Kunststoffolien**, die fertig vorgeleimt gehandelt oder noch mit einem nichttrocknenden Insekten-Leim-Spray besprüht werden müssen, erzielen vor allem in Kleingewächshäusern gute Fangergebnisse bei Trauermücken, Blattläusen, Weißer Fliege und Blasenfüßen.
Der Einsatz von **Aggregationspheromonen**, synthetisch hergestellten natürlichen Geruchsstoffen, ist eine weitere Möglichkeit der biotechnischen Bekämpfung. Im Forstbereich ahmt man damit Borkenkäfer nach, die ihre Artgenossen an befallsgeeignete Bäume locken. Die Tiere werden dann in Fallen gefangen. Verfahren für den Gartenbereich stecken jedoch noch im Versuchsstadium.

Fledermaus

Igel

Biologische Schädlingsbekämpfung

Die Forderung nach biologischer Schädlingsbekämpfung wird von vielen Gartenfreunden als Wunsch nach nichtchemischem Pflanzenschutz verstanden. Fachlich versteht man allerdings darunter den gezielten Einsatz von Lebewesen zur Schädlingsabwehr.
Jahrelang hatte man praktisch allein die **Bacillus-thuringiensis-Präparate** vorzuweisen, bei denen für Menschen und höhere Tiere unschädliche Bodenbakterien im Magen-Darm-System von Schmetterlingsraupen eine todbringende Krankheit auslösen. Die Gartenfreunde wenden diese Mittel (Dipel, Thuricide, Neudorff's Raupenspritzmittel) seit Jahren mit Erfolg an.
Auf die immer wieder gestellte Frage zur biologischen Bekämpfung von pilzlichen Schaderregern sei vermerkt, daß man in dieser Hinsicht noch kein praxisreifes Verfahren entwickelt hat. Schadpilze werden durch optimale Pflege und Ernährung der Wirtspflanze biologisch klein gehalten.

Nützlingsschonung und Bienenschutz

Im Gefüge der Natur haben die Organismen, die wir als Schädlinge bezeichnen und verfolgen, ihrerseits auch wieder Gegenspieler, die - weil sie uns nützen - als Nützlinge betrachtet werden. Das Werk der Schädlinge haben wir in vielen Erscheinungsbildern vorgeführt bekommen, das Werk der Nützlinge dagegen spielt sich im stillen und scheinbar ohne sichtbare Erfolge ab. Man darf indes mit Fug und Recht behaupten, daß alle unsere empfohlenen Bekämpfungsmaßnahmen nicht zum Ziel führten, würde nicht das große Heer der Nützlinge die Schädlinge ständig in Schach halten. Wo immer wir Nützlinge achtlos vernichten oder ihnen die Lebensgrundlage entziehen, kommt es sofort zu ungehemmter Vermehrung von Schädlingen.
Folgend sollen wichtige Nützlinge vorgestellt und Möglichkeiten ihrer Förderung aufgezeigt werden. Die Einteilung folgt der zoologischen Systematik und innerhalb dieser in alphabetischer Reihenfolge.
Unter den **Säugetieren** hatten die **Fledermäuse** früher eine große Bedeutung bei der Dezimierung dämmerungsaktiver Insekten (Eulenfalter, Schnaken, Käfer). Die Zivilisation hat diese Tiergruppe so weit reduziert, daß viele Arten verschollen und andere vom Aussterben bedroht sind. Als Tages- und Winterschlafplätze dienen Höhlen, Gewölbe, Dachstühle und Baumruinen. Wo noch Fledermäuse auftreten, sollte man ihnen diese Plätze erhalten oder ihre Zahl durch Aufhängen von Nistkästen fördern.
Igel sind einige der wenigen Nützlinge, die im allgemeinen geschützt und gehegt werden. Im Garten macht sich der Igel durch Vertilgen von Schnecken und Mäusen nützlich - vor allem, wenn man ihm einen Reisighaufen als Unterschlupfmöglichkeit bietet und ihn in Ruhe läßt. Hunde und falsch verstandene Tierliebe sind seine ärgsten Feinde.
Auf den **Maulwurf** wurde in Zusammenhang mit den schädlichen Wühlmäusen bereits eingegangen. Maulwürfe haben vor allem dort eine nicht zu unterschätzende regulierende Bedeutung, wo verstärkt Bodenschädlinge auftreten.
Spitzmäuse sind keine Nagetiere, sondern mit dem Igel verwandte, nachtaktive Insektenfresser. Wegen ihrer Ähnlichkeit mit Mäusen werden sie leider immer wieder verfolgt. Hunde und Katzen stellen ihnen zwar nach, fressen sie aber wegen ih-

Kohlmeise

Zauneidechse

Laubfrösche

Buchfink

Spierstrauch-Naturhecke

res abschreckenden Moschusduftes nicht. Spitzmäuse vertilgen täglich ihr Eigengewicht an Insekten und Schnecken!
Vögel erfreuen uns im Garten nicht nur wegen ihres Gesangs, sie sind unentbehrliche Helfer bei der Kleinhaltung von Schädlingspopulationen. Andererseits sollte man nicht zuviel erwarten: Vögel können weder einen Schädlingsbefall verhindern noch eine Massenvermehrung zum Erliegen bringen. Andererseits ist aber ihr Bedarf an Insekten schon recht groß: ein Meisenpaar zum Beispiel vertilgt mit seinen Jungen im Laufe einer Vegetationsperiode zirka 30 kg Raupen. Bei Schädlingsbekämpfungsmaßnahmen kann es deshalb schnell zu Nahrungsmangel für die Brut kommen.
Zahlreiche insektenfressende Höhlenbrüter - wie **Meisen, Fliegenschnäpper, Kleiber, Rotschwänzchen** und **Schwalben** - lassen sich durch Aufhängen von Nistgelegenheiten in ihrem Bestand vermehren. Überschüssige, nicht bezogene Nistkästen helfen trotzdem, weil sie als geschützte Schlafstellen genutzt werden. Niedrig aufgehängte Nistkästen (unter 2 m Höhe) werden in der Regel nicht von Sperlingen besetzt. Das Flugloch sollte immer nach Südosten ausgerichtet werden.
Für freibrütende Singvögel wie die meisten **Grasmückenarten, Buchfinken** und alle Würgerarten, bietet eine dichte Hecke oder ein aufgeschichteter Reisighaufen geradezu ideale Nistgelegenheiten.
Mitunter auftretende Fraßschäden an Früchten sollten nicht überbewertet werden. Verhindert werden sie am wirkungsvollsten mit spiralig aufgedrehten Kunststoffbändern, die sich im Wind drehen. Gegen Knospenfraß ist noch immer die aus Omas Zeiten stammende Theobaldsche Brühe das probate Mittel. Dazu wird 1 kg Kalisalz oder Kochsalz unter ständigem Rühren in 2-4 l heißem Wasser aufgelöst und nach dem Abkühlen mit 100 ml Wasserglas (in Drogerien erhältlich) verrührt. Aus 1 kg Branntkalk oder kohlensaurem Kalk (Baustoffhandel oder Farbengeschäft) und 10 l Wasser setzt man eine dünne Kalkmilch an, filtriert sie durch ein Tuch, gießt die Salz-Wasserglas-Lösung dazu und füllt auf 20 l auf. Diese Brühe wird im Nachwinter bis zum Schwellen der Knospen auf Bäume und Sträucher gespritzt.
Sperlinge werden oft als Schadvögel betrachtet und verfolgt. Ihre Vertilgung von Unkrautsamen ist jedoch beachtlich. Und es muß zur Ehrenrettung des Spatzen vermerkt werden, daß er seine Brut ausschließlich mit Raupen und anderen Insekten aufzieht! Von Aussaaten muß man die Sperlinge mit Netzen fernhalten.
Unter den **Kriechtieren** oder **Reptilien** gilt es, im Gartenbereich vor allem Zauneidechsen zu schützen. Katzen sind ihre natürlichen Feinde; ein kleiner Steinhaufen an sonniger Stelle bietet diesen Kriechtieren bereits einen wirksamen Schutz.
Lurche oder **Amphibien** spielen als Insektenvertilger an feuchten Stellen und in Schattenlagen eine wichtige Rolle. **Grasfrosch, Laubfrosch** und **Erdkröte** wandern von Feuchtbiotopen (Teich, Tümpel) immer wieder in Gärten ein. Sie benötigen geeignete Unterschlupfmöglichkeiten.
Bestimmten **Insekten** kommt als Schädlingsbekämpfern überragende Bedeutung zu. Entweder stellen sie als Räuber den Schädlingen nach oder machen als Parasiten ihre Larvenentwicklung in deren Körper durch.
Bienen und **Hummeln** dezimieren keine Schädlinge und sind dennoch ungemein nützlich. Durch die Blütenbestäubung si-

Erdkröte

Biene

Die Larven der Florfliegen vertilgen große Mengen Blattläuse

chern sie nicht nur unsere Erträge; sie helfen Wildpflanzen, die auf Insektenbestäubung angewiesen sind, zu befruchten und zu erhalten. Der Gartenfreund betreibt Bienenschutz nicht nur, weil er per Gesetz (Bienenschutzverordnung) vorgeschrieben ist! Es sollte eine Selbstverständlichkeit sein, daß bienengefährliche Insektizide – ganz gleich, um welches Mittel es sich handelt – nicht an blühenden Pflanzen angewendet werden oder beim Ausbringen auf blühende Unterkulturen abdriften!

Die Larven der **Florfliegen** sind gefräßige Blattlausvertilger. Im Sommer dauert die Entwicklung vom Ei bis zum knapp 2 cm großen, grünen, zarten Insekt mit den goldenen Augen ungefähr 2–3 Wochen. In dieser Zeit frißt eine Larve etwa 500 Blattläuse. Der Schutz der Florfliege sollte bereits im Haus beginnen, wo diese nützlichen Insekten regelmäßig in Fluren, auf Dachböden oder in anderen kalten Räumen überwintern.

Laufkäfer werden als nützliche Räuber viel zu wenig beachtet und oft wegen ihrer dunklen Farbe und ihres Wehrgestanks falsch eingeschätzt. Sie sind überwiegend nachtaktiv und jagen Würmer, vor allem aber Schnecken. Alle Laufkäfer benötigen flache Steine, Brettchen oder dergleichen als Unterschlupfmöglichkeit.

Alle **Marienkäfer** und ihre Larven sind nützlich. Die einzelnen Arten sind Nahrungsspezialisten und haben sich zum Beispiel auf den Verzehr von Blattläusen, Schildläusen oder Spinnmilben spezialisiert – eine Art frißt ausschließlich Mehltau-Myzel! Die häufigen, schwarz-roten Zweipunkt-Marienkäfer vertilgen 60 Blattläuse am Tag, und der allbekannte Siebenpunkt bringt es gar auf 150! Die Larve des letztgenannten benötigt zu ihrer Entwicklung etwa 800 Blattläuse, und der Käfer frißt im Laufe seines Lebens dann noch einmal über 4000 Stück. Wenn man also Marienkäfer auf den Pflanzen entdeckt, sind Blattläuse nicht weit, aber in der Regel auch bald vernichtet. Wenn eine chemische Bekämpfung von Blattläusen notwendig sein sollte, ist das nützlingsschonende Präparat Pirimor am besten geeignet. Dieses Mittel hat keinerlei negative Auswirkungen auf Marienkäfer.

Laufkäfer frißt Schnecke

Viele Marienkäferarten – und deren Larven – fressen Blattläuse

Ohrwürmer sind im Garten nützlich, so lange sie über eine ausreichende Zahl kleiner Insekten als Nahrung verfügen. Man kann Ohrwürmer auf Bäumen und Sträuchern ansiedeln, indem man mit Holzwolle gefüllte Blumentöpfe als Schlafstätten kopfüber an den Ästen und Zweigen von Gehölzen aufhängt.

Ohrwürmer müssen im Auge behalten werden! Gibt es nicht genügend Blattläuse und andere Kleininsekten, können Ohrwürmer im wahrsten Sinne des Wortes „über Nacht“ zu argen Pflanzenschädlingen werden, die dann Blätter und Blüten befressen.

Unübersehbar groß ist die Artenvielfalt der **Schlupfwespen,** von denen die meisten wegen ihrer Winzigkeit überhaupt nicht erkannt werden. Schlupfwespen parasitieren vor allem Blattläuse, Schildläuse, Schmetterlingseier und Raupen, wobei die einzelnen Arten auf bestimmte Wirte spezialisiert sind. Die Schlupfwespe Encarsia formosa wird zur biologischen Bekämpfung der Weißen Fliege unter Glas bereits in großem Maßstab gezüchtet und im Gartenfachhandel vertrieben.

Schwebfliegen ähneln in ihrem Aussehen Wespen oder Bienen. Sie sind jedoch wehrlos und ernähren sich von Nektar. Die Larven der meisten Schwebfliegenarten entwickeln sich

Die Larven einiger Schwebfliegenarten ernähren sich ausschließlich von Blattläusen

Die Schlupfwespe Encarsia formosa (zirka 49fach vergrößert) parasitiert die Weiße Fliege

Kreuzspinne in ihrem Netz

im Boden, in Jauche oder im Mulm abgestorbener Pflanzen. Einige haben sich auf den Verzehr von Blattläusen eingestellt; jede Larve vertilgt während ihrer Entwicklung mehr als 700 Schädlinge.

Spinnen werden als Nützlinge meist etwas kritisch beurteilt, weil sie sich bei ihrer Jagd auf Insekten nicht auf Schädlinge beschränken. Die vielen bei uns vorkommenden Arten haben sich jedoch auf den Verzehr von Fliegen, Mücken und Blattläusen spezialisiert. Eine Kreuzspinne, deren Netz wir oft zwischen Zweigen oder am Gartenzaun beobachten können, vertilgt pro Jahr erwiesenermaßen 2 kg Insekten (meist Fliegen) und ist damit einem Insekten jagenden Singvogel, etwa einer Blaumeise, schon vergleichbar.

Leider muß man sagen, daß jede Pflanzenschutzmaßnahme in irgendeiner Form störend in die ohnehin nicht mehr sehr natürliche Lebensgemeinschaft des Gartens eingreift. Dabei werden Nützlinge immer als erstes und am meisten in Mitleidenschaft gezogen. Allein aus Gründen der Nützlingsschonung sollten chemische Pflanzenschutzmaßnahmen immer das letzte Mittel zur Verminderung des Schädlingsbefalls sein!

Einsendung zur Untersuchung

In manchen Fällen werden die Angaben in diesem Buch, die Kenntnisse des befragten Gärtners oder die Erfahrungen des Hobbykollegen nicht ausreichen, um bestimmte Pflanzenkrankheiten oder Schädlinge zu erkennen - vor allem, wenn deren Auftreten selten und mehr zufällig ist. Auskunft erteilen die Pflanzenschutzdienststellen, deren Adressen in den Übersichten (siehe Seite 200) zusammengetragen wurden.

Man kann und sollte seine Pflanzenschutzprobleme diesen Dienststellen antragen, kann jedoch nur dann eine zufriedenstellende Auskunft erhalten, wenn man den Fachmann mit der Anfrage ausreichend informiert:

Pflanzenprobe: Der Fachmann muß das Schadbild erkennen. Der Einsender wählt deshalb 1–2 Blätter, Triebe oder andere Pflanzenteile mit charakteristischen Schadsymptomen aus. Es hat sich bewährt, die Pflanzenteile - besonders Blätter - zum Versand in einen Kunststoffbeutel zu stecken. Ohne Papier oder mit angefeuchteter Zeitung eingesandte Pflanzen kommen meist in verjauchtem Zustand an, der eine Diagnose nicht mehr ermöglicht.

Schädlinge: Bodenschädlinge erreichen den Fachmann nur unversehrt, wenn sie mit dem Boden unangefeuchtet verschickt werden. Der Versandbehälter muß dicht gefüllt sein, sonst erschlagen die Bodenteile bei unruhigem Transport die Schädlinge. Als Behältnisse haben sich Streichholzschachteln, Kleinbildfilm-Kapseln oder die Dosen von Schreibmaschinenfarbbändern bewährt. Optimal - aber im Hinblick auf geeignete Transportgefäße nicht ganz einfach - ist die Konservierung der Schädiger in verdünntem Spiritus (drei Teile Spiritus und ein Teil Wasser).

Begleitschreiben: Nur selten ist ein Schadbild so eindeutig, daß es für sich selbst spricht (in diesem Falle dürften die Hinweise in diesem Buch eine Eigendiagnose erlauben). Also muß der Fachmann informiert werden. Eine solche Information soll kein Aufsatz sein, sondern eher ein Telegramm, aber vollständig muß die Auskunft sein. Mindestens die Angaben zu den folgenden Fragen sollten enthalten sein:

- Name der Pflanze
- Alter
- Schadbild (welches, seit wann, wie umfangreich)
- Pflege (wie oft und wie viel gewässert, wie oft und womit gedüngt)
- Pflanzenschutz (wann, womit, wie oft, in welcher Konzentration)

Die Probe sollte deshalb erst dann genomen werden, wenn sie sofort verschickt wird. Der Absendetermin ist so zu wählen, daß die Probe nicht am Samstag in der Dienststelle ankommt oder übers Wochenende unterwegs ist.

ANHANG

Pflanzenschutzmittel in der Bundesrepublik Deutschland und in Österreich

Insektizide (Schädlingsbekämpfungsmittel)

Stand Dezember 1988

		Rasen, Rosen, Rabatten										Laub- und Nadelgehölze						
Schädlingsbekämpfungsmittel (Wirkstoff)	**Gefahrenklasse**	**Spinnmilben**	**Blasenfüße**	**Blattwanzen**	**Blattläuse, Zikaden**	**Weiße Fliege**	**Schildläuse**	**Raupen**	**Käfer und Käferlarven**	**Bodeninsektenlarven**	**Fliegen- und Mückenlarven**	**Gallmilben**	**Spinnmilben**	**Woll- und Galläuse**	**Schildläuse**	**Blattläuse**	**Raupen**	**Käfer und Käferlarven**	**Besondere Hinweise**
Blattglanz-Spray (Mineralöl)	-	+	+			+	+												
Celaflor Austriebsspritzmittel (Mineralöl)	-						+							+	+				
Elefant-Sommeröl (Mineralöl)	-	+	+				+												
Folidol-Öl-Spritzmittel (Mineralöl + Parathion)	T+						+	+	+				+	+	+	+	+	+	Anwendung im Frühjahr
Para-Sommer (Mineralöl)	-	+					+						+						
Promanal (Mineralöl)	-	+					+						+	+	+				Anwendung im Frühjahr
Actellic 50 (Pirimiphos-methyl)	Xn		+																
Ambush (Permethrin)	-		+	+	+	+		+	+		+					+	+	+	
Apollo (Clofentezin)	-	+											+						
Beosit 35 flüssig (Endosulfan)	T		+	+				+	+			+				+	+	+	nicht bienengefährlich
Blattlaus-Vernichter Nexion (Bromophos)	Xi		+		+			+			+					+	+	+	
Compo Insektenmittel (Permethrin)	Xn		+	+	+	+		+	+		+					+	+	+	
Croneton Granulat (Ethiofencarb)	-				+														

Schädlingsbekämpfungsmittel (Wirkstoff)	Gefahrenklasse	Rasen, Rosen, Rabatten										Laub- und Nadelgehölze							Besondere Hinweise
		Spinnmilben	Blasenfüße	Blattwanzen	Blattläuse, Zikaden	Weiße Fliege	Schildläuse	Raupen	Käfer und Käferlarven	Bodeninsektenlarven	Fliegen- und Mückenlarven	Gallmilben	Spinnmilben	Woll- und Galläuse	Schildläuse	Blattläuse	Raupen	Käfer und Käferlarven	
Decis flüssig (Deltamethrin)	Xn		+	+	+	+	+	+	+		+			+	+	+	+	+	
Detia B10 Universal-Staub (Piperonylbutoxid + Pyrethrine)	-		+		+			+	+								+	+	
Detia Werrenpräparat (Lindan)	-									+									
Dipel (Bacillus thuringiensis)	-							+									+		nicht bienengefährlich
Ekamet (Etrimfos)	Xi		+	+	+	+		+	+	+	+			+		+	+	+	
Insekten-Spritzpulver Hortex (Lindan)	-			+				+	+	+						+	+	+	
Insekten-Stäubemittel Hortex (Endosulfan)	-		+	+	+			+	+							+	+	+	
Insekten-Streumittel Nexion (Bromophos)	-									+									
Metasystox R Spezial (Oxydemeton-methyl)	Xn	+			+								+			+			systemisch wirkend
Neudorff's Raupenspritzmittel (Bacillus thuringiensis)	-							+									+		nicht bienengefährlich
Neudosan (Kali Seife)	-	+			+											+			
Parexan (Piperonylbutoxid + Pyrethrine)	-		+		+			+	+								+	+	nicht bienengefährlich
Perfekthion (Dimethoat)	Xn		+		+			+			+					+			systemisch wirkend
Pflanzen-Paral Spritzmittel gegen Pflanzenschädlinge (Permethrin)	Xn	+	+	+	+	+		+	+		+			+		+	+	+	
Pirimor-Granulat zum Auflösen in Wasser (Pirimicarb)	Xn				+											+			nützlingsschonend
Pyreth (Piperonylbutoxid + Pyrethrine)	-		+		+			+	+								+	+	nicht bienen gefährlich
Ribinol (Permethrin)	Xn	+	+	+	+	+		+	+		+					+	+	+	
Rogor (Dimethoat)	Xn		+		+			+			+						+		systemisch wirkend

Schädlingsbekämpfungsmittel (Wirkstoff)	Gefahrenklasse	Rasen, Rosen, Rabatten										Laub- und Nadelgehölze							Besondere Hinweise
		Spinnmilben	Blasenfüße	Blattwanzen	Blattläuse, Zikaden	Weiße Fliege	Schildläuse	Raupen	Käfer und Käferlarven	Bodeninsektenlarven	Fliegen- und Mückenlarven	Gallmilben	Spinnmilben	Woll- und Galläuse	Schildläuse	Blattläuse	Raupen	Käfer und Käferlarven	
Roxion (Dimethoat)	Xn		+		+			+			+						+		systemisch wirkend
Rubitox-Spritzpulver (Phosalon)	Xn	+	+	+	+			+	+		+		+			+	+	+	nicht bienen-gefährlich
Schädlingsvernichter Decis (Detamethrin)	Xn		+	+	+	+		+	+		+			+		+	+	+	
Spruzit flüssig (Piperonylbutoxid + Pyrethrine	-		+		+			+	+								+	+	nicht bienen-gefährlich
Thiodan 35 flüssig (Endosulfan)	T		+	+				+	+			+				+	+	+	nicht bienen-gefährlich
Unden flüssig (Propoxur)	Xn		+	+	+			+	+		+			+		+	+	+	

Gefahrenklassen:
T+ = sehr giftig; schwarzer Totenkopf auf organgefarbenem Grund
T = giftig; schwarzer Totenkopf auf orangefarbenem Grund
C = ätzend; schwarze ätzende Flüssigkeit
Xn = mindergiftig; schwarzes Andreaskreuz auf orangefarbenem Grund
Xi = reizend; schwarzes Andreaskreuz auf orangefarbenem Grund

Diese Übersicht kann aber weder vollständig noch besonders lange „auf dem letzten Stand" sein. In Österreich und in der Schweiz werden jährlich Verzeichnisse der zugelassenen Pflanzenschutzmittel veröffentlicht, in der Bundesrepublik in unregelmäßigen Zeitabständen mehrmals im Jahr. Die die Zulassung betreffenden Veränderungen werden im Bundesanzeiger bekannt gegeben. Ein nicht mehr zugelassenes Pflanzenschutzmittel muß nicht schlecht oder sogar bedenklich gewesen sein. Meistens ist die gesetzliche Frist für die Zulassung abgelaufen und von der Firma aus patentrechtlichen oder vertriebstechnischen Gründen nicht wieder beantragt worden.
Der Gartenfreund sollte sich deshalb aus der betreffenden Übersicht das Mittel seiner Wahl aussuchen. Im Fachgeschäft wird er das Präparat oder vielleicht auch das Folgeprodukt erhalten.

Fungizide (Pilzbekämpfungsmittel)

Stand Dezember 1988

Pilzbekämpfungsmittel (Wirkstoff)	**Gefahrenklasse**	**Blattfleckenpilze**	**Bodenpilze**	**Echter Mehltau**	**Falscher Mehltau**	**Grauschimmel**	**Rostpilze**
Antracol (Propineb)							+
Baymat-Rosenspritzmittel (Bitertanol)	-			+			
BioBlatt Mehltaumittel (Lecithin)	-			+			
Compo Pilz-Frei (Metiram)	Xi	+	+		+		+
Detia Pilzol SZ (Schwefel + Zineb)	-			+	+		+
Dithane Ultra W (Mancozeb)	Xi				+		+
Euparen (Dichlofluanid)	Xi	+		+	+	+	
Karathane-Spritzpulver (Dinocap)	Xn			+			
Kupferkalk Atempo konz; Kupfer W P45/50; Kupferspritzmittel „Schacht“ hochproz. (Kupferoxychlorid)	-				+		
Maneb-Schacht; Maneb 80 Spritzpulver; BASF-Maneb-Spritzpulver (Maneb)	Xi				+		+
Netzschwefelit (Schwefel)	-			+			
Phytox-Super (Metiram)	Xi	+	+		+		+
Polyram-Combi (Metiram)	Xi	+	+		+		+
Ronilan (Vinclozolin)	Xi					+	
Rovral (Iprodion)	-					+	
Saprol (Triforin)	Xi	+		+			+
Sufran (Schwefel)	-			+			

Gefahrenklassen:
T+ = sehr giftig; schwarzer Totenkopf auf organgefarbenem Grund
T = giftig; schwarzer Totenkopf auf orangefarbenem Grund
C = ätzend; schwarze ätzende Flüssigkeit
Xn = mindergiftig; schwarzes Andreaskreuz auf orangefarbenem Grund
Xi = reizend; schwarzes Andreaskreuz auf orangefarbenem Grund

Diese Übersicht kann aber weder vollständig noch besonders lange „auf dem letzten Stand“ sein. In Österreich und in der Schweiz werden jährlich Verzeichnisse der zugelassenen Pflanzenschutzmittel veröffentlicht, in der Bundesrepublik in unregelmäßigen Zeitabständen mehrmals im Jahr. Die die Zulassung betreffenden Veränderungen werden im Bundesanzeiger bekannt gegeben. Ein nicht mehr zugelassenes Pflanzenschutzmittel muß nicht schlecht oder sogar bedenklich gewesen sein. Meistens ist die gesetzliche Frist für die Zulassung abgelaufen und von der Firma aus patentrechtlichen oder vertriebstechnischen Gründen nicht wieder beantragt worden.
Der Gartenfreund sollte sich deshalb aus der betreffenden Übersicht das Mittel seiner Wahl aussuchen. Im Fachgeschäft wird er das Präparat oder vielleicht auch das Folgeprodukt erhalten.

Pflanzenschutzmittel in der Schweiz

Insektizide (Schädlingsbekämpfungsmittel)

Stand 1988/89

Schädlingsbekämpfungs-mittel (Wirkstoff)	**Gefahrenklasse**	**bienengiftig**	**fischgiftig**	**Rasen, Rosen, Rabatten**									**Laub- und Nadelgehölze**							**Besondere Hinweise**
				Spinnmilben	**Blasenfüße**	**Blattwanzen**	**Blattläuse**	**Weiße Fliege**	**Schildläuse**	**Raupen**	**Käfer- und Käferlarven**	**Bodeninsektenlarven**	**Gallmilben**	**Spinnmilben**	**Woll- und Galläuse**	**Schildläuse**	**Blattläuse**	**Raupen**	**Käfer und Käferlarven**	
Apollo SC (Clofentezin)	5S			+										+						
Biocid-Spritzmittel; Nexen Pyrethrine + Piperonylbutoxid	5				+		+			+	+									kurze Wirkung
Deril P (Permethrine)	F		+		+		+	+		+	+						+	+	+	
Diazinon (Diazinon)	5	+	+		+	+	+	+	+	+	+		+			+	+	+	+	
Dicofol (Dicofol)	5		+	+										+						
Dipel, Bacillus thuringiensis	F									+								+		
Ekamet (Etrimfos)	4	+			+	+	+	+		+	+				+		+	+	+	
Gesal (Diazinon)	5	+	+		+	+	+	+	+	+	+		+			+	+	+	+	
Insektenstäubemittel Migros (Chlorpyrifos + Pirimicarb)	F	+	+		+	+	+	+		+	+						+	+	+	
Insekt I (Pyrethrine)	F			+	+		+			+	+			+			+			kurze Wirkung
Insekten-Killer (Permethrin)	F	+	+		+		+	+		+	+						+	+	+	
Insektizid Pirox (Chlorpyrifos + Pirimicarb)	F	+	+		+	+	+	+		+	+						+	+	+	
Ledax WG Emulsion (Pyrethrine + Piperoxylbutoxid)	5				+		+			+	+									kurze Wirkung
Mioplant (Diazinon)	5	+	+		+	+	+	+	+	+	+		+			+	+	+	+	
Natur Insektizid Gesal (Pyrethrine)	F			+	+		+			+	+			+			+			kurze Wirkung
Nexen (Pyrethrine + Piperonylbutoxid)	5				+		+			+	+			+			+			kurze Wirkung

Schädlingsbekämpfungs-mittel (Wirkstoff)	Gefahrenklasse	bienengiftig	fischgiftig	Rasen, Rosen, Rabatten									Laub- und Nadelgehölze							Besondere Hinweise
				Spinnmilben	Blasenfüße	Blattwanzen	Blattläuse	Weiße Fliege	Schildläuse	Raupen	Käfer- und Käferlarven	Bodeninsektenlarven	Gallmilben	Spinnmilben	Woll- und Galläuse	Schildläuse	Blattläuse	Raupen	Käfer und Käferlarven	
Oléoc (Mineralöl)	F													+	+	+	+			Sommer-spritzung
Oleo-Diazinon (Oleo-Diazinon)	5	+	+										+	+	+	+	+	+		
Permethrin 2,5 (Permethrine)	F		+		+		+	+		+	+						+	+	+	
Plictran (Cyhexatin)	4		+	+										+						
Sanoplant Bio Spritzmittel (Pyrethrine)	F			+	+		+			+	+			+			+			kurze Wirkung
Sicid (Rotenon)	5		+	+	+		+			+				+			+	+		
Thiovit Sandoz (Netzschwefel)	5S												+	+						
Thuricide HP (Bacillus thuringiensis)	F									+								+		

Schutz des Anwenders (Gefahrenklassen):
F = nicht giftig
4 = nicht unbedenkliches Produkt; Kennzeichnung: rotes Band; Warnaufschrift: „nicht einnehmen“
5 = Produkt geringer Gefährlichkeit; Kennzeichnung: rotes Band; Warnaufschrift: „nicht einnehmen“
5S = Produkt geringer Gefährlichkeit; Kennzeichnung: rotes Band; Warnaufschrift: „nicht einnehmen“; für Selbstbedienung zugelassen

Fungizide (Pilzbekämpfungsmittel)

Stand 1988/89

Pilzbekämpfungsmittel (Wirkstoff)	Gefahrenklasse	bienengiftig	fischgiftig	Blattfleckenpilze	Bodenpilze	Echter Mehltau	Falscher Mehltau	Grauschimmel	Rostpilze	Besondere Hinweise
Airone (Propineb)	5		+						+	
Antracol (Propineb)	5		+						+	
Baycor (Bitertanol)	F		+			+				
Bayleton WP (Triadimefon)	F					+				
Benlate (Benomyl)	F			+	+			+		Wurzelfäulen
Carbendazim (Carbendazim)	F			+						
Clorofix (Kupferoxychlorid)	4						+			
Dithane Ultra (Mancozeb)	5		+				+		+	
Cuprothiol 70 (Schwefel + Kupfer)	5					+	+			
Euparen (Dichlofluanid)	4		+			+	+	+		
Fitorex (Mancozeb)	5		+				+		+	
Funginex (Triforin)	5			+		+			+	
Karathane (Dinocap)	4		+			+				
Koplan (Dinocap)	4		+			+				
Kumulus (Schwefel)	5S					+				
Kupfer (Kupferoxychlorid)	4						+			
Maneb (Maneb)	4						+		+	
Neminspor (Mancozeb)	5		+				+		+	
Orthozid (Captan)	5S		+				+			
Polyram DF (Metiram)	4			+	+		+		+	
Ronilan (Vinclozolin)	F							+		
Rovral (Iprodion)	F							+		
Sandozeb (Mancozeb)	5		+				+		+	
Silox (Zineb)	5		+				+		+	
Thiovit (Schwefel)	5S					+				
Vitigran (Kupferoxychlorid)	4						+			
Zineb (Zineb)	5		+				+		+	

Schutz des Anwenders (Gefahrenklassen):

F = nicht giftig
4 = nicht unbedenkliches Produkt; Kennzeichnung: rotes Band; Warnaufschrift: „nicht einnehmen“
5 = Produkt geringer Gefährlichkeit; Kennzeichnung: rotes Band; Warnaufschrift: „nicht einnehmen“
5S = Produkt geringer Gefährlichkeit; Kennzeichnung: rotes Band; Warnaufschrift: „nicht einnehmen“; für Selbstbedienung zugelassen

Pflanzenschutzberatung in der Bundesrepublik Deutschland

BADEN-WÜRTTEMBERG
Landesanstalt für Pflanzenschutz
Reinsburgstraße 107
7000 Stuttgart 1
Telefon (07 11) 6 47-25 73

Regierungspräsidium Karlsruhe
- Pflanzenschutzdienst -
Amalienstraße 25
7500 Karlsruhe
Telefon (07 21) 135 5171

Übergebietliche Pflanzenschutzberatung
beim Landwirtschaftsamt:

Trajanstraße 66
6802 Ladenburg
Telefon (0 62 03) 50 06

Regierungspräsidium Stuttgart
- Pflanzenschutzdienst -
Breitscheidstraße 4
7000 Stuttgart 1
Telefon (07 11) 20 50 / 41 88

Regierungspräsidium Freiburg
- Pflanzenschutzdienst -
Erbprinzenstraße 2
7800 Freiburg i. Br.
Telefon (07 61) 2 04-24 93

Übergebietliche Pflanzenschutzberatung
beim Landwirtschaftsamt:

Okenstraße 22
7600 Offenburg
Telefon (07 81) 2 40 71

Fischerstraße 13
7760 Radolfzell
Telefon (0 77 32) 30 66 / 67

Regierungspräsidium Tübingen
- Pflanzenschutzdienst -
Keplerstraße 2
7400 Tübingen
Telefon (0 70 71) 2 81

Übergebietliche Pflanzenschutzberatung
beim Landwirtschaftsamt:

Gartenstraße 2
7770 Überlingen/Bodensee
Telefon (0 75 51) 6 16 75

BAYERN
Bayerische Landesanstalt für Bodenkultur
und Pflanzenbau - Abteilung Pflanzenschutz -
München
Menzinger Straße 54
8000 München 19
Postanschrift:
Postfach 38 02 69
8000 München 38
Telefon (0 89) 179 91

Abteilungen „Pflanzenschutz"
bei den Ämtern für Landwirtschaft und
Bodenkultur in:

Oberbayern:
Prinzregentenstraße 39
8200 Rosenheim
Telefon (0 80 31) 150 48

Esplanade 40
8070 Ingolstadt
Telefon (08 41) 25 93

Niederbayern:
Graflinger Straße 81
8360 Deggendorf
Telefon (09 91) 80 24–26

Oberpfalz:
Weinweg 2–6
8400 Regensburg
Telefon (09 41) 2 40 01

Oberfranken:
Adolf-Wächter-Straße 10
8580 Bayreuth-Altstadt
Telefon (09 21) 6 30 68

Mittelfranken:
Brauhausstraße 9 a
8800 Ansbach
Telefon (09 81) 8 50 48

Unterfranken:
Luxburgstraße 4
8700 Würzburg
Telefon (09 31) 7 20 11 und 7 20 12

Schwaben:
Bismarckstraße 62
8901 Stadtbergen
Telefon (08 21) 52 60 15 / 16

BERLIN (WEST)
Pflanzenschutzamt Berlin
Altkircher Straße 1–3
1000 Berlin-Dahlem
(Post: 1000 Berlin 33)
Telefon (0 30) 8 31 30 82

BREMEN
Pflanzenschutzamt Bremen
Slevogtstraße 48
2800 Bremen 1
Telefon (04 21) 3 61 25 75

HAMBURG
Institut für Angewandte Botanik
- Pflanzenschutzamt - Hamburg
Marseiller Straße 7
2000 Hamburg 36
Postfach 30 27 62
Telefon (0 40) 41 23 23 52

HESSEN
Pflanzenschutzdienst des Hessischen
Landesamtes für Ernährung, Landwirtschaft
und Landentwicklung
Friedrich-Wilhelm-v.-Steuben-Straße 2
6000 Frankfurt (Main)-Hausen-93
Telefon (0 69) 77 50 51–52
und
Am Versuchsfeld 17
3500 Kassel-Harleshausen
Telefon (05 61) 8 81 41

NIEDERSACHSEN
Pflanzenschutzamt Hannover
Wunstorfer Landstraße 9
3000 Hannover 91
Telefon (05 11) 4 00 50
(Landwirtschaftskammer)

Bezirksstellen in:

Hochstraße 17
3300 Braunschweig
Telefon (05 31) 7 10 20

Neue Straße 22
2140 Bremervörde
Postfach 13 33
Telefon (0 47 61) 30 89

Rühmkorffstraße 12
3070 Nienburg (Weser)
Telefon (0 50 21) 20 16

Teichstraße 9
3410 Northeim/Hann.
Telefon (0 55 51) 60 04-92

Wilhelm-Seedorf-Straße 3
3110 Uelzen 1
Postfach 6 09 und 7 09
Telefon (05 81) 1 80 48

Pflanzenschutzamt Oldenburg (Oldb.)
Sedanstraße 4
2900 Oldenburg (Oldb.)
Postfach 25 49
Telefon (04 41) 8 01-1

Bezirksstellen in:

Am Pferdemarkt 1
2960 Aurich
(Haus der Landwirtschaft)
Telefon (0 49 41) 25 82 und 34 60

Hasebrinkstraße 1
4470 Meppen
Postfach 14 20
Telefon (0 59 31) 70 15

Mars-la-Tour-Straße 9
2900 Oldenburg
Postfach 25 49
Telefon (04 41) 8 01-1

Landwirtschaftskammer Weser-Ems
Pflanzenschutzamt
Jahnstraße 13
4500 Osnabrück
Telefon (05 41) 3 31 02 / 44–47

NORDRHEIN-WESTFALEN
Pflanzenschutzamt im Institutszentrum
Ettenhausen
Rodeweg 5–11
5300 Bonn-Roleber
Telefon (02 28) 34 40

Institut für Pflanzenschutz, Saatgutuntersuchung und Bienenkunde der Landwirtschaftskammer Westfalen-Lippe mit Referat für forstlichen Pflanzenschutz
Nevinghoff 40
4400 Münster (Westf.)
Telefon (02 51) 27 66 26

RHEINLAND-PFALZ
Landespflanzenschutzamt Rheinland-Pfalz
Essenheimer Straße 144
6500 Mainz-Bretzenheim
Telefon (0 61 31) 3 40 81–83

Bezirkspflanzenschutzämter in:

Rathausstraße 1
5401 Emmelshausen
Telefon (0 67 47) 65 05

Breitenweg 71
6730 Neustadt-Mußbach
Telefon (0 63 21) 6 71 - 2 52

Christophstraße 4
5500 Trier
Telefon (06 51) 46 01 - 5 01

SAARLAND
Pflanzenschutzamt Saarbrücken
Lessingstraße 12
6600 Saarbrücken 3
Postanschrift:
Postfach 4 69
6600 Saarbrücken 3
Telefon (06 81) 6 55 21

SCHLESWIG-HOLSTEIN
Pflanzenschutzamt des Landes Schleswig-Holstein (Landesoberbehörde)
Westring 383
2300 Kiel
Postanschrift: Postfach 35 48
Telefon (04 31) 56 20 15

Untere Landesbehörden:

Amt für Land- und Wasserwirtschaft
Flensburg – Abteilung Pflanzenschutz
Hindenburgstraße 1
2340 Kappeln
Telefon (0 46 42) 40 31

Amt für Land- und Wasserwirtschaft
Heide – Abteilung Pflanzenschutz
Berliner Straße 19
2240 Heide
Telefon (04 81) 92 - 1

Amt für Land- und Wasserwirtschaft
Husum – Abteilung Pflanzenschutz
Herzog-Adolf-Straße 1 b
2250 Husum
Telefon (0 48 41) 20 83

Amt für Land- und Wasserwirtschaft
Itzehoe – Abteilung Pflanzenschutz
Hauptstraße 108
2084 Rellingen
Telefon (0 41 01) 2 25 81)

Amt für Land- und Wasserwirtschaft
Kiel – Abteilung Pflanzenschutz
Sophienblatt 50 a
2300 Kiel
Telefon (04 31) 6 08 2 91–2 94

Amt für Land- und Wasserwirtschaft
Lübeck – Abteilung Pflanzenschutz
Schönböckener Straße 102
2400 Lübeck
Telefon (04 51) 4 55 51

Pflanzenschutzberatung in Österreich

Der Hobbygärtner erhält Rat und Auskunft im Pflanzenschutz durch:

Bundesanstalt für Pflanzenschutz
Trunnerstraße 5
1020 Wien
Telefon (02 22) 24-15-11 (214-15-11)

Magistrat der Stadt Wien
MA 42: Stadtgartenamt
Am Heumarkt 2 b
1030 Wien
Telefon (02 22) 72-21-71-0

Österreichische Gartenbaugesellschaft
Parkring 12
1010 Wien
Telefon (02 22) 512-84-16 (52-84-16)

sowie durch die folgend aufgeführten zuständigen Landwirtschaftskammern in den verschiedenen Bundesländern:

Burgenländische Landwirtschaftskammer
Esterhazystraße 15
7000 Eisenstadt
Telefon (0 26 82) 25-37

Kammer für Land- und Forstwirtschaft
Kärnten
Museumgasse 5
9010 Klagenfurt
Telefon (0 42 22) 57-6-60-0

Niederösterreichische Landes-Landwirtschaftskammer
Löwelstraße 16
1014 Wien
Postanschrift:
Postfach 124
Telefon (02 22) 63-07-41 DW

Landwirtschaftskammer für
Oberösterreich
Auf der Gugl 3
4021 Linz
Telefon (07 32) 57-4-21

Kammer für Land- und Forstwirtschaft
Salzburg
Schwarzstraße 19
5024 Salzburg
Postanschrift:
Postfach 68
Telefon (06 62) 70-5-71

Landeskammer für Land- und Forstwirtschaft
in Steiermark
Hamerlinggasse 3
8010 Graz
Telefon (03 16) 77-5-04 Serie

Landeslandwirtschaftskammer für
Tirol
Brixner Straße 1
6021 Innsbruck
Telefon (0 52 22) 35-5-21

Landwirtschaftskammer für
Vorarlberg
Montfortstraße 9–11
6900 Bregenz
Telefon (0 55 74) 22-0-44

Wiener Landwirtschaftskammer
Gumpendorfer Straße 15
1060 Wien
Telefon (02 22) 587-95-28

Kantonale Pflanzenschutzdienste in der Schweiz

GE Station phytosanitaire cantonale
Case postale 7
1254 Jussy
Telefon (022) 591358

VD Station cantonale de protection des plantes
1510 Grange-Verney s. Moudon
Telefon (021) 9054424; (021) 9054421

FR Station cantonale de production végétale
Service phytosanitaire
Grangeneuve
1725 Posieux
Telefon (037) 412161

VS Station cantonale de protection des plantes
1950 Châteauneuf
Telefon (027) 362002; Ecole 027 362001

NE Service phytosanitaire cantonal
2053 Cernier
Telefon (038) 532112

JU Ecole cantonale d'agriculture du Jura
Service phytosanitaire cantonal
Courtemelon
2852 Courtételle
Telefon (066) 221592

BE Kant. Zentralstelle für Pflanzenschutz
Rütti
3052 Zollikofen
Telefon (031) 571666

BS Wirtschafts- und Sozialdepartement des
Kantons Basel-Stadt
Kant. Pflanzenschutzdienst
Rathaus, Marktplatz 9
4001 Basel
Telefon (061) 218545

BL Kant. Zentralstelle für Pflanzenschutz
c/o Kant. Obstbauberatungsstelle
Rheinstraße 29
4410 Liestal
Telefon (061) 9255111

SO Zentralstelle für umweltschonenden
Pflanzenbau
Robert Obrist
Kant. Landwirtschaftsschule
Wallierhof
4533 Riedholz
Telefon (065) 220231

AG Zentralstelle für Pflanzenschutz
des Kantons Aargau
c/o Landw. Schule
5630 Muri
Telefon (057) 441807

OW Kant. Zentralstelle für Pflanzenschutz
Landwirtschaftliche Schule
6074 Giswil
Telefon (041) 681616

LU Kant. Zentralstelle für Pflanzenschutz
6276 Hohenrain
Telefon (041) 882022

NW Landwirtschaftsdirektion Nidwalden
Kant. Pflanzenschutzdienst
Postfach 154
6370 Stans
Telefon (041) 631122

UR Kant. Zentralstelle für Pflanzenschutz
und Obstbau
Rathausplatz 5
6460 Altdorf
Telefon (044) 206925

TI Servizio fitosanitario cantonale
Alle Semine
6500 Bellinzona
Telefon (092) 259831

GR Kant. Zentralstelle für Pflanzenschutz
Plantahof
7302 Landquart
Telefon (081) 516814

SH Kant. Zentralstelle für Pflanzenschutz
Charlottenfels
8212 Neuhausen
Telefon (053) 23325

TG Kant. Zentralstelle für Pflanzenschutz
Arenenberg
8268 Mannenbach-Salenstein
Telefon (072) 642233/5

ZH Kant. Zentralstelle für Pflanzenschutz
Strickhof, Eschikon
8307 Lindau
Telefon (052) 331621

GL Kant. Pflanzenschutzdienst
Landwirtschaftliche Berufsschule
8750 Glarus
Telefon (058) 636111, int. 454

SZ Kant. Zentralstelle für Pflanzenschutz
und Schädlingsbekämpfung
8808 Pfäffikon
Telefon (055) 483345

AI Kant. Landwirtschaftsdepartement
Kant. Pflanzenschutzdienst
9050 Appenzell
Telefon (071) 871521

AR Kant. Pflanzenschutzdienst
Landwirtschaftssekretariat
9053 Teufen
Telefon (071) 332633

SG Kant. Zentralstelle für Pflanzenschutz
Rheinhof
9465 Salez
Telefon (085) 75890(88)

FL Landesverwaltung des Fürstentums
Liechtenstein
Landwirtschaftsamt
FL-9490 Vaduz
Telefon (075) 66111, intern 379

Bodenuntersuchungen in der Bundesrepublik Deutschland

Bodenuntersuchungen werden in folgenden staatlichen Fachinstituten durchgeführt:

Landwirtschaftliche Untersuchungs- und Forschungsanstalt
Gutenbergstraße 75–77
2300 Kiel
Telefon (0431) 587970

Landwirtschaftliche Untersuchungs- und Forschungsanstalt
Mars-la-Tour-Straße 4
2900 Oldenburg
Telefon (0441) 8010

Landwirtschaftliche Untersuchungs- und Forschungsanstalt
Finkenborner Weg 1
3250 Hameln
Telefon (05151) 6084

Hessische Landwirtschaftliche Versuchsanstalt
Am Versuchsfeld 13
3500 Kassel
Telefon (0561) 885041

Landwirtschaftliche Untersuchungs- und Forschungsanstalt
Nevinghoff 40
4400 Münster (Westf.)
Telefon (0251) 23761

Landwirtschaftliche Untersuchungs- und Forschungsanstalt
Rodeweg 5–11
5300 Bonn 3 (Beuel-Roleber)
Telefon (0228) 434-0

Landes-Lehr- und Versuchsanstalt für Weinbau, Gartenbau und Landwirtschaft
Institut für Bodenkunde
Egbertstraße 18–19
5500 Trier
Telefon (0651) 49061

„Haus der Landwirtschaft"
Hessische Landwirtschaftliche Versuchsanstalt
Rheinstraße 91
6100 Darmstadt
Telefon (06151) 81091

Landesanstalt für landwirtschaftliche Chemie der Universität Hohenheim
Emil-Wolff-Straße 14
7000 Stuttgart 70
Telefon (0711) 4592671

Staatl. Landwirtschaftliche Untersuchungs- und Forschungsanstalt Augustenberg
Neßlerstraße 23
7500 Karlsruhe-Durlach
Telefon (0721) 48020

Bayerische Hauptversuchsanstalt für Landwirtschaft der TU München
Weihenstephan
8050 Freising 1
Telefon (08161) 4713381

Bayerische Landesanstalt für Bodenkultur und Pflanzenbau
Herrnstraße 8
8707 Veitshöchheim
Telefon (0931) 90021

Bodenuntersuchungen in Österreich

Landwirtschaftlich-Chemische Bundesanstalt
Wieningerstraße 8
4025 Linz

Bundesanstalt für Bodenwirtschaft
Denisgasse 33
1200 Wien

Gartenbauschule Schönbrunn
Grünbergstraße 24
1130 Wien

Landwirtschaftlich-Chemische Landesversuchs- und Untersuchungsanstalt
Burggasse 2
8010 Graz

Landwirtschaftlich-Chemische Versuchs- und Untersuchungsstelle
Rotholz
6200 Jenbach

Bodenuntersuchungen in der Schweiz

Staatliches (Eidgenössisches) Fachinstitut
Eidgenössische Forschungsanstalt für Obst-, Wein- und Gartenbau, Schloss
8820 Wädenswil
Telefon (01) 7836111

Halbstaatliches (Gemischt wirtschaftliches) Fachinstitut
Sol-Conseil, c/o Station fédérale de recherches agronomiques de Changins
1260 Nyon
Telefon (022) 615451

Privates Institut
ACEPSA
1041 Oulens
Telefon (021) 813831

Glossar

abiotisch: unbelebt
Akarizid: Milbenbekämpfungsmittel
Aktivsubstanz: Wirkstoff bei Pflanzenschutzmitteln
Adaptation: Anpassung von Organismen an die Umwelt
akute Toxizität: Giftwirkung bei einmaliger Aufnahme
Antagonist: Gegenspieler
Applikation: Anwendung eines Pflanzenschutzmittels
Assimilation: Aufbau von Zucker und Stärke aus Kohlendioxid (CO_2) und Wasser (H_2O) unter Ausnutzung der Lichtenergie und Abgabe von Sauerstoff (O_2)
Aufwandmenge: die zur Bekämpfung von Pflanzenkrankheiten und Schädlingen notwendige Menge eines Mittels in der erforderlichen Konzentration oder pro Flächeneinheit

Beizmittel: chemische Saatgutbehandlungsmittel zum vorbeugenden Schutz gegen Bodenpilze
biologischer Dünger: Dünger aus Naturstoffen, richtiger: organischer Dünger
biologische Schädlingsbekämpfung: Einsatz oder Förderung natürlicher Gegenspieler (Räuber oder Parasiten)
Biotop: Lebensraum einer Lebensgemeinschaft
Biozönose: Zusammenleben von Pflanzen und Tieren in einer Lebensgemeinschaft
Blattspreite: flächiger Teil des Blattes
Bodenbedeckung: der Boden wird mit verrottbarem Pflanzenmaterial (Mulch) bedeckt
Bodenverdichtung: schlecht durchlüfteter, nicht krümeliger Boden
Botrytizid: Pflanzenschutzmittel gegen den Grauschimmelerreger Botrytis

chemischer Pflanzenschutz: Bekämpfung von Schädlingen und Pflanzenkrankheiten mit Chemikalien synthetischer oder natürlicher Herkunft
Chlorophyll: grüner Farbstoff der Pflanze, mit dessen Hilfe sie sich ernährt (Assimilation)
Chlorose: Gelbfärbung der Blätter aufgrund des Mangels bestimmter mineralischer Grundelemente

Deformation: Verformung, Verkrüppelung
Dosierung: Bemessen einer Menge (Dosis)

Emulsion: dauerhafte Mischung zweier an sich nicht mischbarer Flüssigkeiten (zum Beispiel Öl und Wasser) mit Hilfe eines Stoffes (Emulgator)
Entomologie: Lehre von den Insekten
Epidermis: Außenhaut

fakultativ parasitische Pilze: können auf totem und lebendem Gewebe existieren
Fauna: Tierwelt
Fensterfraß: Fraßstellen auf Blättern, wobei die Außenhaut der Ober- und Unterseite übrigbleibt
Flora: Pflanzenwelt
Fungizid: Pflanzenschutzmittel zur Bekämpfung von Schadpilzen

Galle: durch Ausscheidungen von Schaderregern verursachte mehr oder minder kugelige Wucherung an Pflanzen
Gift: Substanz, die von einer bestimmten Dosis an einzelne oder die gesamten Lebensvorgänge eines Organismus stört, schädigt oder ihn abtötet; alle Stoffe sind von einer bestimmten Menge an giftig
giftige Stoffe: werden durch das Gefahrensymbol „schwarzer Totenkopf auf orangefarbenem Grund" und der Gefahrenbezeichnung „T+" oder „T" gekennzeichnet
Granulat: durch Bindemittel zu körnigem, gut dosierbarem Material geformter oder auf feste Trägerstoffe gebrachter Wirkstoff

Hauptwachstumszeit: der Zeitraum, in dem eine Pflanze ständig neue Blätter bildet, größer wird und meist auch Blüten hervorbringt
Herbizid: Mittel zur Bekämpfung von Unkräutern und Ungräsern
Honigtau: zuckerhaltiger Kot von saftsaugenden Blattläusen, Schildläusen und Weißen Fliegen
Humus: nährstoffreicher Bestandteil der obersten Bodenschicht, der durch die Zersetzung pflanzlicher und tierischer Stoffe entsteht

Insektizid: Pflanzenschutzmittel zur Bekämpfung von Insekten
integrierter Pflanzenschutz: systematische Nutzung aller wirtschaftlich, ökologisch und toxikologisch vertretbaren Bekämpfungsverfahren in ihrer Gesamtheit, um Schadorganismen unter der wirtschaftlichen Schadschwelle zu halten, wobei die bewußte Ausnutzung natürlicher Begrenzungsfaktoren im Vordergrund steht

Kompost: Mischung (lateinisch: compositus = zusammengesetzt) pflanzlicher und tierischer Abfälle, durch deren Verrottung neue Erde entsteht; die in ihnen enthaltenen Nährstoffe werden für die Pflanzen wieder verfügbar
Kontaktgift: Insektizid, das über die auf der Fußunterseite der Insekten endenden Tast- und Geschmacksnerven wirkt
Kontamination: Verunreinigung mit schädlichen Fremdstoffen
Konzentration: Anteil eines Mittels in einer Behandlungsflüssigkeit
Kunstdünger: üblicher, ungenauer Ausdruck für Mineraldünger

Lockstoffe: Fraß- oder Riechköder zum Anlocken von Schädlingen

Meristem: kleinste Zellenanzahl, aus der sich eine ganze Pflanze aufbauen läßt
Metabolismus: Abbau von Stoffen (Pflanzenschutzmitteln) im Boden
mindergiftige Stoffe: werden durch das Gefahrensymbol „schwarzes X (Andreaskreuz) auf orangefarbenem Grund" und der Gefahrenbezeichnung „Xn" gekennzeichnet
Mineraldünger: Dünger, die aus anorganischem, mineralischem Rohmaterial hergestellt werden; Vorteile: leichtere Löslichkeit beziehungsweise Aufnahme durch die Pflanze und gleichbleibende, in der Höhe bekannte Mineralanteile
Mineralisierung: Zersetzung organischer Substanzen zu anorganischen, pflanzenaufnahmbaren Grundelementen
Minierfraß: Fraßgänge (Minen) im Innern von Blättern
Mittelrippe: mittlerer, meist besonders kräftiger Blattnerv
Molluskizid: Schneckenbekämpfungsmittel
Mulchen: Bodenbedeckung mit verrottbarem Pflanzenmaterial
Mykologie: Lehre von den Pilzen
Myzel: Summe der Pilzfäden (Hyphen) eines Schadpilzes; Pilzgeflecht, Pilzrasen

Nekrose: absterbendes Pflanzengewebe
Nützlinge: Tiere, die sich in der Natur von Schaderregern ernähren und sie auf diese Weise „biologisch“ bekämpfen

Ökologie: Lehre von den Beziehungen zwischen Lebewesen und Umwelt
organischer Dünger: Dünger aus Naturstoffen pflanzlicher oder tierischer Herkunft; Vorteile: langsame Pflanzenaufnahme (Depotwirkung) und der Pflanzengesundheit dienende Inhaltsstoffe; Nachteil: wechselnde, beziehungsweise nicht bekannte Anteile der Grundnährstoffe

Parasit: Organismus, der an oder in einem anderen Organismus lebt; Schädling
Pathogene: Krankheitserreger
Pestizid: Sammelbegriff für chemische Mittel zur Bekämpfung tierischer Schaderreger
Phytonzide: von höheren Pflanzen gebildete Stoffe, die krankheitsabwehrend oder heilend wirken
phytopathogen: eine Pflanzenkrankheit verursachend
Pflanzenschutzdienst: aufgrund des Pflanzenschutzgesetzes in allen Bundesländern eingerichtete amtliche Behörde, bei der auch der Hobbygärtner Rat und Auskunft zu allen Fragen des Pflanzenschutzes erhält
Pflanzenschutzmittel: Sammelbegriff für alle Chemikalien, die nach umfangreicher Prüfung aufgrund des Pflanzenschutzgesetzes zur Bekämpfung von Pflanzenkrankheiten und Pflanzenschädlingen zugelassen sind
Pheromone: Duftstoffe, mit denen sich Tiere verständigen; Sexualpheromone dienen der Geschlechterfindung; mit Aggregationspheromonen „rufen“ zum Beispiel Borkenkäfer ihre Artgenossen zu kranken Bäumen
pH-Wert: sagt aus, ob ein Boden, Dünger oder eine Lösung sauer (pH-Wert kleiner als 7), neutral (pH-Wert um 7) oder basisch (alkalisch; pH-Wert größer als 7) ist
Phytomediziner: Pflanzenarzt
Phytomedizinische Gesellschaft: wissenschaftliche Vereinigung zur Förderung von Forschung, Lehre und Beratung auf dem Gebiet der Phytomedizin; berufsständische Vertretung der Pflanzenärzte
ppm: parts per million = 1 Millionstel Teil; Maßeinheit für die Giftwirkung beziehungsweise die Rückstandsmenge von Pflanzenschutzmitteln
Problemunkräuter: Unkräuter, deren mechanische oder chemische Bekämpfung nur unbefriedigend möglich ist und die sich stark vermehren und ausbreiten
Pustel: kleiner Höcker, Bläschen

Repellens: Abschreckungs- oder Vergrämungsmittel gegen Wild, Vögel und Schadnager
Resistenz: Widerstandsfähigkeit einer Pflanzenart oder -sorte gegen einen Schadpilz oder eines Schädlings gegen einen bestimmten Wirkstoff
Rhizom: dicker Erdsproß, zur Stoffspeicherung und Überwinterung
Ruhepause: natürlicher, durch Umwelteinflüsse (Tageslänge, Temperatur) ausgelöster Zustand der Inaktivität; manche Pflanzen behalten dabei ihre Blätter, andere verlieren sie und überdauern mit unterirdischen Organen (Zwiebeln, Knollen)
Rußtau: Pilze mit schwarzschmierigem Myzel, die die Ausscheidungen von Pflanzensaugern (Honigtau) abbauen

Saprophyt: auf abgestorbener Pflanzensubstanz (organischer Substanz) lebender Pilz
Spaltöffnungen: mikroskopisch kleine Atemöffnungen im Außenhautgewebe der Pflanzen; meist auf der Blattunterseite
Sporen: kleine, staubförmige Dauerkörper von Bakterien oder Fortpflanzungskörper von Pilzen
Spurenelemente: Elemente wie Mangan, Bor oder Kupfer, die nur in Spuren für die Pflanzenernährung notwendig sind
Steckling: Pflanzenteil zur ungeschlechtlichen Vermehrung oder Fortpflanzung (Blatt-, Stamm- oder Kopfsteckling)
Stoffwechsel: Umsetzungsvorgänge im Organismus zwischen Nahrungsaufnahme und Ausscheidung; die dabei freiwerdende Energie ist Grundlage (Motor) aller Lebensvorgänge
Substrat: jede Mischung, in der eine Pflanze wächst und Halt findet; das Substrat muß nicht unbedingt Nährstoffe enthalten
Suspension: Aufschwemmung eines Pflanzenschutz-Spritzpulvers, das aus nicht löslichen Wirkstoffteilchen besteht
systemisch: Wirkungsweise bestimmter Pflanzenschutzmittel; sie dringen über Wurzeln oder Blätter in die Pflanze ein und werden in deren Gefäßsystem verteilt; Schaderreger saugen den Wirkstoff mit dem Pflanzensaft oder dem Zellinhalt aus und sterben ab

Toleranz: Fähigkeit einer Pflanze, Schaderreger ohne sichtbare Schädigung (Schadsymptome) zu ertragen
Torf: pflanzliche Überreste aus einem Moor; in der Regel ohne Nährstoffe
Toxikologie: Lehre von den Giften oder ihren Einwirkungen auf den Organismus
Toxine: Bezeichnung für giftige Stoffe in der Natur, die von Bakterien, Pilzen oder Insekten gebildet werden

Vektor: Überträger; zum Beispiel sind Insekten Vektoren für Viren
Virus: kompliziert gebaute, unbelebte chemische Verbindung, die sich in lebenden Zellen vermehren kann, in die sie aber nicht selbständig, sondern nur durch Verletzungen oder mit Hilfe von Vektoren eindringen kann
Virose: durch ein Virus hervorgerufene Pflanzenkrankheit

Wachstumsregler: Stoffe, die die Lebensvorgänge in Pflanzen beeinflussen, ohne ihrer Ernährung zu dienen und ohne sie zum Absterben zu bringen
Wirkstoff: die wirksame Substanz eines chemischen Pflanzenschutzmittels in unterschiedlicher Aufbereitung (Formulierung)
Wirtspflanze: Pflanzenart, auf der sich bestimmte Organismen bevorzugt und regelmäßig entwickeln
wirtswechselnd: viele Parasiten benötigen verschiedene Pflanzen, auf denen sie jeweils ein Entwicklungsstadium durchlaufen
Wurzelballen: Gesamtheit der Wurzelmasse
Wurzelhals: Übergangszone zwischen Wurzel und Stengel (Sproß)

Zeigerpflanze: wildwachsende Pflanze, die bestimmte Bodenbeschaffenheit oder Düngezustand anzeigt
Zwischenwirt: bei wirtswechselnden Parasiten die Pflanze, auf der sich der Parasit vorübergehend aufhalten oder vermehren muß

Register

Kursive Seitenzahlen verweisen auf Abbildungen.

Bildquellennachweis:

Toni Angermayer, Tierbildarchiv, Holzkirchen (Foto: Mönch): 189 l.; (Foto: Pfletschinger): 4 o.r., 6/7, 101 r., 102 u., 104 l., 106 2.v.l., 106 2.v.r., 133 r., 138 o.r., 182/183, 190 o.M., 190 o.r., 191, 192 o., 192 u.r.; (Foto: Reinhard): 119, 190 o.l., 190 u.l.
Johannes Apel, Baden-Baden/ 174 u.
BASF AG, Landwirtschaftliche Versuchsanstalt, Limburgerhof: 82 u.l., 90 l., 97 r., 98, 102 o., 105 r., 107 r., 109 M., 123 o.r., 126, 129 u.l., 131 o.l., 163 r., 164 r., 169 o.l., 177 l.
Bayer AG, Leverkusen: 93 l., 96 l.
Armin Bohn, Bezirkspflanzenschutzamt Pfalz, Neustadt-Mußbach: 103 o.
Rolf Bühl, Stuttgart: 8 o.l., 84 o.r., 89, 99 l., 103 u., 104 r., 106 l., 106 r., 116 l., 127 r., 130 o.r., 133 l., 135 o.l., 141 u.l., 143 o., 149 o.r., 152 r., 155 u.l., 161 l., 161 o.r., 172 u., 175 l., 181 o.l., 192 u.l.
F. Burghause, Landespflanzenschutzamt Rheinland-Pfalz, Mainz: 90 l., 127 M., 175 M., 177 2.v.l., 181 u.
Wolfgang Essig, Heidelberg: 9 o.r., 76 u.l., 100, 130 u.r., 151 u.l.
FALKEN Verlag/Gerhard Röhn Verlag, Heusenstamm: 170 l., 174 o., 176 l., 180
Atelier Gabriel, Wiesbaden-Naurod: 78 r.
Greiner & Meyer Photo-Center, Braunschweig (Foto: Schrempp): 162 l.
Dr. Lutz Gündel, Pflanzenschutzamt Mainz: 74
Dr. Gudrun Hamdorff, Ober-Olm: 83
Ellen Henseler, Bonn: 88 o.l., 93 r., 140 o.r., 140 u.r., 149 M.r., 166 r.
Friedrich Jantzen, Arolsen: 116 M., 116 r., 120, 135 r., 137 r., 141 r., 141 o.l., 142 o., 147 o.r.
Kroschke GmbH, Braunschweig: 186
Landesanstalt für Pflanzenschutz, Stuttgart, (Foto: Albert): 105 l.; (Foto: Geigenmüller): 101 l., 127 l., 179 o.l.
Astrid Lehr, Waldalgesheim: 4 u.l., 80/81, 107 l.
Dia-Archiv Michael Mögle, Stuttgart: 94 l.
Metalldünger Jost GmbH, Iserlohn: 76 o.r., 77 l., 77 r.
Neudorff GmbH, Emmerthal/Mauser/Werbeagentur, Hannover: 188
Dr. Pelz, Biologische Bundesanstalt, Münster: 109 r.
Dr. H.-G. Prillwitz, Mainz: 8 o.r., 78 l., 123 o.l., 134 r., 135 u.l., 136 o.r., 137 o.l., 139 o.r., 143 u., 146 u.r., 147 l., 156 r., 172 o., 177 2.v.r., 177 r., 189 r.
Gerhard Röhn Verlag, Heusenstamm: 145 r., 145 u.l., 146 o.l., 148 l., 149 l., 149 u.r., 152 l., 153 u., 159 o.r., 164 l., 173 u.l.
Reinhard-Tierfoto, Heiligkreuzsteinach-Eiterbach: 1, 2/3, 4 o.l., 75, 79, 91 l., 91 M., 95, 112, 124, 125, 128, 129 o.l., 130 l., 131 o.r., 132, 134 l., 137 u.l., 138 l., 138 u.r., 139 u.r., 142 u., 146 u.l., 150, 155 r., 155 o.l., 156 u.l., 157, 159 u.r., 160, 162 u.r., 163 l., 165 r., 165 u.l., 166 l., 167 r., 173 o.l., 176 o.r., 178 l., 178 u.r., 179 r., 179 u.l., 190 u.r.
Bernd Schaefer, Berlin: 82 o., 87 l., 96 r., 97 l., 101 M., 133 M., 148 r., 151 o., 151 u.r., 153 o.l., 153 o.r., 158 r., 161 M., 161 u.r., 162 o.r., 165 o.l., 167 o.l., 170 M., 170 r., 178 M.r., 181 o.r.
Silvestris Fotoservice, Kastl/Obb.: 4 M.r., 72/73; (Foto: Bicker): 144; (Foto: Bühler): 4 u.r., 110/111
Prof. Dr. Gottfried Stelzer, Mainz: 91 r., 94 r., 99 r., 109 l., 123 u.l., 135 u.M., 145 o.l., 159 l., 175 r.
Max. F. Wetterwald, Offenburg: 129 r., 131 u., 136 o.l. 136 u.r., 140 u.l., 140 o.l., 154 l., 156 o.l., 158 l., 167 u.l., 168, 169 r., 169 u.l., 171, 176 u.r.
Dr. W. Wohanka, Forschungsanstalt Geisenheim: 8 u.l., 90 r., 118 r., 173 r.

Die Abbildungen der Diagnosetafeln sind von oben nach unten und von links nach rechts durchnumeriert:
Diagnosetafel 1: 1, 2, 3, 7, 21, 23 (Dr. Prillwitz); 4, 22 (Schaefer); 5 (Bayer); 6, 28 (Dr. Wohanka); 8, 9, 20 (Henseler); 10, 19, 24 (Bühl); 11 (LPF Stuttgart/Albert); 12, 25 (BASF); 13 (Angermayer/Pfletschinger); 14 (Bohn); 15, 17 (Dr. Pelz); 16 (Burghause); 18 (Dr. Gündel); 26 (Hess. Landesanstalt f. Ernährung, Landw. u. Landesentwicklung, Pflanzenschutzdienst, Frankfurt); 27 (Prof. Dr. Stelzer)
Diagnosetafel 2: 1, 2, 6, 12, 16, 19, 24, 25, 34 (Dr. Prillwitz); 3, 4, 13, 18, 21, 22, 29 (Henseler); 5 (Schaefer); 7, 9, 17, 28, 30, 31, 32 (Bühl); 8, 15 (Angermayer/Pfletschinger); 10, 23 (BASF); 11, 27 (Bayer); 14, 35 (LPF Stgt/Geigenmüller); 20, 26 (Dr. Gündel); 33 (Dr. Wohanka); 36, 39, 41 (Dr. Burghause); 37 (Bohn); 38, 40 (Dr. Pelz); 42 (Reinhard-Tierfoto)
Diagnosetafel 3: 1, 8, (BASF); 2 (Henseler); 3, 4 (Dr. Prillwitz); 5 (Dr. Gündel); 6, 7 (Angermayer/Pfletschinger); 9 (Bühl); 10 (Prof. Dr. Stelzer); 11 (Dr. Hamdorff); 12 (Schaefer)
Diagnosetafel 4: 1, 5 (Prof. Dr. Stelzer); 2, 6, 8, 16, 18 (Bühl); 3, 21 (Dr. Prillwitz); 4, 7 (Schaefer); 9, 22 (BASF); 10, 11 (Essig); 12, 14, 15, 19, 20 (Angermayer/Pfletschinger); 13 (Henseler); 17 (Schrempp)
Diagnosetafel 5: 1 (Schaefer); 2, 5, 14 (Henseler); 3 (Bayer); 4, 8, 10 (Dr. Burghause); 6, 9 (Angermayer/Pfletschinger); 7 (Marlene Gemke, Germering); 11, 12, 13 (Dr. Prillwitz)
Diagnosetafel 6: 1, 7 (Bayer); 2 (Dr. Wohanka); 3, 6, 17 (BASF); 4, 8, 11 (Bühl); 5 (Henseler); 9, 14, 19 (Angermayer/Pfletschinger); 10 (Bohn); 12, 21 (Prof. Dr. Stelzer); 13, 20 (Hess. Landesanstalt für Ernährung, Landwirtschaft und Landesentwicklung, Pflanzenschutzdienst, Frankfurt); 15 (Dr. Burghause); 16, 18 (Dr. Prillwitz)
Diagnosetafel 7: 1, 20, 21 (Metalldünger Jost); 2, 5, 8, 10, 11, 19, 22, 25 (Dr. Prillwitz); 3 (Dr. Gündel); 4, 6 (BASF); 7, 12, 14, 18, 23, 26 (Bühl); 9, 24 (Henseler) 13 (LPF Stgt/Geigenmüller); 15, 27 (Bayer); 16, 28 Hess. Landesanstalt für Ernährung, Landwirtschaft und Landesentwicklung, Pflanzenschutzamt, Frankfurt); 17, 29 (Prof. Dr. Stelzer)
Diagnosetafel 8: 1 (Bayer); 2, 8, 14, 18, 26, 27, 31, 32 (BASF); 3 (Prof. Dr. Stelzer); 4 (Dr. Wohanka); 5, 6, 10, 12, 15, 16, 23, 25, 28 (Bühl); 7 (LPF Stgt/Geigenmüller); 9, 13, 19, 20, 21, 22 (Angermayer/Pfletschinger); 11 (Marlene Gemke, Germering); 17, 29 (Dr. Prillwitz); 24 (LPF Stgt/Albert); 30 (Reinhard-Tierfoto)

CIP-Titelaufnahme der Deutschen Bibliothek

Stelzer, Gottfried:
Gesunde Zierpflanzen im Garten: Krankheiten erkennen und behandeln / Gottfried Stelzer. - Niedernhausen/Ts.: FALKEN, 1989
(FALKEN Bücherei)
ISBN 3-8068-4429-1

ISBN 3 8068 4429 1

Titelbild: (von oben nach unten): Max F. Wetterwald, Offenburg (1, 2, 3); F. Mader, Hamburg (4)
Zeichnungen: Marlene Gemke, Germering

Satz: Grunewald. Satz & Repro GmbH, Kassel
Druck: Appl, Wemding

817 2635 4453 6271